U0127483

與**選擇權**有約
交易理論與策略的美麗邂逅

林冠志(james4468)

附贈風控的Excel檔案

統一期貨總經理　黃奕銘
鉅亨網經理　林洸興　　聯合推薦

$$\sqrt{2\pi}$$

$$S = C + K \cdot e^{-rt}$$

$$C = P + S + K$$

$$P = K \cdot e^{-rt} \cdot N(-d_2)$$

$$C = S \cdot N(d_1) - (d_2)$$

$$Vega = S \cdot \sqrt{t} \cdot N'(d_1)$$

$$Call\_Delta = -\frac{S \cdot N'(d_1) \sigma}{2\sqrt{t}} - r \cdot K \cdot e^{-rt}$$

$$Put\_Delta = N(d_1) - 1$$

$$\_Delta = N(d_1)$$

$$N'(d_1)$$

$$Gamma = \frac{N'(d_1)}{S \cdot \sigma \cdot \sqrt{t}}$$

　　相較於目前市面上眾多的金融商品，選擇權是相對複雜、有難度的交易標的，誠如本書所言，觀察台股選擇權的參與者結構，一般投資人因虧損連連，導致參與度逐年下降，選擇權市場遂變成法人的天下。

　　一般投資人操作選擇權虧損，不外乎兩個原因，一個是缺乏停損觀念，另一個就是對選擇權的價格變化以及風險值不明就裡。特別是選擇權非線性的報酬／風險關係，以及其獨有的時間及波動觀念等特性，投資人往往未能掌握透徹就貿然投入市場，不啻是蒙上眼睛跟敵人作戰，自然是敗多勝少。過去我們常聽到客戶抱怨，為什麼指數明明上漲，買的買權卻反而下降，這便是一個對選擇權缺乏基本認識（隱含波動率與時間價值）的鮮明例子。

　　《兵法》有云：「勝兵先勝，而後求戰。」做交易是一件嚴肅的工作，多數人僅將注意力放在行情的預測上，但其實對交易商品特性的了解、影響價格的因子、風險的評估、資金的控管等，都是必備的基本功，甚至直接決定盈虧，因此除了要看對行情外，更需要搭配選對商品（履約價）、在對的時間切入、投入對的資金與風險控管等條件，如此才能使獲利品質更上一層樓！

作者在統一期貨任職七年，期間並取得其貨分析師資格，《與選擇權有約》是其多年對選擇權市場實戰與觀察的心得集結，針對選擇權的特性有相當深入淺出的探討，並輔以實例說明，能引導一般交易人對選擇權商品特性有更全面的瞭解，同時藉由作者多年的實戰經驗，提供各類情境相對應的交易策略，相信可以協助讀者在基本功或是實戰能力方面有所提升。

　　選擇權其實是個很迷人的商品，可以滿足投資人更豐富、更多樣的交易策略需求，雖然門檻較高，但只要肯投入精神去鑽研、觀察，一般投資人也可以在這個市場勝出，小蝦米也可以戰勝大鯨魚！

統一期貨　總經理

黃奕銘

選擇權是個迷人而且奇特的市場，它的形成與發展，跟一般的股匯是完全不同。近代選擇權市場是先出現完整的理論後，CBOE才成立，然後開始高速發展。因此幾乎所有法人、造市者都是根據相同的理論報價與交易的，一般投資人若對選擇權的理論不瞭解，則容易成為法人套利下的犧牲品。

2000年後，全世界的衍生性金融商品交易暴增，這些衍生性的交易工具，不再只是法人的專利，選擇權交易的結果，已經開始反向影響到實體股市。2004年後，台股走勢日趨極端，加權指數碰觸到漲停與跌停的次數全球名列前矛，這就是選擇權賣方一面倒平倉效應的傑作！因此台股投資人即使不買賣選擇權，也有必要深入了解。

選擇權的理論包含了許多複雜的公式，大部分投資人一看到這些艱深的數學符號就開始頭暈；林冠志先生有豐富的實戰經驗，也長期與一般投資人接觸，因此能用每個投資人都輕鬆了解的語言，介紹如何透過選擇權研判行情，並逐步導入實戰交易策略的設計。即使投資人先跳過所有的數學公式，也能立刻將書中的知識，轉化為實務交易的助力，這點在眾多的選擇權書籍中，

十分難得。當然，再多花一些時間，瞭解完整理論後，就能具備與期貨自營商操盤手相同的視野。

　　不論你是股市投資人、選擇權新手，或者想進一步深入鑽研的老手級投資客，甚至打算發展程式交易與判斷的專家，這本書都值得你反覆閱讀。

鉅亨網外匯理財經理
輔大經濟系兼任業界講師
外匯最前線Yesfx部落格版主
《選對外幣，10萬賺進1000萬》作者

Sam Lin 林洸興

自序

　　台灣的選擇權市場自民國90年底開始上市交易之後，讓投資人除了股票以及期指等金融商品之外，又多了一種新的選擇。而整個台指選擇權市場，交易初期，成交量大都由法人或造市者所創造，直到期交所及期貨公司大力推廣後，市場上的成交量大部分都由散戶所創造出來。根據統計，散戶在台指選擇權約成交量的最高峰，約佔有近80%的交易量，可是近幾年，散戶成交量所佔的比重逐年下滑，原因何在？絕大多數的散戶投資人，都因為在選擇權市場的操作虧損而離開了。情況好一點的，還剩下一些資金，可以轉進操作小型台指；差一點的，則落得血本無歸。

　　這種情況與期貨公司(證券公司)的營業員有很大的關係，他們可能本身對選擇權仍然一知半解，或者是為了業績，就對投資人宣稱「選擇權是以小博大、風險有限、獲利無窮的商品」，鼓勵投資人交易選擇權；而投資人也不做功課，只憑著幾堂單純介紹買進買權是看多、買進賣權是看空，當賣方做莊家就會有很高的獲勝率等課程，就貿然進入這個需要極度專業，且風險極大的市場，最後落得血本無歸也只能怪自己。

　　筆者在期權市場擔任多年的營業員，看過不少客戶信心滿滿的進入這個市場，但因為對選擇權商品的專業與風險認識不清導致操作虧損而落寞的離開市場，深覺有必要將這種商品再次介紹

給投資人，所以透過鉅亨網及聚財網的部落格，與大家一起討論這幾年在市場上看到一般投資者操作選擇權的一些現象，希望能藉此幫助自己的客戶及投資人，重新對選擇權的風險，以及在建立部位之前的準備工作和之後的調整方法等操作模式有更進一步的認識，本書無意教導投資者應該如何來操作選擇權，但希望可以透過書籍的內容讓投資者更瞭解選擇權，進而建立自己在操作選擇權上的風格。

本書除了以實際市況介紹建立及調整選擇權部位的理論與策略之外，更提供選擇權評價模型風險值取得的計算過程，這是目前市面上相關書籍中所沒有的。書中也為習慣使用技術圖型交易的投資者，提供了一些技術型態的案例，探討在這些型態下，如何制定適當的交易策略。而為了讓投資者瞭解選擇權的風險，也特意列舉了幾個操作失敗的例子，讓投資人明白在不同市況下，相同的交易策略也有可能失敗，並學習在市況對部位不利的時候，如何將傷害降到最低。

另外也提供一些計算波動率的工具與方法，以及風險控管的檔案，希望投資者能藉這些資料讓自己的操作更上一層樓。

最後要感謝聚財網讓本書有機會與各位投資者見面，同時也要謝謝本公司的莊舜傑經理提供了書中的各項統計數據。

目錄

第三章 觀察波動率變化的工具

第四章 選擇權的交易理論及策略

第五章　選擇權各種交易策略的運用

第六章　技術型態在選擇權交易策略上的應用

第七章 制定與調整交易策略的一些問題

第八章 附錄

第一章

認識選擇權

1-1 選擇權發展史

　　在各種衍生性商品當中，選擇權可以說是早出現的商品，遠在希臘時代即有類似選擇權交易的記載，目前一般認為最早的選擇權交易可回溯到十七世紀初期的荷蘭鬱金香選擇權交易市場；十八世紀，美國及歐洲相繼出現較有組織的選擇權店頭交易市場，主要的標的物以農產品為主，但是因為缺乏健全的交易規則，所以市場的交易也呈現較為混亂的狀況。直到二十世紀，美國證券交易法(The Securities and Exchange Act of 1934)頒布施行，才將選擇權交易納入證管會的管理範圍，但此時的選擇權市場仍只限於少數交易商之間的店頭買賣，並未有明顯的成交量，到了1960年代，選擇權的成交量才開始大量增加。而為了降低成本，並建立有效率的市場，芝加哥期貨交易所(Chicago Board of Trade, CBOT)在1973年成立了芝加哥選擇權交易所(Chicago Board Options Exchange, CBOE)，成為全球第一個選擇權的集中交易市場，初期以股票選擇權的買權為主要交易標的，此時，選擇權的各項交易規則也已趨於完備。

　　隨著全世界選擇權市場的陸續成立、選擇權各種交易理論日趨成熟之下，選擇權的標的物也擴及到各類不同的商品，交易量也逐年成長，但在1983年芝加哥選擇權交易所(CBOE)推出以S&P100指數為標的物的股價指數選擇權之後，股價指數類的選

擇權成交量開始大幅成長，成為各種選擇權商品中成長幅度最大的商品。而在股價指數類選擇權快速成長的交易量當中，有超過80％以上的成交量是來自單一的商品，比如韓國的KOSPI 200指數選擇權，該商品於1997年7月上市，從初期的每日平均成交量只有幾千口，到2000年的日均量超過一百萬口，2003年的日均量更超過一千萬口以上，不但是衍生性商品史上發展最快速的商品，也是全球集中交易衍生性商品的第一位。

台灣期貨交易所在2001年12月24日正式推出以台灣證券交易所發行量加權股價指數為標的物的台指選擇權，在期交所的大力推廣之下，2006年台指選擇權的成交量躍居全球指數類選擇權的第3名。

1－2 選擇權交易策略的基本組合因子

01 執行交易的位置，可分為買方、賣方。

02 執行交易的種類，可分為買權(Calls)、賣權(Puts)

03 執行交易的履約價，可分為：

價外：所謂價外履約價，以買權而言，是比根本契約目前報價還要高的位置，假如根本契約台股指數現行報價是6830點，則買權履約價在6900以上就稱為價外；以賣權而言，是比根本契約目前報價還要低的位置，因此在6700以下的履約價就稱為價外。

價平：與根本契約目前報價接近的履約價稱之。假如根本契約台股指數現行報價是6820點，則不論買權或賣權的6800履約價都稱為價平。

價內：所謂價內履約價以買權而言是比根本契約目前報價還要低的位置，假如根本契約台股指數現行報價是6830點，則買權履約價在6700以下就稱為價內；以賣權而言，是比根本契約目前報價還要高的位置，因此在6900以上的履約價就稱為價內。

04 執行交易的口數

選擇權就像萬花筒一樣，利用以上因子的組合，可以變化成無數種不同的交易策略。

1－3 買方與賣方的權利與義務

選擇權是買方與賣方所約定的一種契約，在合約期間以權利金的買賣來表彰雙方的權利與義務。在合約到期日，買方的執行價若有履約價值，則買方有以特定的價格購買或出售一定數量的標的物給賣方的權利，而選擇權的賣方收取了買方的權利金之後，便承擔了將來買方要求履約時，依照選擇權的合約履行契約的義務。

買方在合約的履行上有權利而沒有義務，因此若結算的行情不如預期，買方也有選擇放棄履約的權利，但賣方在合約的履行上有義務而沒有權利，因此若結算的行情不如預期，賣方沒有選擇放棄履約的權利

所以在選擇權的交易理論上，買方承擔有限的風險，賣方則有理論上的無限風險，因此，一般期交所為了確保賣方將來有履約的能力，會要求賣方提供一筆保證金。

以上是歐式選擇權的交易方式，也是目前台灣期交所採用的交易模式，因此本書各章節所討論到的評價模型以及風險值，也都是以歐式選擇權做為基礎。

另外還有美式選擇權這種比較複雜的交易方式，只要買方的履約價進入價內，有履約價值，隨時可以要求賣方履約，目前美國的交易所大都採用這種交易模式。

1－4 權利金

選擇權的權利金等於時間價值加上內涵價值。

1－5 內涵價值

是目前根本契約的現價與履約價之間的差值。

以買權而言，是根本契約的現價(S)減去履約價(K)，計算公式：$Max(S-K, 0)$

因此若履約價的位置高於根本契約的現價，也就是處在價外，沒有內涵價值。

若使用上一節解釋價(內)外的例子來說明，根本契約台股指數的現價6830點，則履約價6900買權的內涵價值為$Max(6830-6900, 0)$等於零，沒有內涵價值。

而若是6800買權，由於位置比根本契約目前報價6830還要低，屬於價內履約價，則內涵價值為$Max(6830-6800, 0)$等於30，有30點的內涵價值。

以賣權而言，是履約價(K)減去根本契約的現價(S)，計算公式：Max(K－S，0)因此若履約價的位置高於根本契約的現價，也就是處在價內，就有內涵價值，以下同樣以解釋買權的例子來說明。

根本契約台股指數的現價6830點，履約價6900賣權的內涵價值為Max(6900－6830,0)等於70，有70點的內涵價值。

而若是6800賣權，由於位置比根本契約目前報價6830還要低，是屬於價外履約價，則內涵價值為Max(6800－6830,0)等於零，沒有內涵價值。

1－6 時間價值

透過計算得到內涵價值之後，再以目前的權利金減去內涵價值，就可以得到時間價值。

同樣以台股指數的現價6830點為例子，假設當時6800履約價的權利金報價為

6800Call@80、6800Put@50，則：

6800Call的時間價值是：80減去內涵價值30，等於50；

6800Put的時間價值是：50減去內涵價值0，等於50。

由以上的計算可以知道，相同的履約價會有相等的時間價值，而時間價值也代表履約價進入價內的機率成本，距離到期日越遠或進入價內的機率越高，則時間價值越大；越接近到期日或進入價內的機率越低，則時間價值越小。因此投資人可以從選擇權的報價表中發現，越遠離價平的深價外履約價的時間價值越小，而深價內履約價則只有內涵價值，幾乎沒有時間價值，價平履約價有最大的時間價值。（附表）

2月台指期貨7501點

買權Call			履約價	賣權Put		
時間價值	內含價值	成交價	履約價	成交價	內含價值	時間價值
15	500	515	7000	13	0	13
10	402	412	7100	16	0	16
27	301	328	7200	26	0	26
43	202	245	7300	45	0	45
75	100	175	7400	74	0	74
117	1	118	7500	116	0	116
74	0	74	7600	174	99	75
46	0	46	7700	243	199	44
29	0	29	7800	329	298	31
17.5	0	17.5	7900	419	401	18
9.2	0	9.2	8000	505	499	6
5.2	0	5.2	8100	600	598	2

✒ 1－7 買權賣權平價理論 (Put-Call Parity)

從附表中可以看到相同履約價的Calls與Puts幾乎都有相同的時間價值，這一種固定的關係，稱之為買權賣權平價理論(Put-Call Parity)，它代表了選擇權的Calls、Puts與期貨之間的關係，若這三者的關係發生了偏差，就會產生套利的空間，因此買權賣權平價理論除了有套利的功能之外，還可以用來反推期貨指數的理論價格。

套利功能：

買權賣權平價理論的公式為：

$$P = C + K \cdot e^{-r \cdot t} - S$$
$$C = P + S - K \cdot e^{-r \cdot t}$$

其中：

S：標的物價格

K：履約價

C：買權價格

P：賣權價格

$e^{-r \cdot t}$：持有成本

違反這個關係，就會產生套利機會。

在不考慮持有成本，即 $e^{-r \cdot t}$ 等於1的情況下，可以移動等號的兩邊，成為：$P+S=C+K$

因此可知相同履約價的選擇權價內和價外的時間價值都應該要相等，且相同履約價格的選擇權若有一個在價內，另一個就一定在價外，價內和價外的隱含波動率理論上也應該要相等，否則就會有套利的機會。

而在交易的過程中，若發生突破或跌破某個壓力或支撐關卡時，會使得價位快速的移動(快市現象)，因此會造成相同履約價格Call和Put的隱含波動率產生偏離(Skew)的現象。

以2009年10月29日的台指期為例子：

當天台指期貨雖然跳空開低盤，但仍在技術型態的頸線位置7350點左右獲得支撐而向上反彈，可是不久之後再度跌破7350點的頸線支撐，多頭雖然經過1小時的抵抗，可是在行情仍然無法站回7350點之上的情況下，引發失望性的賣壓，使得行情快速下跌，此時的市場，不論是基於避險的理由或投機的操作，會有比較多人積極建立買Puts和賣Calls的部位，相對的，買Calls和賣Puts就會佔比較少數。持有期指多頭部位的投資者會積極地買Puts避險，但持有期指空頭部位的投資者卻不需急著買Calls。因此急跌的時候，Puts的隱含波動率會大於Calls的隱含波動率。

　　反過來說，若行情快速上漲時，買Calls和賣Puts的投資者會比較積極，買Puts和賣Calls的投資者則會比較消極。持有期指空頭部位的投資者會積極地買Calls避險，但持有期指多頭部位的投資者卻不需急著買Puts。所以急漲的時候，Calls的隱含波動率會大於Puts的隱含波動率。

　　等到市場的快市現象解除之後，價位跳動恢復平靜，套利者可進入市場尋找套利的機會，買進價格被低估的選擇權，同時賣出價格被高估的同履約價選擇權，直到相同履約價格隱含波動率的乖離恢復正常值後，再把部位平倉出場。

　　10月29日當天台股的震盪幅度以及區間都非常大且快速，正是提供套利的最好機會，只要盤中發現價位快速向某個方向移動，就可以準備進場套利了。

比如說：

　　10月29日當天台指期貨在上午11點左右，指數從7340點快速下跌到7205點，以前一日的收盤價7505點來計算跌幅，正好是4%，在這個時間點之後，台指期貨逐漸止穩，價位的跳動恢復平靜，此時選擇權7200履約價的報價如下：

7200Call@212，隱含波動率＝20.57％

7200Put@193，隱含波動率＝37.10％

　　從隱含波動率的數值可以知道，7200Put履約價的權利金被高估；7200Call履約價的權利金被低估，所以投資者可以進場建立短線的套利部位：

B7200Call@212

S7200Put@193

若當天收盤前，部位的隱含波動率如下：

7200Call@245，隱含波動率＝26.32％

7200Put@128，隱含波動率＝27.23％

隱含波動率又回到正常的狀態，於是把部位平倉：

S7200Call@245

B7200Put@128

每組部位獲利：(245－212)＋(193－128)＝98點(不含交易費用)

　　類似這種使用買權賣權平價理論尋找套利的機會不常出現，

一旦出現，就會有不錯的利潤，且風險極低，投資者應好好把握。

反推期貨理論價格的功能：

同樣的，利用買權賣權平價理論的公式P＋S＝C＋K，套上公式來計算標的物S的理論價：S＝K＋C－P。

以7200履約價今天的收盤價來計算：

S＝7200＋249－129
S＝7320

若以7300履約價今天的收盤價來計算：

S＝7300＋189－170
S＝7319

因此可得到台指期貨的理論價格為7320點左右，與今日的收盤價7322點相接近，但若是實際市價與理論價格相差太多，就是套利交易進場的時機。

✍ 1−8 選擇權評價模型簡介

　　目前在選擇權市場最常被用來計算理論價值的工具是B-S評價模型，它是在1973年由美國的兩位數學家Fischer Black以及Myron Scholes所聯合提出的，這個計算模型的出現，奠定了衍生性金融商品快速發展的基礎，市場以兩位創造者的姓氏Black-Scholes來稱呼這個模型，因此又簡稱為B-S評價模型。

　　我們知道選擇權在合約到期前的交易是權利金的買賣，買方支付權利金取得將來獲得報酬的權利，賣方收取權利金承擔將來履約的義務，那麼買賣雙方究竟應該支付或收取多少權利金才算合理呢？

　　B-S評價模型就是用來計算買權以及賣權權利金在理論上合理價格的工具。

　　以下是評價模型計算買權賣權權利金理論價值的公式：

Call權利金的理論價值：$C = S \cdot N(d) - K \cdot e^{-r \cdot t} \cdot N(d_2)$

Put權利金的理論價值：$P = K \cdot e^{-r \cdot t} \cdot N(-d_2) - S \cdot N(-d_1)$

$$d_1 = \frac{\ln\left(\frac{S}{K}\right) + \left(r + \frac{\sigma^2}{2}\right) \cdot t}{\sigma \cdot \sqrt{t}}$$

$$d_2 = d_1 - \sigma \cdot \sqrt{t}$$

　　其中，N(d₁)是標準常態分配，使用Excel裡的函數 Normsdist(z)，將d₁代入(z)即可算出，或查看「標準累積常態分配表」(附錄)也可以得到。

S＝標的物價格

K＝履約價

r＝無風險利率

t＝到期日

ln＝自然對數

σ＝波動率

⇒ Call理論價值的實例演算

　　假設台指期貨價位是7350點，履約價為7500Call，距離合約到期日還有10天，無風險利率1.25%，波動率25%，即：

S＝7350

K＝7500

t＝10/365＝0.0274，$\sqrt{t}=0.1655$

r＝0.0125

σ＝0.25

先代入公式計算d_1：

$$d_1 = \frac{\ln\left(\frac{7350}{7500}\right) + \left(0.0125 + \frac{0.25^2}{2}\right) \times 0.0274}{0.25 \times 0.1655} = -0.4593$$

$d_2 = -0.4593 - 0.25 \times 0.1655 = -0.5007$

$N(d_1) = 0.32$

$N(d_2) = 0.31$

代入計算Call理論價的公式：

先計算 $e^{-r \cdot t}$

$r \cdot t = 0.0125 \times 0.0274 = 0.0003425$

$e^{-r \cdot t} = \dfrac{1}{e^{0.0003425}} = 0.9997$

7500Call的理論價：

$C = 7350 \times 0.32 - 7500 \times 0.9997 \times 0.31$

$C = 28$點

　　Put權利金理論價值的計算與Call相同，將數據代入計算Put
權利金理論價值的公式即可。

1-9 評價模型與權利金的關係

透過上一節的討論，瞭解了Black-Scholes選擇權評價模型的公式。

現在，假設把公式中的利率或股利率(r)都調整為零，並且把波動率(σ)調整為接近為零的0.0000000001，計算出來的理論價格是什麼呢？

將調整為零的利率或股利率(期貨指數本來就沒有股利率)，以及近乎零的波動率(假設沒有波動的情況)套入評價模型計算，就會發現價內的理論價格等於內涵價值，價外的理論價格等於零。

換句話說，如果利率、股利率、波動率這三項都接近於零的時候，所有權利金的理論價值都等於內涵價值，沒有時間價值。因此可以證明：時間價值等於理論價值減去內涵價值。

但是，如果利率、股利率及波動率都等於零，會使價外的理論價值等於零，而理論上，價外選擇權的權利金只有時間價值，沒有內涵價值，所以價外選擇權的時間價值會因為利率，股利率及波動率近乎零而等於零。

因此我們可以推論：

　　所謂時間價值，就是利率、股利和波動率三個參數變化的總和。也就是說，選擇權的操作者最感到困擾的時間價值，就是這三項所造成的，其中，股利及利率是比較穩定的，只有波動率是最難預測，這也反映了為什麼選擇權的操作者通常以隱含波動率的變化與根本契約的歷史波動率之間的關係來決定交易的策略。

　　如果隱含波動率高於歷史波動率，且開始呈現下降的情況，選擇權的交易策略是作空隱含波動率；如果隱含波動率低於歷史波動率，且開始呈現上升的情況，選擇權的交易策略是作多隱含波動率。

　　我們可以使用評價模式先把三率調成零，再慢慢調高其中一項，就會觀察到以下三個現象：

　　利率升高會使Calls的權利金增加，Puts的權利金減少，因此如果預期央行將調高利率，進行個股選擇權的操作策略應該以買進買權為主。

　　股利率升高會使Puts的權利金增高，Calls的權利金減少，因此如果預期上市公司將發放比以往更高的股票股利或現金股利，進行個股選擇權的操作策略應該以買進賣權為主。

　　以上這兩種現象大多使用在股票選擇權的交易策略上。

　　波動率升高會使Calls和Puts的權利金同時升高，波動率下降會使Calls和Puts的權利金同時下降。

　　預期波動率將上升，指數選擇權的策略要以買方為主；預期波動率將下降，指數選擇權的策略要以賣方為主。

　　我們也可以把利率和波動率都調為零，則Calls和Puts價平和價外的權利金都變成零，但是價內Calls的時間價值還是正值的，而價內Puts的時間價值卻變成負的，亦即Calls的時間價值永遠大或等於零。Puts的時間價值有可能會變成負的，但若是台股指數上下波動的幅度相當大且快速，就會使得台指選擇權的Puts由於成交熱絡而導致隱含波動率變大，使得Puts的時間價值大於零，也就是說，投資人非常高估Puts。因此，若在行情趨於平穩或開始上漲的時候，將會使Puts的波動率開始下降，連帶也將會使得Puts的權利金快速下滑，投資人可以建立看空Puts波動率的交易策略。

1－10 選擇權的槓桿倍數

　　大部分投資人進入選擇權市場進行交易的原因，都是基於他們對選擇權淺顯的瞭解：選擇權是一個風險有限而獲利無限的商品(指買方而言)，或者是獲勝率極高商品(指賣方而言)。不能說這是個錯誤的觀念，因為選擇權確實存在這種美好的想像空間，但絕大多數投資人都忽略了這個商品的高槓桿倍數，以及其潛藏了許多不可預測的風險。最迷人的東西往往是最危險的，因為人類習慣看表象，而忽略表象底下的真實面目，投資人在進入市場之前，必須先明白選擇權這個美麗的面孔之下所隱藏的風險，瞭解它並規避它，然後才可以創造利潤！

　　一般期貨商品的槓桿倍數大約在15～20倍左右，且有維持率的限制，當交易產生虧損的時候，投資者會積極處理虧損的部位，以免損失繼續擴大而被追繳保證金，就算不積極處理，在損失擴大到低於一定的維持率時，也會受到期貨公司的強制平倉，因此，交易的資金不會完全等於零。但是選擇權的買方一方面因為選擇權的槓桿倍數相當大，所以支付的權利金相對的低，一方面沒有維持率的限制，所以不會面臨強制砍倉的命運，因此，當行情對部位產生不利時，往往也不會積極處理，故時常面臨投入的交易資金變成零的情況，偶爾一、二次的資金歸零可能還不覺得痛，但長期下來就會累積成龐大的虧損，所謂「溫水煮青

蛙」，錢怎麼輸的都不知道。賣方更慘，雖然跟期貨一樣，也會有保證金追繳的問題，但追繳保證金的時間點通常都是在賣方的履約價已經進入深度價內的情況，這個時候會因為市場的流動性不足而造成平倉的問題，在最壞的情況下，往往會被迫停損在不可思議的價位。

選擇權契約是把市場的風險分成買權及賣權兩個商品，配合履約價格，在市場掛牌供投資人進行交易，但交易的標的並非「履約價格」，而是以買權與賣權的「權利金」進行交易，「權利金」的大小就是合約規格所訂定的「內含價值＋時間價值」，與整個合約的價值相比，有時候會相差到六十幾分之一以上，由此可知，選擇權是一個高槓桿倍數的商品。

以下舉台指期貨與選擇權的例子來比較這兩個商品的槓桿倍數。

台指期貨槓桿倍數的計算方式：

期貨現值×跳動值÷原始保證金

假設台指期貨的收盤價(7557點)×跳動值(200元)÷原始保證金(77,000)＝19.63倍

台指選擇權槓桿倍數的計算方式:

假設目前的期貨價位是7557點

履約價格7500的買權的內含價值為Max(7757-7500, 0)=57點

履約價格7500的賣權的內含價值為Max(7500-7557, 0)=0點

履約價格7500的買權的成交價177點(其中有內含價值57點加上時間價值120點),與履約價格7500相比較:7500÷177=42.37倍

以台指期貨的槓桿倍數19.63倍與選擇權7500履約價的買權42.37倍相比,選擇權的槓桿倍數比期貨大了2倍多一點,由此可證明選擇權是所有衍生性商品中槓桿倍數最高的商品。

因此,若投資人不瞭解選擇權,而只想要賭選擇權,就很容易將自己置身在本身所製造出來的風險中而不自知了!

是故,要進入這個需要高度技巧性以及高槓桿倍數的交易市場之前,還是要做足功課的!

1-11 衡量選擇權槓桿倍數的風險值

　　從上一個章節投資人可以瞭解選擇權是具有高風險與高獲利特性的商品，而衡量選擇權槓桿倍數的風險值則是以希臘字母的(ω)來表示。

　　投資人除了可透過選擇權的風險值Delta(δ)、Gamma(Γ)、Theta(θ)以及Vega(ν)，來衡量分析選擇權整體部位對於各種市場狀況變動的反應之外，還有一種衡量選擇權槓桿倍數的數值，稱之為選擇權的「彈性」，通常以希臘字母的(ω)來表示，它是代表根本契約發生多少百分比的變動則選擇權的權利金將跟著發生多少百分比的變動。

　　假設台指期貨的價格6650，價平選擇權6700Call的理論價值為90，Delta(δ)值為0.42，當台指期貨上漲到6700，則6700Call的理論價值要上漲到(6700－6650)×0.42＋90＝111，以上漲的百分比來說，台指期貨上漲了50點，上漲的百分比是(50÷6650)×100＝0.75％；選擇權6700Call上漲了21點(111－90＝21)，上漲的百分比是(21÷90)×100＝23.3％。

　　因此，選擇權價值變動的百分比是期貨價值變動的31倍(23.3％÷0.75％＝31.06)，所以得到6700Call的彈性(ω)為31，這代表了選擇權履約價6700Call槓桿倍數的風險值是期貨的31

倍，槓桿倍數越大，代表彈性越大，信用擴張的程度越高，獲利與風險的程度也越高。

　　而且選擇權越深入價外，槓桿倍數的風險值也越高，代表操作越價外選擇權履約價的買方投資人，其損失所有支出的權利金的風險也越大，但也隱藏了獲取大利潤的契機，而賣方的操作者獲利的機會增加，但也隱藏著發生大虧損的風險。相對於期貨，選擇權價平履約價就有高達31倍的槓桿倍數風險值，越價外選擇權的槓桿倍數風險值則越高，因此可以證明選擇權是比期貨更具高風險與高獲利特性的商品，操作上應該比期貨更加謹慎小心才是！

✍ 1－12 選擇權的風險值

　　有關於選擇權風險值的取得過程，目前市面上大部分的書籍都只提供一些希臘字母交差了事，並未解釋取得的過程，雖然這些風險值可以透過資訊廠商所提供的資料獲得，但是他們所設定的計算參數未必符合市場的現況，因此在選擇權的交易過程中，投資人還是有必要瞭解風險值是如何計算出來的，一方面可以與資訊廠商所提供的數據比對，一方面可以更正確的使用風險值評估選擇權的部位。

⇒ 選擇權的風險值(1)-Delta值

◁▷ Delta：標的物價格敏感度

　　一般選擇權的書籍對於Delta值的計算式如下所示：

$$\text{Delta } (\Delta) = \frac{\partial C}{\partial S}$$

　　投資人很難從這個計算式看出要如何取得Delta值，但若是改變一個方式來陳述，應該就會比較容易瞭解了。

首先計算求取Delta值所必需的d_1數值，d_1的計算公式：

$$d_1 = \frac{\ln\left(\frac{S}{K}\right) + \left(r + \frac{\sigma^2}{2}\right) \cdot t}{\sigma \cdot \sqrt{t}}$$

$$d_2 = d_1 - \sigma \cdot \sqrt{t}$$

其中，S＝標的物的價格

K＝選擇權的履約價格

σ＝年度化的波動率(標準差)

r＝無風險利率

t＝距到期日時間÷252(或365)

Call_Delta＝N(d_1)，使用Excel裡的函數Normsdist(z)，將d_1代入(z)即可算出，或查看「標準累積常態分配表」也可知道。

Put_Delta＝N(d_1)－1

請注意，這個求取Delta值的N(d_1)與求取Gamma值、Vega值與Theta值的N′(d_1)不同。

N′(d_1)的計算公式：

$$N'(d_1) = \frac{e^{-\frac{d_1^2}{2}}}{\sqrt{2\pi}} \, , \ (\pi = 圓周率 \cong 3.1416)$$

這部分在討論Gamma值的時候會敘述。

現在以實例來討論Delta值的取得方式：

假設台股指數的價格(S)為6780，履約價(K)6800，年度化的歷史波動率(σ)＝25％，無風險利率(r)＝1.25％，距離合約到期日還有13個交易日，t＝13/252＝0.0516

代入d₁的計算公式：

$$d_1 = \frac{\ln\left(\frac{6780}{6800}\right) + \left(0.0125 + \frac{0.25^2}{2}\right) \times 0.0516}{0.25 \times \sqrt{0.0516}}$$

$d_1 = -0.01202$

Call_Delta＝N(d₁)

使用Excel裡的函數Normsdist(z)，將d1代入(z)即可算出，或查看「標準累積常態分配表」(請參考附錄)就可得到。

Normsdist(－0.01202)＝0.4952

因此得到履約價：

6800Call_Delta＝49％

6800Put_Delta＝49％－1＝－51％

Delta有下列的意義：

01 漲跌的比率：如delta為0.5，表示標的物每漲1點，權利金就增加0.5點。

02 履約價進入價內的機率：如delta為0.4，表示這個履約價進入價內的機率為40％。

03 避險比例：如delta為0.6，即表示要賣出0.6個單位的標的物做避險。

⇒ 選擇權的風險值(2)-Gamma值

Gamma值（Γ）是衡量根本契約價格變動所造成選擇權Delta值（δ）的變動量，通常被稱為選擇權的曲度，是選擇權理論價值相對根本契約價格的第二階偏導函數，它代表Delta值的加速度，亦即根本契約價格每變動1點所造成Delta值的增加或減少的數量。當根本契約價格上漲1點，Delta值的增加量是Delta＋Gamma；當根本契約價格下跌1點，Delta值的減少量是Delta－Gamma。

如果某選擇權的Delta值＝25，Gamma值＝2^2，假設根本契約上漲1點，Delta的新值為25＋2＝27；根本契約下跌1點，則Delta的新值為25－2＝23。

其以希臘字母的計算公式如下所示：

$$\text{Gamma } (\Gamma) = \frac{\partial \text{ Delta}}{\partial S} = \frac{\partial^2 C}{\partial S^2}$$

Gamma值有下列特性：

越接近到期日或波動率下降，則價平的Gamma值會上升，價內及價外的Gamma值會下降；距離到期日越遠或波動率上升，則價平的Gamma值會下跌，價內及價外的Gamma值會上升。

做買方會有正值的Gamma，是判斷選擇權合約到期之前行情發展可能突破支撐或壓力關卡，因此增加整體部位的Gamma正值，相對地，也會增加部位的Theta負值，亦即部位的價值會受時間價值的流逝而減少。做賣方會有負值的Gamma，是研判選擇權合約到期之前行情發展不會突破支撐或壓力關卡，因此增加整體部位的Gamma負值，相對地，也增加部位的Theta正值，亦即為部位賺取時間價值。

部位為正的Gamma值，不論行情往哪一邊發展，都會自動對該方向加碼，亦即行情上漲，自動加碼買進；行情下跌，自動加碼賣出。因此作部位調整時，若行情與部位方向是一致的，則不需急著作調整，若不一致時才要考慮。

　　部位有負的Gamma值，則不論行情往哪一邊發展，都會自動朝該方向減碼，使得部分部位獲利出場。亦即行情上漲，部位自動減碼賣出，使得部位的看漲強度減弱；行情下跌，部位自動減碼買進，使得部位的看跌強度減弱。

　　Gamma值的數學計算公式如下：

$$Gamma = \frac{N'(d_1)}{S \cdot \sigma \cdot \sqrt{t}} \quad \text{，其中 } N'(d_1) = \frac{e^{-\frac{d_1^2}{2}}}{\sqrt{2\pi}}$$

繼續採用計算Delta值時所舉的例子：

　　假設台股指數的價格(S)為6780，履約價(K)6800，年度化的歷史波動率(σ)＝25％，無風險利率(r)＝1.25％，距離合約到期日還有13個交易日，則t＝13/252＝0.0516

d_1＝－0.01202(取得的過程請參考選擇權的風險值(1)－Delta值)

則 $N'(d_1) = \dfrac{e^{-\frac{0.01202^2}{2}}}{\sqrt{2\pi}}$

$N'(d_1) = 0.3989$ 代入計算Gamma值的公式：

Gamma 值 ＝ $0.3989/(6780 \times 0.25 \times \sqrt{0.0516})$

Gamma 值 ＝ 0.001

　　以6800Call的Delta值＝49％為例，假設台股指數上漲100

點，則6800Call的Delta值會變成：

$0.49 + (0.001 \times 100) = 0.59 = 59\%$

若台股指數下跌100點，則6800Call的Delta值會變成：

$0.49 - (0.001 \times 100) = 0.39 = 39\%$

　　計算式中的e是自然指數，約等於2.7182818284，使用電腦附屬應用程式的小算盤功能或工程計算機的x^y功能鍵可計算出來，其中以e＝2.72代入x；若y為負值，則先計算$e^{|y|}$後被1除，即得。

⇒ 選擇權的風險值(3)-Theta值

　　Theta值在風險值的正負符號與Gamma值永遠相反。

　　Theta值(θ)是用來衡量選擇權的理論價值因為時間的消逝而減少的速度，因此又稱為「時間耗損的因子」(Time Decay Factor)。假設某個選擇權履約價的Theta值是－1.5，權利金是58，在其它因素不變的情況下，權利金每天會下降1.5點，因此隔天會變成(58－1.5)＝56.5，再隔天會變成(56.5－1.5)＝55。再者，時間只會向著同一方向前進(時間不會倒退)，所以θ值都以正數表示，但因為它對於權利金有消耗的特性，為了讓投資者瞭解它的特性，通常以負數表示，因此若選擇權的部位是多頭，就一定會有負的θ值(正負得負)，選擇權的部位是空頭，就一定會有正的θ值(負負得正)，這也解釋了選擇權的買方會有權利金消耗，賣方會有權利金收入的理論。

Theta值有越接近到期日，耗損的速度就越快速的特性。

Theta值希臘字母的計算公式：

$$Theta\ (\theta) = \frac{\partial C}{\partial T}$$

數學計算式：

$$Call\_Theta = -\frac{S \cdot N'(d_1) \cdot \sigma}{2\sqrt{t}} - r \cdot K \cdot e^{-r \cdot t} \cdot N(d_2)$$

$$Put\_Theta = -\frac{S \cdot N'(d_1) \cdot \sigma}{2\sqrt{t}} + r \cdot K \cdot e^{-r \cdot t} \cdot N(-d_2)$$

仍然繼續使用討論Delta值的例子來說明Theta值的取得過程：

假設台股指數的價格(S)為6780，履約價(K)6800，年度化的歷史波動率(σ)＝25％，無風險利率(r)＝1.25％，距離合約到期日還有13個交易日，則t＝13/252＝0.0516

代入d_1的計算公式：

$$d_1 = \frac{\ln\left(\frac{6780}{6800}\right) + \left(0.0125 + \frac{0.25^2}{2}\right) \times 0.0516}{0.25 \times \sqrt{0.0516}}$$

$d_1 = -0.01202$

$N'(d_1) = 0.3989$　取得過程請參考「選擇權的風險值(2)—Gamma值」）

$$N'(-d_1) = 0.3990$$

$$d_2 = d_1 - \sigma \cdot \sqrt{t}$$

$$d_2 = -0.01202 - 0.25 \times \sqrt{0.0516}$$

$$d_2 = -0.0688$$

代入累積常態分配函數Normsdist(z)，算出$N(d_2) = 0.4728$

$N(-d_2) = 1 - 0.4728 = 0.5272$

再來計算公式中所需的 $K \cdot e^{-r \cdot t}$，其中r＝無風險利率1.25%，t＝距離合約到期日還有13個交易日，則t＝13/252＝0.0516

$$K \cdot e^{-r \cdot t} = 6800 \times e^{-0.0125 \times 0.0516} = 6796$$

代入Call_Theta的計算公式：

$$\text{Call\_Theta} = -\frac{S \cdot N'(d_1) \cdot \sigma}{2\sqrt{t}} - r \cdot K \cdot e^{-r \cdot t} \cdot N(d_2)$$

$$\text{Call\_Theta} = -\frac{6780 \times 0.3989 \times 0.25}{2\sqrt{0.0516}} - 0.0125 \times 6796 \times 0.4728$$

$$\text{Call\_Theta} = -\frac{676.13}{0.4543} - 40$$

$$\text{Call\_Theta} = -1488 - 40 = -1528$$

$-1528 \div 252 = -6.06$ （以1年有252個交易日計算，每個交易日權利金會耗損66.06點）

代入Put_Theta的計算公式：

$$\text{Put\_Theta} = -\frac{S \cdot N'(d_1) \cdot \sigma}{2\sqrt{t}} + r \cdot K \cdot e^{-r \cdot t} \cdot N(-d_2)$$

$$\text{Put\_Theta} = -\frac{6780 \times 0.3989 \times 0.25}{2\sqrt{0.0516}} + 0.0125 \times 6796 \times 0.5272$$

$$\text{Put\_Theta} = -\frac{676.13}{0.4543} + 45$$

$$\text{Put\_Theta} = -1488 + 45 = -1443$$

$-1443 \div 252 = -5.73$ （以1年有252個交易日計算，每個交易日權利金會耗損5.73點）

⇒ 選擇權的風險值（4）—Vega值

對於選擇權理論價值定價的變動數產生影響的因子，除了前面所討論到的Delta值與Theta值之外，價格波動率的變動（Vega值）也是重要的因素之一。Vega（ν）值又稱為標的物價格波動的敏感度，代表波動率每變動1%對權利金的影響。

假設Vega值為6.5，選擇權權利金為80，

若波動率從25%變動為26%，則權利金會增加

$(26\% - 25\%) \times 6.5 = 6.5$，等於$80 + 6.5 = 86.5$

若波動率從25%變動為24%，則權利金會減少

$(24\% - 25\%) \times 6.5 = -6.5$，等於$80 - 6.5 = 73.5$

假設Vega值為-6.5，

　　若波動率從25％變動為26％，則權利金會減少

　　　　(26％-25％)×-6.5＝-6.5，等於80-6.5＝73.5

　　若波動率從25％變動為24％，則權利金會增加

　　　　(24％-25％)×-6.5=6.5，等於80＋6.5＝86.5

從上面的演算可以知道，Vega為正值：

　　波動率上升，部位會獲利；

　　波動率下跌，部位會虧損。

Vega為負值：

　　波動率下跌，部位會獲利；

　　波動率上升，部位會虧損。

　　因此，做買方會有正的Vega值，希望市場有大行情，導致隱含波動率增加，就可賺取因波動率增加而增值的權利金。所以若研判市場將有大行情，就要去做買方，但若判斷錯誤，則需要承擔波動率下跌所導致權利金的損失。

　　做賣方會有負的Vega值，希望市場的行情盤整，導致隱含波動率下降，就可賺取因波動率減少而放空權利金的部位增值。若研判市場不會有大行情，就要去做賣方，但若判斷錯誤，則需要承擔波動率上漲使得權利金增加而造成放空部位的損失。

Vega值以希臘字母來表示的計算式：

$$\text{Vega}\ (v) = \frac{\partial\ C}{\partial\ \sigma}$$

Vega值的數學公式：

$$\text{Vega} = S \cdot \sqrt{t} \cdot N\,'(d_1)$$

仍然以計算Delta值的例子來計算Vega值取得的過程。

假設台股指數的價格(S)為6780，履約價(K)6800，年度化的歷史波動率(σ)＝25％，無風險利率(r)＝1.25％，距離合約到期日還有13個交易日，則t＝13/252＝0.0516

代入d_1的計算公式：

$$d_1 = \frac{\ln\left(\frac{6780}{6800}\right) + \left(0.0125 + \frac{0.25^2}{2}\right) \times 0.0516}{0.25 \times \sqrt{0.0516}}$$

$d_1 = -0.01202$

$N\,'(d_1)\ =\ 0.3989$（取得過程請參考前文「選擇權的風險值(2)—Gamma值」）

再代入計算Vega值的數學公式：

$$\text{Vega} = 6780 \times \sqrt{0.0516} \times 0.3989 \cdot N\,'(d_1)$$

$\text{Vega} = 614.35$

再將數值百分比化＝6.14，也就是波動率每變動1％，權利金的理論價值會有大約6.1點的升降幅度。

⇒ 選擇權的風險值(5)—Rho值

　　風險值最後一個因子是Rho值(ρ)，這是用來衡量選擇權權利金的理論價值對於利率變動的敏感度，但因為台指選擇權與台股指數期貨都是採用到期履約結算的方式，因此不會有現金流量的情況發生，Rho值(ρ)一定是等於零，因此在選擇權評價模型的風險值當中，利率的變動雖然會影響權利金的理論價值，卻是評價模型的變數中最不重要的因子，所以在選擇權的策略與風險管理的分析中，通常會忽略Rho值的變數。

1－13 選擇權風險值(GreekS)的解讀

　　討論了4個選擇權主要風險值的特性與取得的過程之後，接著以實際演算的例子來討論如何解讀選擇權的風險值(GreekS)，以及其對於部位的影響，希望透過理論在實際上的運用，讓大家能在市場上賺到錢，在建立部位以及進行部位調整時有理論上的根據，並且知道部位的風險在哪裡，才不會像無頭蒼蠅般在起起浮浮的行情中亂竄，結果不是撞死，就是撞得頭破血流！

　　現在假設有一組選擇權的組合部位，其風險值如下：

Delta＝2.1124；Gamma＝－0.0111；Vega＝－140.0393；Theta＝154.3912

◢ 整體的組合部位要怎麼解讀？

　　因為整體部位的Delta為正值，Gamma為負值，而與Gamma的正負符號有相反特性的Theta就是正值，代表時間的經過對整體部位有利，以及負值的Vega，所以研判這個組合部位的風險值(Greeks)屬性應該是類似盤整偏多(賣出賣權)的損益型態。

附表為Greeks值在各種部位損益型態中的表現：

Greeks(風險值)的屬性

	Net Delta	Net Gamma	Net Vega	Net Theta
買進期貨	+			
賣出期貨	−			
買進買權	+	+	+	−
賣出買權	−	−	−	+
買進賣權	−	+	+	−
賣出賣權	+	−	−	+

　　而且這個部位中的Gamma及Theta的絕對值都很大，表示部位會隨著結算時間的接近而獲利，但因為Vega為負值，所以波動幅度的增加會使部位產生虧損。綜合來說：Gamma負值表示波動幅度越小越有利，Vega負值表示隱波動率越小越有利。

　　一般計算價位漲跌、權利金變化的公式可以使用泰勒展開式(Taylor Series)來計算，因此泰勒展開　式可以當作B-S模型的前導公式，但是因為泰勒展開式的計算過於龐雜，因此市場投資人普遍採用B-S評價模型的偏微分導數，取其低階的導數來計算。

公式如下：

$$部位損益 = Delta \times 漲跌幅 + 0.5 \times Gamma \times 漲跌幅^2$$

$$+Theta \times 經過的天數 + Vega \times 波動率漲跌幅$$

如果發生波動率改變，再把Vega×波動率變化所得到的數值加總進去。

以這個組合部位的例子，假設波動率沒改變，而5天後台指期上漲100點，則：

$$部位損益 = 2.1124 \times 100 + 0.5 \times (-0.0111) \times 100^2 \\ +154.3912 \times 5 = 928$$

即5天後若台指上漲100點，部位可獲利928點。

但若這5天之中，波動率增加2%（根本契約上漲的情況下，通常波動率也會跟著上漲），則：

Vega×2 即 $2 \times (-140.0393) = -280.0786$，
獲利爲 $928 - 280 = 648$ 點。

至於若行情下跌100點，算法一樣，使用－100代入公式計算就可以了。

1－14 選擇權的靜態部位

瞭解選擇權的風險之後，再來討論目前市場上大部分散戶的作法，一般而言，散戶投資者進入市場建立部位時，大都不會去管時間價值的消耗、波動率的大小，純粹只是去賭損益平衡點與結算價位的關係，這就是所謂的靜態部位。

建立靜態部位的過程中，若已獲利，而且行情距離損益平衡點遠，則部位就很安全；若已虧損，而且行情距離損益平衡點很遠，則部位就沒有獲利希望，一般投資人通常就會放任不管了。

部位的主要獲利當然以買方為主，賣方只是為了消除時間價值耗損的輔助工具。

不過，靜態部位要做到長期成功獲利，事實上是有困難的，以台指期貨選擇權而言，一年有大行情讓靜態部位獲利數倍或數十倍的機會大約只有不到20％，有些時候市場也會傳出某人操作選擇權獲利數百倍的傳奇故事，這個機會不能說沒有，但機率是相當低的，長期而言，大部分建立靜態部位的投資人都是虧損的，因為沒有任何辦法可以在建立靜態部位的同時就已經可以確定獲利，除非這是個套利部位。本書將在後面的章節介紹各種選擇權的操作策略、避險與套利的策略，希望投資人不要被市場上一些以訛傳訛、似是而非的觀念誤導，而盲目的投入這個需要高

度技巧的專家市場。選擇權真的不是一般人所說的是一個風險有限、獲利無窮的商品，雖然偶爾會有甜頭吃，但吃了甜頭之後，所要付出的代價更大，投資人自己要認真做功課，若盲目聽信這些說詞就進場操作選擇權，那就是在賭，相信大家一定都聽過十賭九輸這句話！

現在來分析一下為什麼選擇權的靜態部位不容易獲利的原因，做選擇權的買方，他的損益平衡點會被移到遙遠的上檔或下檔，例如，買進call，損益平衡點就在call履約價格＋Call權利金的價位上，如買進履約價6700Call，權利金200，則這個部位的損益平衡點就會被推到上方6900點的位置；買進Put，損平點就在Put履約價格－Put權利金的價位下，如買進履約價6900Put，權利金190，則這個部位的損平點就會被推到下方6710點的位置。

換句話說，建立部位的時候，目前的行情價位絕對不可能是買方的獲利範圍，只有賣方才能掌握目前價位，使目前的價位成為賣方的獲利區間，但是行情會不斷地移動，時間愈久，移動的變數愈多，價位移動的方向和移動的速度90％是隨機的，只有10％是可預測的趨勢，故選擇權的賣方也無法完全確定其所建立的部位一定可以取得時間價值消耗的利潤。因此，賣方雖然在建立部位的同時就已經使部位落在獲利區間而有較大的勝算，但若不瞭解選擇權的風險與如何調整部位，長期所累積下來的利潤也是經不起一、二次行情反方向的大幅波動，有時甚至還要倒貼！

　　簡單的說，未來結算價的位置不是人類可以推測出來的，即使到了最後交易日的前一天，也沒有人可以推測明天最後結算價的正確位置，當然，時間愈接近最後交易日，推測最後結算價的位置就會愈準確，推測的可信賴範圍也會愈狹窄，但相對地，選擇權賣方可收到的權利金也就會愈少。這個市場是很公平的，您要做買方或是賣方都可以，但是要長期穩定的獲利卻不是那麼容易的，投資人若覺得選擇權是很好賺、風險也小的商品，而不去深入瞭解選擇權的話，等到進入市場交易才發覺理想與事實總是有很大的落差，屆時後悔已經太晚了。

1-15 選擇權契約到期價格的機率分配

　　假設台股指數目前的價位是7570點，台股選擇權契約距離最後交易日還有8個交易日，那麼要如何評估價平履約價7600Call的到期價值呢？

　　方法之一是假設台股指數的價格變化屬於隨機漫步的程序，8個交易日之後的價格分配機率可分成：價格波動率偏高、價格波動率中性、價格波動率偏低。以下圖來看：

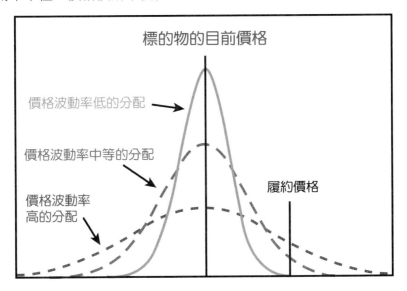

　　可以發現在價格波動率偏低的情況下，標的物的價格在契約到期時，價位高於履約價的機率相當小，因此履約價的權利金會偏低；在價格波動率中性的情況下，標的物的價格在契約到期

時，價位高於履約價格的機率就已經提高了，所以該履約價格的權利金也會跟著提高；而在價格波動率偏高的情況下，標的物的價格在契約到期時，價位高於履約價格的機率相當大，也因此使得履約價格的權利金跟著顯著的提高。

假設價平履約價7600Call的隱含波動率為28.69％，權利金價值為129點，相對於以60天歷史波動率22.48％輸入B-S評價模型所得到的理論價值98點要高出許多，顯示在價格波動率偏高的情況下，台股指數的價格在契約到期時，價位高於履約價7600Call的機率相當大，亦即履約價7600Call在契約到期時的價格分配機率有極高的機率進入價內。

這也可以解釋在波動率偏高的情況下，選擇權的權利金會跟著升高的原因。

從上圖中也可以發現，所有價格分配的機率都呈現左右對稱，也就是說價格波動率偏高的情況下，雖然台股指數價格上漲到某一個價位的機率提高，但也意味著下跌到對稱價位的機率是跟著提高的，這就是在隱含價格波動率偏高的情況下，投資者可以制定選擇權空頭波動率的交易策略。

但是選擇權與期貨部位之間存在一個差異，就是期貨契約會隨著台股指數的漲跌而呈現對稱性的盈虧，但選擇權的潛在最大損失是有一定限度的，假設契約到期時，台股指數在7500點，則

履約價7600Call就沒有價值，最大的損失只有權利金，但若是在指數7600點買進台指期貨的投資人，其損失就會大於選擇權了。因此對於台指期貨的交易者而言，台股指數的價格很重要，因為直接關係到部位的盈虧，但對於台指選擇權的投資者而言，投資人所關心的只是台股指數能否上漲到7600點以上，使得他所執行的7600Call履約價進入價內。因此以買權的買進者而言，他關心的是執行履約價右邊的到期價格；以賣權的買進者而言，他所關心的是執行履約價左邊的到期價格，唯有台股指數到期時的價格可以在買權執行價的右方或賣權執行價的左方，投資者才有機會開始獲利，否則其選擇權部位的價值都等於零。

　　所以期貨契約與選擇權契約在評價程序之間存在重大的差異，如果我們假定期貨契約的價格分配是常態分配，則它的價值將取決於曲線的高峰位置，而選擇權的價值則取決於曲線的離散程度(即向著執行履約價左右離散的程度)。

1－16 達成率的探討

　　所謂選擇權的「達成率」是指在交易的過程中，不同履約價預期獲利的達成機率。選擇權的履約價分成價平、價內與價外三種，且各個履約價會因為距離價平履約價的遠近不同而有不同的Delta值，Delta值的大小則對部位獲利的速度有影響。我們知道價平履約價的Delta值接近0.5，也就是標的物漲跌1點，權利金會跟著漲跌0.5點(先排除Gamma值的影響)，越深價內履約價的Delta值就越高，極度深價內履約價的Delta值會接近1(因此漲跌幅度接近於期貨)，越深價外履約價的Delta值越小，極深價外履約價的Delta值會接近零。

　　由以上的理論可知，選擇權的買家若要提高獲勝的達成率，必須選擇高Delta值的履約價建立部位，亦即買進價平附近或價內的履約價，比較容易達成獲利的目標，相對的，也要支出較高的權利金，至於Delta值低的履約價，雖然其所支出的權利金較小，但因為是處於價外或深價外的履約價，獲勝的達成率也比較低。

　　對選擇權的賣方而言，權利金是他們主要的收入，所以就達成率的考量，賣方比較關心的是權利金消失的速度，這不只牽涉到權利金變動的速度，還有履約價格結構的對稱性。我們知道價平履約價只有時間價值，沒有內涵價值，而價平履約價的時間價值來自於權利金所有敏感度的極大值，所以價平履約價有最大

的時間價值，也因此價平附近履約價的權利金會有最高的萎縮速度，賣方唯有選擇價平附近的履約價建立部位，才能夠擁有最快的權利金耗損速度，也才能獲得最佳的獲利達成率，但由於接近價平，所以也必須承擔行情快速變動所產生的風險。

市面上期貨公司的網路交易平台都有提供買方獲利額度達成率的計算公式，如下所示：

設定超過損益兩平點的某個百分比當作目標價位，距離到期日：

20日以上——5％

20～10日——3.5％

小於10日——2％

⇒ 買方

◢◣ 買「買權」

若某個台指選擇權合約距離到期日的剩餘天數為14天，買方以超過損益兩平點的1.035倍設為預期獲利目標的價位。

（履約價＋權利金）×1.035

獲利金額＝（獲利目標－損益平衡點）×50

舉例：

距離合約到期日剩下14天的時候，台指期貨的收盤價7560點，若投資人在當天收盤之後，決定看多台股後市，因此買進7600Call權利金150點，則損益兩平點7600＋150＝7750點，預期獲利目標的價位就是7750×1.035＝8021。

當天台指期貨收盤價為7560點，距離獲利目標8021的達成率為：1－(7560÷8021)×100％＝5.75％；預估獲利金額為：(8021－7750)×50＝13550元，亦即有5.75％的機率可以達成獲利13550元的目標。

◢ 買「賣權」

若某個台指選擇權合約距離到期日的剩餘天數為14天，台指期貨的收盤價為7560點，假設投資人看空後市，並以超過損益平衡點的0.965倍(1－3.5％＝96.5％)設為預期獲利目標的價位。

(履約價＋權利金)×0.965

獲利金額＝(損益平衡點－獲利目標)×50

舉例：

投資人看空後市，因此買進7400Put權利金90點，損益平衡點7400－90＝7310點，則預期獲利目標的價位為7310×0.965＝7054。

當天台指期貨收盤價為7560點，距離獲利目標7054的達成率為：[(7560÷7054) − 1] × 100％ ＝ 7.20％；預估獲利金額為：(7310－7054)×50＝12800元，亦即有7.2％的機率可以達成獲利12800元的目標。

⇒ 賣方

以到達履約價做為其預期獲利目標的價位，例如賣出履約價為7400點的賣權，則預期獲利目標價位即為7400點。因為賣方收到的權利金即是最大獲利，因此不設定目標價位，可直接以部位的損益平衡點與期貨收盤價計算達成率。

◢ 賣「買權」

投資人在距離台指合約到期日剩下14天的時候，小幅的看空台股後市，因此賣出7700Call權利金120點，損益平衡點7700＋120＝7820點。

假設當天台指期貨的收盤價為7560點，距離損益平衡點7820的達成率為：[1 − (7560÷7820) − 1] × 100％ ＝ 3％；預估獲利金額為：120×50＝6000元，亦即理論上有3％的機率可以有6000元的完全獲利，但若使用越價外的履約價建立部位，則獲利的達成率越高，可是獲利額度會越小。

◢ 賣「賣權」

投資人在距離台指合約到期日剩下14天的時候，小幅看多台股後市，因此賣出7400Put權利金90點，損益平衡點7400－90＝7310點。

假設當天台指期貨收盤價為7560點，則距離損益平衡點7310的達成率為：$[(7560 \div 7310) - 1] \times 100\% = 3.5\%$；預估獲利金額為：$90 \times 50 = 4500$元，亦即理論上有3.5%的機率可以有4500元的完全獲利。

以上是使用期貨公司電子交易平台的制式公式作例子，投資人也可以自行更改獲利額度比率及距離到期日的時間，尋找更適合自己操作習慣或有更大獲勝機率的參數，例如將上述參數改為，距離到期日：

20日以上——6%

20～15日——5%

15～10日——4%

5～10日——3%

5日以下——2%

1－17 如何評估選擇權的期望報酬

投資人在建立選擇權的部位之前，有一種簡單的方法可以用來評估這個部位的期望報酬，首先計算該履約價在根本契約到期時的價值，再分別乘上發生的機率後加總，即是該履約價的期望報酬。

所謂發生的機率就是指該履約價在根本契約到期時進入價內的機率，一般都使用Delta值做為標準。假設台股指數目前價位6703點，台指選擇權主要交易月份履約價6700Call的Delta值＝0.52，代表6700Call在合約到期時有52％的機率會進入價內，假使台股指數一直維持在6700點左右，則越接近到期日，則6700Call的Delta值就會越向1(100％)靠近，亦即進入價內的機率越高。

現在來舉例計算履約價6600Put的期望報酬(暫時不考慮權利金的成本)：

台股指數＝6703點

距離合約到期日＝21天

波動率＝28％

選擇權Put價平上下各5檔履約價的Delta值如下：

履約價	Delta值
6300Put	-0.17
6400Put	-0.23
6500Put	-0.31
6600Put	-0.39
6700Put	-0.48
6800Put	-0.57
6900Put	-0.66
7000Put	-0.73
7100Put	-0.80

假設投資人買進6600Put，若到期結算價在6600點以上，則部位的價值 等於零；若結算在：

6500點，有 $Max(6600 - 6500, 0) = 100$ 的期望報酬；

6400點，有 $Max(6600 - 6400, 0) = 200$ 的期望報酬；

6300點，有 $Max(6600 - 6300, 0) = 300$ 的期望報酬。

則6600Put的期望報酬是：（以Delta的絕對值來計算）

$(300 \times 0.17) + (200 \times 0.23) + (100 \times 0.31) + (0 \times 0.39)$
$\quad + (0 \times 0.48) + (0 \times 0.57) + \cdots + (0 \times 0.65) + (0 \times 0.73)$
$\quad + (0 \times 0.79) = 128$

當天收盤時6600Put的收盤價129點，顯然權利金已反應該履約價的期望報酬。

　　以上是假設波動率為28％所計算出來的結果，但若將波動率調整為26％，則：

6300Put 的 Delta＝－0.15

6400Put 的 Delta＝－0.22

6500Put 的 Delta＝－0.30

同樣的計算方式所得到的期望報酬等於119。

　　從以上的演算可以得到一個結論：**波動率越低，期望報酬也越低。**

　　因此，若投資人研判波動率有下降的**趨勢**，則在建立部位時應考慮當賣方；反之，若投資人研判波動率有上升的**趨勢**，則在建立部位時應考慮當買方。

　　　　　　　註　實務上計算期望報酬是要將合約中的各個履約價與其發生機率一起計算的，但因為越深價內或價外履約價的發生機率越低，因此只簡單的選取價平上下各5檔的履約價來計算。有興趣的讀者可以自行以Excel寫成計算公式，以便在建立部位之前能夠迅速評估該部位的期望報酬，進而決定是否要執行交易。

1－18 選擇權與期貨交易的差別

　　台灣期交所在民國99年元月推出「股票期貨」這項新商品，將會對股票投資人帶來一波新的衝擊，極有可能改變目前股票的交易型態。對於股票的當沖交易戶以及習慣使用融資券交易的投資人而言，這項新商品的推出更可以增加操作股票的靈活度；對於長期的投資人而言，也多了另一種避險與套利的工具。期交所希望藉著這項新商品來提升期權的交易量，也順便挽救成交量一直低迷不振的股票選擇權市場。

　　現在來討論交易期貨與選擇權不同的觀念：

　　一般的投資人都知道標的物價格的走勢對於交易策略的成敗有決定性的影響，因此若是投資人所擬定的交易策略與標的物的趨勢不一致時，則交易失敗的機率將大幅提高；若擬定的交易策略與標的物的趨勢一致，那麼交易成功獲利的機會就會提高。但是即使選擇權的交易策略與標的物的趨勢一致，卻不一定會獲利，既然是交易策略與標的物的趨勢一致就應該有很高的獲利機率才對，但這裡為什麼說不一定會有獲利呢？這就是選擇權與期貨交易最大的不同點，期貨交易者只要認定標的物在某個特定期間將上漲，若研判正確，標的物在特定期間（例如合約的結算日）果然上漲，那他只要反向平倉就可以獲利了；而選擇權的投資人所要面臨的情況就比期貨的交易者複雜一些了。

　　假設某位個股選擇權的交易者在距離合約到期日還有15個交易日、台積電股價在60元的時候，研判台積電股價在合約到期之前將上漲到64元，因此買進台積電履約價65買權，支付權利金2元，萬一台積電股價在合約到期之前的13天都在60～62元之間整理，直到第15天才上漲到65元，在這種情況下，若台積電期貨的交易者是在60元的時候買進台積電期貨，則必定有5元的利潤，但台積電選擇權的交易者卻會有2元的虧損。

　　觀察上面的例子，發現同樣看多行情，在操作期貨與選擇權就有截然不同的結果，如果行情發展的速度不夠快，雖然也是向著對選擇權部位有利的方向前進，但仍無法彌補時間價值的耗損，這就是選擇權買方投資人發生虧損的最大原因，相信許多交易過選擇權的投資人都會有類似的經驗。因此，一個成功的選擇權交易者除了對行情趨勢要有準確的判斷之外，還必須能掌握行情發展的速度，唯有這兩種因素都能確實掌握，才能確保獲利，這也是交易選擇權比交易期貨更困難的地方。由此可知，一般投資人認為選擇權的交易是高利潤、低風險，而且比交易期貨來得容易的觀念，顯然是被誤導的。

　　因此，「速度」是選擇權交易的關鍵因子，事實上，大部分選擇權的交易策略也都是以行情發展的速度（風險值的Delta值及Gamma值）做為建立部位的主要考量因素，很少只考量行情走勢方向的。如果投資人非常擅長分析各種技術型態，那他應該只夠資

格從事期貨或現貨的交易，唯有同時具備技術線型分析的能力以及敏銳的速度感，才有資格進入選擇權市場。

要在選擇權市場建立一個成功的交易策略，投資人除了對行情未來的發展趨勢有精準的研判之外，對於未來行情震盪的幅度與速度也要有某種程度的預期，而預測行情震盪的幅度可以觀察波動率的變化，預期發展的速度可根據Delta值及Gamma值來判斷，那麼要如何研判行情未來的發展趨勢呢？

第二章

研判**行情趨勢**
的工具

2-1 行情變動對選擇權價值的影響

　　風險與報酬之間的平衡是投資人進入金融商品市場交易時必須考慮的因子，如果投資人對行情變動的方向研判正確就可以獲利，但是沒有任何人可以保證每次交易都能成功，因此，投資人在評估報酬的同時，也必須對風險作評估，若只是一昧的追求報酬而忽視風險，那將大大降低在市場的存活率。

　　一般交易者交易期貨契約只需考慮單一層面的問題，若行情上漲，而他建立的是多頭部位，就可以獲利，其部位風險是行情下跌；但選擇權交易者所要面對的問題卻比期貨交易者複雜許多，選擇權的價值除了受到根本契約行情變動的影響之外，也受到許多評價因子的影響，即使對行情的方向研判正確，仍舊無法保證能獲得應有的利潤，甚至還有可能會造成虧損，這往往是許多選擇權買方交易者內心的最痛。

　　即使交易者對當時行情的研判正確，且在訂價模型中輸入的風險值也接近市況，但行情的方向也有可能因為時間的變動而改變，造成對選擇權價值不利的影響。由於影響選擇權價值的風險因子太多，往往需要透過電腦的協助才可能獲得正確的數據，但若是行情變動的速度太快，時常也會令有經驗的投資者感到措手不及，若需要講求時效立即做出建立部位或調整部位的選擇權策略，也沒有時間仰賴電腦的協助了，此時投資者就必須具備判斷

行情變動對於選擇權價值可能的影響，以及部位相關風險的能力
了。

　　以下是行情變動對於選擇權價值所產生的影響，投資者在沒
有電腦協助的情況下，可以當作研判行情快速變動時對選擇權部
位將會產生的影響之依據。

假如	Calls的價值會	Puts的價值會
根本契約價格上漲	上升	下跌
根本契約價格下跌	下跌	上升
價格波動率上升	上升	上升
價格波動率下降	下降	下降
時間消逝	下降	下降

　　從以上資料可以發現，當根本契約的價格發生變動，不論漲
跌，選擇權將比較可能或不可能進入價內，其價值也會隨著根本
契約價格的漲跌而升降。當價格波動率上升，在根本契約到期價
格的機率分配中比較可能發生極端的結果，所以選澤權的價值會
上升；當價格波動率下降，或已經接近到期日，則發生極端結果
的機率越低，故選澤權的價值會下降。

✍️ 2-2 行情的關卡是如何產生的？

在交易策略的研判上，我們常會聽到「若突破某個關卡或跌破某個關卡，行情就會……」等類似的推論，那麼什麼是關卡呢？

K線的交集與聯集會產生關卡，如果將關卡當作是一個點，那麼可以這樣認定它：壓力是最高點集合中的最高點；支撐是最低點集合中的最低點。也就是說，如果以5個交易日當作關卡取樣的樣本，則：

在5天的日K線的最高價當中，找出其中的最大值＝壓力關卡；在5天的日K線的最低價當中，找出其中的最小值＝支撐關卡。

以2009年8月24日～8月28日為例，台股大盤的5天K線的最高價當中，找出最大值6865點就等於是壓力關卡，找出的最小值6658點就等於支撐關卡。當然，也可以採取5天的收盤價做成一個集合，其中最大值就是壓力，最小值就是支撐。同樣以8月24日～8月28日為例，5天的最高收盤價6838點＝壓力，最低收盤價6690點＝支撐。這種5天收盤價集合的認定方法，也可以擴展到5週，甚至5個月，這種採用收盤價集合認定關卡的方法，稱之為「Price Channel」。

　　如果把關卡當作是一個面，那麼可以這樣認定關卡面：所謂K線的交集，就是在任意選定的一堆K線之中，找出價格彼此互相重疊的部分。現在以台股大盤的數據來說明何謂K線的交集：

日期	最高價	最低價
8/24	6859	6762
8/25	6865	6600
8/26	6827	6663
8/27	6753	6658
8/28	6824	6711

　　K線重疊的部分就是K線的交集，我們可以在最高價的集合中找出最小值為6753點，在最低價的集合中找出最大值為6762點，這兩個值(6753點～6762點)就是K線的交集。換言之，在8/24～8/28這5天當中，加權指數每天最少都有在6753點～6762點之間交易的紀錄，亦即加權指數在6753點～6762點之間形成一個未來的支撐或壓力的關卡面。一旦行情向上突破6762點，脫離這個交集，可能就是一個漲勢的開始；一旦行情向下跌破6753點，脫離這個交集，可能就是一個跌勢的開始。所謂的脫離交集，就是跟原來的交集沒有任何重疊的部分，這種脫離交集的價格行為就是趨勢的開始。

　　關於K線的交集，有一個不變的現象很值得觀察：K線的交集會愈來愈小，直到小到不能容納一天的波動幅度為止，這時就會產生脫離交集的價格行為，也就是趨勢的開始。

　　8月24日～28日的K線交集已縮小到只有9點，勢必無法容納一天的波動幅度，因此，脫離交集的價格行為即將發生，也就是即將產生趨勢，只是在當時還不知道到底是將向下脫離這個交集，形成一個跌勢的開始；或是將向上脫離這個交集，形成一個漲勢的開始。

　　2009年8月31日台股大盤收盤價6825點，已向上突破6762點，脫離了交集，暗示將形成一波上漲的趨勢，投資者可利用這個訊息，在台股大盤收盤之後進場建立期貨的多頭部位，保守的投資人則建議買進買權的選擇權部位。

　　事實上，趨勢也可以由K線交集完全脫離的現象來加以定義：漲勢就是行情完全脫離膠著的重疊部分，向上攀升；跌勢就是行情完全脫離膠著的重疊部分，往下滑落。

　　然而事情並非想像中的那麼簡單，因為行情脫離膠著的重疊部分之後，有時候又會馬上折回原來的交集之中，歸納其原因，大部分都是碰觸到另一個關卡（交集）而產生折回現象，因為技術分析圖上到處都是K線的重疊交集，這也就是趨勢難以捉摸的原因。

　　所以，我們觀察交集現象，一方面可以把交集當作趨勢的起始點，做為進場建立部位的起始點以及停損點，另一方面也可以把交集當作趨勢的目標點，做為部位的出場點。

2-3 選擇權各履約價成交量的意義

　　從選擇權各履約價成交量分布的情況，可以發現成交量會從價平逐漸向價外及價內遞減，雖然選擇權的成交量不一定可做為研判行情趨勢的指標，但從其變化卻可顯示出兩種意義：

01 是市場流動性的指標。

02 形成未平倉量。

　　其中以市場流動性最重要，因為選擇權的履約價格動輒10～20幾檔，而且又分成買權及賣權等不同種類的履約價，同時在市場交易的選擇權至少就有30幾個或40幾個契約，若再加上不同月份的契約，則數量就更多了。因為交易的種類繁多而複雜，如果沒有足夠流動性的選擇權合約，就容易產生交易上的風險，例如買得到卻賣不掉，或買賣價差不合理的擴大……等，因此個別履約價的成交量對於交易的流動性就顯得非常重要，投資人交易選擇權時，最好仍應以流動性較佳的契約為主。

　　再來談到形成未平量的問題，目前市場上有一些使用未平倉量來研判行情未來趨勢的模型，例如Put／Call OI Ratio(賣權／買權未平倉量比值)，因此成交量大的履約價可能會改變該履約價的未平倉量合約，進而改變市場已存在的支撐或壓力。如果高成交量卻導致該履約價的未平倉量減少，則可能降低該履約價的支撐或壓力的力量，反之，高成交量導致該履約價的未平倉量增加，則可能增加該履約價的支撐或壓力的力量。

2-4 從選擇權成交量與未平倉量的關係研判行情趨勢

所謂未平倉量是指金融商品契約的買(賣)在未平倉之前的數量合計,因此未平倉量可以代表交易市場中尚未了結的力量。未平倉量計算的方式有兩種:一種是以各契約不同的到期月份分別統計;一種是將該契約所有交易月份的未平倉量加總。

在衍生性金融商品的交易市場,因為期貨或選擇權契約大部分多會在到期日之前將部位平倉,因此未平倉量的多寡也代表市場潛在的動能,未平倉量越大,表示多空雙方互相拉扯的力量越大,當有一方自拉扯的過程中勝出,就會形成趨勢,而趨勢形成之後的價格波動幅度也會比較大。

所謂成交量是當天市場成交數量的總和,代表投資人對該商品的投資意願,以物理學的理論來解釋,成交量就代表市場的動能,未平倉量則代表市場的位能。

成交量與未平倉量的解讀:未平倉量=未平倉的多頭部位=未平倉空頭的部位,所以未平倉量絕對不等於多單以及空單的數字買加賣的總和。當成交量增加時,未平倉量不一定會跟著增加,比如說:交易一口新倉部位、一口平倉部位,則成交量增加一口,但未平倉量不會改變。(這部分將在下節單元討論)

投資者可以從未平倉量與成交量的變化來分析當天市場交易的情況：

○ 在上漲的情況下，如果成交量增加但未平倉量減少，代表空頭停損出場，多頭開始獲利了結。

○ 在下跌的情況下，如果成交量增加但未平倉量減少，代表多頭停損出場，空頭開始獲利了結。

因此，不論是多頭或空頭的趨勢，若是處於強勢的格局，則成交量與未平倉量都應該要同步增加。

從選擇權的成交量與未平倉量研判行情趨勢：

上漲的情況：

01 成交量增加，未平倉量減少：代表多頭獲利了結，距離高點已經不遠。

02 成交量減少，未平倉量也同步減少：代表多頭行情即將反轉。

03 成交量增加，未平倉量也同步增加：代表上漲的趨勢不變，持續做多。

下跌的情況：

01 成交量增加，未平倉量減少：代表空頭獲利出場，行情即將見到底部。

02 成交量減少，未平倉量也同步減少：代表空頭行情即將反轉。

03 成交量增加，未平倉量也同步增加：代表下跌的趨勢不變，持續做空。

盤整的情況：

01 成交量增加，未平倉量增加：代表行情即將突破並形成趨勢（突破的方向需配合技術分析的研判）。

02 成交量減少，未平倉量也減少：代表行情冷清，市場持續觀望中。

如何使用價平附近履約價成交量與未平倉量的關係，解讀賣權／買權未平倉量比值對未來行情趨勢研判的正確性？

目前市場上有許多投資者是使用選擇權Put／Call OI Ratio(賣權／買權未平倉量比值)來研判行情趨勢，但若是要對未來行情趨勢的研判做更精確的掌握，可以再使用個別履約價的Put或Call成交量與未平倉量來輔助。

比如說：Put／Call OI Ratio 的值是0.72，代表未來行情已經處在偏空的狀態(請參考2-6節「選擇權Put／Call OI Ratio未平倉量的解讀」的統計表)，如果能夠再以價平附近履約價的Put的成交量與未平倉量的關係來驗證，那麼Put／Call OI Ratio的研判就更具可靠性了。

如果價平附近Put的履約價：

01 成交量增加，未平倉量也同步增加：代表Put／Call OI Ratio研判的下跌趨勢是正確的，可以持續做空。

02 成交量減少，未平倉量也同步減少：代表Put／Call OI Ratio研判的下跌趨勢可能即將結束，因此要先觀察，不可貿然追空，手上若有在倉空單也應適當減碼。

03 成交量增加，未平倉量減少：代表Put／Call OI Ratio研判的下跌趨勢可能是誤判，因此要盡快將手上的在倉空單先行全部平倉。

從成交量與未平倉量的對應關係，得到以下的結論：

01 當成交量與未平倉量同時增加時，有利於目前的行情趨勢。

02 當成交量與未平倉量同時減少時，對目前的行情趨勢不利。

03 在上升(或下跌)趨勢中，當行情突破(跌破)前一波高點(低點)時，成交量卻減少，稱為背離，代表行情即將反轉。

04 在上升趨勢中的高點，或下降趨勢中的低點出現成交量突然放大、但未平倉量卻大量減少的情況，也是趨勢即將改變的徵兆。

2－5 選擇權成交量與未平倉量是如何累積的？

衍生性金融商品的一切價格變動，都是以標的物價格行為作依據，標的物價格有了新的動向，該標的物的衍生性商品就會去揣摩，期望著某些事件發生的可能性，比如期望著某個履約價格進入價內的可能性，因而使得權利金的價值產生變化。而選擇權權利金的時間價值就是一種期望價值，期望的可能性增加，時間價值就隨之增加，期望的可能性落空，時間價值就會隨著減少。

由於選擇權的買方背負著時間價值流逝的風險，因此不會把賺錢的部位放著不管；但是選擇權的賣方就不一樣了，對他們而言，時間價值的流逝就意味著賺取了權利金。

部位放任不管，就產生未平倉量逐漸累積的現象：

買方放任他的部位不管，是因為他做了錯誤的研判，所建立的買方部位進入價內的機率越來越低，他的希望逐漸落空，部位的時間價值逐漸流失，但是因為風險有限，所以放任不管的機率增加了。賣方放任部位不管，是因為趨勢和時間都對他有利，因此只需要控制部位的損平點，不要讓損平點太接近履約價就可以了。

因此，選擇權的未平倉量是：

01 逐漸累積的。

02 在不同履約價格，會累積不同的未平倉量。

通常被交易者放任不管的部位，都是比較遠離價平的履約價格，因為接近價平履約價格的交投比較活絡，會把累積的未平倉量逐漸消化掉，而遠離價平的履約價格比較有可能累積巨額未平倉量。

如果累積大量未平倉量的履約價格，因標的物行情的變動，而成為價平附近的履約價格時，則之前放任不管的買方部位，雖然流失的時間價值不一定可以完全賺回來，但是會出現解套的機會，賣方則不樂意見到這種現象。

因此，巨額累積未平倉量的履約價格，就是多空雙方爭戰激烈的重要關卡，如果Calls有某個履約價格的累積未平倉量特別顯著，則那個履約價格就是市場認定的壓力關卡；如果Puts有某個履約價格的累積未平倉量特別顯著，則那個履約價格就是市場認定的支撐關卡。

除了以累積的未平倉量來研判市場的支撐與壓力關卡外，還可以透過履約價的成交量與未平倉量的變化，來研判該履約價未來的行情趨勢。

市場的成交量與未平倉量是如何累積的？舉例說明如下：

假設某個履約價的Call前一日收盤之後的未平倉量是2190口，今天市場上分別有甲、乙、丙、丁四位投資人交易這個履約價，交易的情況如下：

交易者	交易情況	累積未平倉量	累積成交量
甲	買10口	10口	
乙	賣5口	-5口	5口
丙	賣5口	-5口	10口
丁	買2口	2口	
甲	賣2口	8口	12口

則甲在市場有8口未平倉，丁有2口未平倉，乙、丙各有－5口未平倉，四位投資人合計總共增加了10口的未平倉量，該交易日收盤後的未平倉量會變成2190＋10＝2200口，但總共累計了12口的成交量。

2-6 選擇權Put／Call OI Ratio未平倉量的解讀

　　一般選擇權的未平倉是以賣方的角度來解讀的，買權的未平倉量代表賣出買權，是看空的力量，賣權的未平倉量代表賣出賣權，是做多的力量，將賣權與買權的未平倉量相除，得到的比值就是所謂的Put／Call OI Ratio，可根據這個比值來研判選擇權市場多空的結構，比值越大，代表選擇權的結構越偏多，比值越小，代表選擇權的結構越偏空。投資人可利用選擇權市場多(買權)空(賣權)結構比的變化，來研判台股未來的多空趨勢。

　　為何要以賣方的角度來解讀Put／Call OI Ratio呢?

　　選擇權的操作者都知道選擇權的買方有時間價值消耗的問題，除非行情在極短的時間內發生大幅度的變化，否則買方會因為權利金的時間價值逐日消失，而不容易賺取到理想的利潤。由於時間價值不站在買方這一邊，所以買方在操作心態上會比較以短線進出為主，賣方則因為具有時間價值的優勢，而且賣方的獲利也是來自權利金的時間價值消耗的累積，所以賣方會習慣性的留倉，以賺取更多的時間價值。因此從賣方的角度來判讀Put／Call Ratio未平倉量的多空結構，會比較接近市場的脈動。

　　買權的未平倉合約代表賣出買權，也就是做空的力量；賣權

的未平倉合約代表賣出賣權，也就是做多的力量，將賣權與買權
的未平倉合約相除，得到的比值就稱為賣權／買權未平倉合約比
例(Put／Call OI Ratio)，藉著這個比值可以度量選擇權的多空
結構，進而研判市場的多空心態。當Put／Call OI Ratio的比值
越大，代表選擇權結構越偏多，比值越小，代表結構越偏空。

下表是過去Put／Call OI Ratio未平倉合約的一些統計數
據：

統計項目	Put/Call OI Ratio
平均值	0.93
最大值	2.04
最小值	0.28
75%(偏多)	1.06
25%(偏空)	0.73

(資料日期：2002/2/18～2008/7/21)

從上述表格可知，過去Put／Call OI Ratio的未平倉合約平
均值落在0.93，而非想像中多空均衡的1，主要原因是市場習慣交
易買權，造成買權無論是交易量或是未平倉量皆常態性的大於賣
權，因此可以說：當Put／Call OI Ratio的未平倉合約比值落在
0.93附近時，表示多空勢均力敵。

至於Put／Call OI Ratio要大到多少才算偏多？小到多少才
算偏空？根據統計數據，過去的樣本由小到大排列，位於75%跟
25%位置的值分別是1.06及0.73，以此為標準值，亦即：如果大於

1.06就表示大於過去統計的3／4的樣本，可視為相對的高值，解讀為市場氣氛偏多；反之，小於0.73就表示小於過去統計1／4的樣本，屬於相對的低值，可解讀為市場氣氛偏空。

再來看極端值，極端值代表多空傾向一方，極端失衡，可以視為一種乖離，過去Put／Call OI Ratio最高曾來到2.14，最低曾來到0.45，表示：若負乖離過大(接近0.45)，表示在市場氣氛極端偏空的情況下，容易伴隨反彈；若正乖離過大(接近2.14)，表示在市場氣氛極端偏多的情況下，容易伴隨回檔修正。

最後，從Put／Call OI Ratio與買權價格的變化來研判未來行情的趨勢：

狀況	Put／Call OI Ratio	買權未平倉量	買權價格	未來行情
1	上漲	下跌	上漲	偏空
2	下跌	上漲	下跌	偏空
3	上漲	下跌	下跌	偏多
4	下跌	上漲	上漲	偏多

(註) 期交所選擇權未平倉量查詢網址：http://www.taifex.com.tw/chinese/home.htm，點選「交易資訊」後，再點選「盤後資訊」，選擇「選擇權」進入「選擇權每日交易行情資料下載」，計算當月的買權賣權未平倉量。

2-7 選擇權未平倉部位的管理

　　投資者若能對自己的未平倉部位做好妥善的管理，就可以將許多風險降到最低。波段操作者在操作上普遍都會面臨到如何管理未平倉部位的問題，因為市場隨時都有可能出現風險，我們經常可以看到一筆很好的操作，由於對未平倉部位的管理不善，到最後往往變成失敗的交易。

　　因此，有經驗的投資者會花相當多的時間及心力去瞭解市場各種可能發生的狀況，以便幫助自己遠離風險，並且保護自身的獲利。所以在進入市場從事交易之前，應用有效的交易管理，才可以讓好的交易策略變成實際的獲利。

　　以選擇權為例，有一些未平倉部位的管理方法，提供給投資者參考(部份方法也適用在期貨交易)：

01 預先規劃未平倉部位要有多大的機動性，比如說賣方的組合部位要計算行情通過履約價中心點的次數以及獲利的比例，決定平倉出場的時機，買方部位要持有多少時間，若還沒有獲利就要先平倉等等。

02 要明確的計畫交易活動的範圍，比如說賣方需要追蹤日線價格的變化，買方則要追蹤15分鐘或更短的5分鐘的K線變化。

03 規劃一個特定的策略來處理未平倉部位，並學著何時該把部位停留在場中，何時該在關鍵報告或消息出爐之前，將部位平倉出場或調整為Delta中性的部位。

04 建立一個能迅速且有效判讀市場訊息的濾網，並使它成為交易邏輯。

05 將部位與目前的市場狀況保持密切結合，很多時候意外的消息或是波動往往會左右交易的成功或失敗。

06 善用市場的買賣循環，大部分的時間對短線的交易者而言或許是3天的循環，但對長線的交易者而言可能是21天的循環，找出部位目前在市場波動中的位置，並利用那些違反常態波動的機會製造優勢。

07 設法使自己融入當天的市場趨勢之中。

08 密切地追蹤短線的指標並觀察其循環，每個跳動點都有它的生命，仔細的傾聽它，便可以幫助你保命。

09 跟隨市場中任何與整數關卡有關的訊息，觀察部位對整數關卡的反應，通常在整數關卡的壓力與支撐不容易被一次突破，因此在第一次突破之後，會有很大的機會回到整數關卡之上或之下，此時也是做對方向的部位加碼及做錯方向的部位停損逃命的時機。

10 訓練判讀報價的能力，先一步找出不利於部位的警訊，或是確認所建立的部位是正確的，進而決定退出交易或將部位繼續留在市場。

11 檢視所建立的部位是否與市場群眾的看法一致，若是相反，則部位留在市場的時間可以長久一些，若是相同，就應該盡快將部位平倉出場。獲利的部位很少會跟大多數人的方向一致，所以盡可能與他們保持距離，這也是28法則的運用（20%的投資人可在市場獲利，80%的投資人是虧損的）。

2-8 波動率指數(VIX)與台股指數的趨勢

　　波動率指數(Volatility Index，簡稱為VIX)於1993年由美國芝加哥選擇權交易所(CBOE)推出，是一種將指數選擇權的隱含波動率加權平均後所得的指數。在選擇權市場交易非常熱絡的美國，VIX指數已成為證券及期貨市場的投資者研判行情時不可或缺的工具，目前台灣也有越來越多投資者開始使用VIX來研判台股的趨勢，台灣期貨交易所在每天收盤後也會提供以CBOE的新制與舊制所計算出來的波動率指數供投資人參考。(進入期交所網站(http://www.taifex.com.tw/chinese/home.htm)，再從「統計資料」欄中進入尋找。)

　　我們知道波動率微笑(Volatility Smile)的特性，是因為價平附近履約價的隱含波動率會比價外的履約價低，同時由於投資人在指數下跌時比指數上漲時更具有規避風險的意願，所以在指數下跌時，買進賣權的避險會增加，因此也同時推升了價外賣權的隱含波動率。

　　根據上述特性，VIX常被用來做為判斷市場多空的逆勢指標，該指標反映了選擇權市場的參與者對於大盤後市波動程度的看法：當VIX越高，表示市場參與者預期後市的價格波動程度將會更加激烈，同時也反映其心理不安的狀況；當VIX越低，表示市場參與者預期後市的價格波動應會趨於和緩，而對市場的波動失去警

戒心。因此，VIX又被稱為投資人的恐慌指標(The Investor Fear Gauge)。

在指數持續下跌時，VIX通常會不斷地上升；而在指數持續上揚時，VIX通常會持續下跌。從另一個角度來看，當VIX異常偏高時，可能代表市場的參與者陷入極度恐慌，而不計代價的買進賣權；當VIX異常偏低時，可能透露市場的參與者普遍過度樂觀、一昧看多的心態。這些現象往往都可能是行情反轉到來的時刻：當投資人過度悲觀恐懼時，伴隨而來的通常是行情的大反彈；當投資人過度樂觀、一路追價做多時，伴隨而來的則是行情的大回檔。

下圖是自2008年3月份以來，VIX指數相對台股期貨的走勢變化：

　　可以發現台股期貨(藍色線)在2008年5月19日新總統就職前夕來到最高的9388點，收盤價為9373點，同一時間的VIX指數(紅色線)卻已接近相對低檔，而後，行情開始反轉，VIX指數一路上揚，台指期貨指數卻一路下滑。

　　根據統計資料，到2009年12月25日為止，VIX指數已經跌破自2008年3月份以來的低點，來到18.44點，但台股期貨指數還在上揚，直到2010年1月19日經過16個交易日之後，才開始回檔修正，而VIX指數也緩步走揚。

　　以上是市場過度樂觀的例子，另外來觀察市場過度悲觀恐懼的例子：

　　2008年10月27日，台股指數收盤在4034點，隔天10月28日的VIX指數衝上自2005年10月以來的新高60.41點，代表市場的投資者陷入極度恐慌的狀態。而後台股指數隨即出現反彈，從10月27日的4034點反彈到11月4日的4978點，短短5個交易日有將近1000點的反彈幅度，而VIX指數也下降到53.68點。

✍ 2−9 從波動率的偏離來研判未來市場的狀況

波動率的特色之一是價平附近履約價的隱含波動率會產生偏離(skew)分佈的狀況。

隱含波動率的偏離(skew)大致上可分為下列四種,但是在市場上通常是混合存在這四種狀況,現在以這四種狀況來研判市場未來的趨勢。

◢ 波動率微笑曲線:

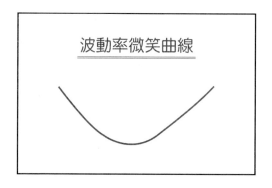

在價平履約價附近的選擇權有比較大的賣壓,或是深度價外,深度價內履約價的選擇權出現比較多的避險性買盤,這些狀況都會形成波動率微笑曲線,代表市場預期行情不大,選擇權的賣方部位較多,在往後一段時間,市場行情將進入盤整且波動率將偏低。

◢ **抿嘴狀曲線：**

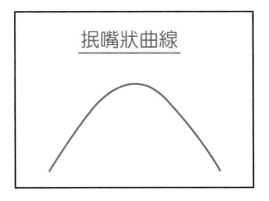

　　出現這種狀態代表價平履約價的選擇權有比較大的買氣，預期市場將出現趨勢行情且振幅將變大，因此買進價平選擇權的部位增加，後市的波動率會偏高。

◢ **向右傾斜偏離：**

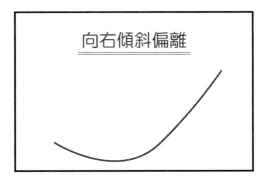

在買進價外買權比較熱絡的情況下，會出現這種波動率曲線向右方傾斜偏離的現象，顯示上檔的隱含波動率偏高，市場趨勢偏多，但在這種情況下若買進買權的未平倉量也跟著增加的話，就表示市場去化買權的程度不理想，反而可能是形成下跌的前兆

◢ **向左傾斜偏離：**

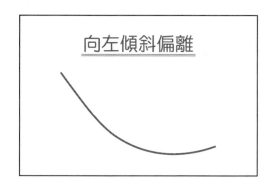

在買進價外賣權比較熱絡的情況下這種狀況下，會出現這種波動率曲線向左方傾斜偏離的現象，顯示下檔的隱含波動率偏高，市場趨勢偏空，但在這種情況下若賣權的未平倉量也跟著增加的話，就表示市場去化賣權的程度不理想，反而可能是形成上漲的前兆

第三章

觀察波動率
變化的工具

3－1 認識波動率

什麼是「波動率」呢？現在來簡單解釋一下何謂波動率。

投資人對於行情趨勢的研判以及漲跌幅度的掌握，是決定選擇權交易策略成功與否的重要關鍵，其中有關於趨勢的研判是決定到底要執行看漲或看跌的交易策略。一般而言，人類天生就具有方向感，因此對於趨勢的觀念比較容易理解，如果研判行情將上漲，那麼趨勢就是看多，若是研判行情將下跌，那麼趨勢就是看空，如果研判行情將在區間整理，那麼趨勢就是盤整。但是對於漲跌幅度，亦即振幅的觀念，就比較難瞭解了，必須透過不斷地學習摸索，才能有一個明確的輪廓。振幅同時也是決定要當買方或賣方時需要研判的因子·如果研判趨勢將上漲且振幅夠大的話，就要當買方，買進買權，若研判振幅不夠大，則當賣方，賣出賣權；如果研判趨勢將下跌且振幅夠大的話，還是要當買方，買進賣權，若研判振幅不夠大，則當賣方，賣出買權；若研判趨勢將在某一個區間做振盪整理，就要當賣方，賣出跨式或勒式。

而一段行情會有多少的下跌幅度或上漲幅度，則要由市場的供需平衡原則來決定，要買的人多但是要賣的人少，行情上漲的幅度自然就會擴大，反之，下跌的幅度也會擴大。研究市場達到供需平衡所需要的波動幅度就是「波動率」，「波動率」就是市場振幅的平衡感，必須透過精確的計算才可以取得。

波動率可分為歷史波動率、隱含波動率與未來波動率三種。

⇒ 歷史波動率

歷史波動率是根本契約在過去某一段時間內，以收盤價計算的年度化報酬率標準差。計算歷史波動率的方法有許多種，但主要取決於整體的歷史期間與價格變動的涵蓋期間，比較簡單而且經常被使用的公式為：

$$\sigma_d = \ln \sqrt{\frac{H}{L}}$$

σ_d：代表所要計算的某一段期間的波動率，$\sigma 10$代表要計算10天的波動率。

H：代表所要計算的期間價位的高點。

L：代表所要計算的期間價位的低點。

ln：代表自然對數(Excel或工程計算機有這個計算功能)

將高低點相除，開根號之後再對數化(ln)，即可得到波動率(σ)。但若要求得到更精確的波動率，應該先求取年度波動率(σ)，再代入以下公式所取得的波動率數值會更精準。

$$\sigma_d = \sigma \cdot \sqrt{t}$$，其中t＝所要計算的天數÷252天

再提供另外一種歷史價格波動率的計算方法，假設要計算最

近5天的歷史波動率，先計算對數報酬率：ln(今天收盤價÷昨天收盤價)

使用Excel輸入＝ $STDEVA(A,B) \times \sqrt{252}$

A＝第1天的對數報酬率

B＝第5天的對數報酬率

　　舉例來說，2009年8月11日～18日的台股大盤收盤價如下：

8/11　6909點；

8/12　6898點；

8/13　7034點；

8/14　7069點；

8/17　6931點；

8/18　6789點

計算8月12日的對數報酬率：

　　　$\ln(6898 \div 6909) = -0.0016 = -0.16\% = (A)$

計算8月18日的對數報酬率：

　　　$\ln(6789 \div 6931) = -0.0207 = -2.07\% = (B)$

　　使用Excel輸入＝ $STDEVA(-0.16\%, -2.07\%) \times \sqrt{252}$ ，可以得到21.43%(最近5天的台股歷史波動率)。

　　歷史波動率時常被利用來輸入選擇權的評價模型，以計算風險值與權利金的理論價值。

⇒ 隱含波動率

　　隱含波動率是以選擇權目前的權利金價格代入B-S評價模型，反推市場對於後市的看法，假設某個履約價買權的隱含波動率越高，代表市場投資人對於未來行情上漲且突破該履約價的看法越樂觀；反之，若行情進入整理，則隱含波動率也會跟著下降。目前期交所有提供設計好的公式給投資人使用，進入台灣期貨交易所網址(http://www.taifex.com.tw/chinese/home.asp)，點選「交易人服務與保護」，再進入「選擇權理論價格計算」，就可以取得以下畫面：

選擇權理論價格計算		
歐式選擇權理論價格計算方式		
標的指數現貨價格		
履約價格		計算理論價格
波動率 ___%	買權	賣權
無風險利率 ___%	Call	Put
現金股利率 ___%	0	0
存續期間		
⊙到期月 2010/01 ▼		計算隱含波動率
○存續期 0.02739726027 年 ▼		

說明：

一、理論價格之計算：
　　輸入下列欄位之數字後，按下「計算理論價格」按鍵，即可顯示買權與賣權之理論價格。

⇒ 未來波動率

又稱預測的波動率，由於人類不具有未卜先知的能力，因此僅能夠依照過去已經發生的歷史波動率來預測未來的價格波動率。目前有一些資訊廠商也嘗試利用現代的電腦科技去預測未來的價格波動率，但通常只能以選擇權的根本契約的剩餘期間來預測未來的波動率，比如說合約是每3個月到期一次，資訊公司就去預測未來3個月、6個月與9個月的未來波動率；如合約是每1個月到期一次，資訊公司就去預測未來1個月、2個月與3個月的未來波動率。由於選擇權發展的時間太短，因此這方面的預測技巧仍然不成熟，但是對未來的波動率有興趣的投資人，還是可以參考這方面的資訊。

這裡提供一個預測未來價格波動率的方法，首先必須取得台股指數的歷史價格波動率資料。假設：

最近5天為23.02%

最近10天為19.83%

最近20天為16.42%

最近30天為13.02%

當然歷史價格波動率的資料越多越好，估計出來的價格波動率才會越準確，但如果我們只有以上資料，要如何進行預測？最簡單的方式就是使用算術平均值，（23.02％＋19.83％＋16.42％

+13.02%)÷4＝18.07%，這種方式給予所有不同期間的歷史波動率相同的權值，但若交易者認為近期的歷史波動率比較重要，為了更精確的預估未來的波動率，他可以提高5天的權值為其它波動率的2倍，（40%×23.02%＋20%×19.83%＋20%×16.42%＋20%×13.02%）＝19.062%，由於最近5天的歷史波動率比較高，且調高權重，所以預估值會上升。

假設投資者認為目前距離選擇權合約的結算日還有約25個交易日，應該提高長天期的歷史波動率的權重，預估出來的波動率才會比較符合市場的脈動，假設他提高20天的歷史波動率為40%、30天的歷史波動率為30%，則計算方式為（10%×23.02%＋20%×19.83%＋40%×16.42%＋30%×13.02%）＝16.742%通常在評估短天期合約的選擇權時，短期的歷史波動率應該占較大的比重，但若是評估長天期的選擇權如股票選擇權，則需要使用較長天期的歷史波動率，才能比較符合市場的脈動。因此，不同歷史波動率所採用的相對權重，應該隨著選擇權到期期間的長短做適當的調整。

🖉3-2 波動率微笑曲線：波動率價差交易的理論基礎

　　歷史波動率是經過一段特定的時間，根據實際所發生的事實計算出來的，所以橫跨整個履約價格範圍的歷史波動率應該是一個合理的常數才對，理論上來說，只要在選擇權的評價模型輸入履約價、到期時間以及無風險利率、股利率（若是股價指數選擇權，因為沒有配股息的問題，因此可忽略股利率的因子），不管是賣權或買權，都應該有相同的隱含波動率才對。但在1987年美國股市大崩盤之後，市場才發覺選擇權相對標的物價格發生短期極端移動的頻率，要比原先預期的更加頻繁，使得隱含波動率從低履約價到高履約價產生了往某個方向偏斜的狀況，或是在價平履約價的兩端都出現升高的情形，類似人臉微笑的樣子，又稱為隱含波動率微笑曲線。

　　除了有微笑曲線的現象之外，由於市場投資者對於標的物未來行情各有多空不同的期望，因此相同履約價的買權與賣權也會有不同的隱含波動率，如果偏斜的幅度過大，就代表一個可以被利用來套利的機會產生。針對這種波動率偏斜的現象，典型的解釋是B-S評價模型假設了報酬率會呈現對數常態分配，並且受制於一種擴散的過程，也就是說，價格的變化過程是平順的，沒有顯著的不連續價格跳躍的現象，但在實際的市場交易中，發生價格跳躍（跳空現象）的頻率是很高的，以致於B-S評價模型傾向於低估

選擇權的價格，尤其是那些深度價內或深度價外的選擇權，這也造成實際的報酬分布與簡單的對數常態分配相比較之下，產生了「胖尾」的現象。因此，投資者在交易選擇權時，若是使用B-S的評價模型來計算理論價格，除了要比較理論價格與市場價格偏離的情況，還需要特別去瞭解那些遠離價平履約價的選擇權，其價格是否有可能是錯誤的。

針對波動率偏離，可使用比率價差組合(RatioSpreads)或逆比率價差組合(BackSpreads)的策略來進行交易。如何利用(逆)比率價差來進行波動率偏斜的交易：

01 如果波動率偏斜的方向是正向的，表示其隱含波動率會隨著履約價格的增加而增加，此時，右邊的尾巴會增大，形成胖尾的現象，表示其對應的標的物比較有可能突然大幅上漲；左邊的尾巴則為瘦尾，表示標的物價格突然大幅下跌的機率是比較小的。這時候可建立買權多頭價差組合，買進隱含波動率較低的履約價，並賣出隱含波動率較高的履約價。

02 如果波動率偏斜的方向是負向的，表示其隱含波動率會隨著履約價格的增加而減少，此時，右邊的尾巴會縮小形成瘦尾，表示其對應的標的物比較不可能突然大幅下跌；左邊的尾巴則為胖尾，表示標的物價格突然大幅下跌的機率是比較高的。這時候可建立空頭價差組合，買進隱含波動率較高的履約價，並賣出隱含波動率較低的履約價。

(註) 以上情況可參考章節1-15「選擇權契約到期價格的機率分配」
的附圖。

由於多頭或空頭價差組合都含有對行情方向的預測,對行情方
向採取中立看法的投資者來說,可能不是最佳的策略,因此,
可建立買權比率價差或賣權逆比率價差組合,來因應波動率
正向偏斜的狀況,或者建立賣權比率價差或買權逆比率價差組
合,來因應波動率負向偏斜的狀況。

3-3 波動率與價位分布的關係

　　天下合久必分，分久必合，價位的分布也跟天下的情勢一樣，若價位的分布凝聚而形成密集區，即是盤整的行情；若價位的分布分散而形成疏鬆區，就是趨勢的行情。因此投資者可以從價位分布的密集狀態和疏鬆狀態，來研判行情的趨勢以及支撐與壓力的位置。

　　所謂的盤整行情：凡是具有密集狀態的價位分布，就會形成盤整的行情。

　　所謂的趨勢行情：凡是具有疏鬆狀態的價位分布，就會產生波段的行情。

◭ 時間和空間的價位分布狀況

　　價位分布在時間上會呈現一疏一密的順序排列。

時間的觀點

　　從時間的觀點而言，波動率本身的波動：

　　在密集區間(盤整時)，價位移動速度較慢，選擇權的時間價值因波動率的下降而耗損，此時最適合建立賣方部位。

在疏鬆區間（波段行情產生時），價位移動速度較快，選擇權的權利金因波動率的上升而增值，此時最適合建立買方部位。

價位分布在空間上也會呈現疏密彼此對應的排列。

空間的觀點

從空間的觀點而言，箱型分布的型態最能夠表達價位分布的疏密程度與彼此之間的對映關係。在箱形區間，價位分布疏密度的對映關係：

有些箱型區間，上下檔價位分布緊密，中檔價位分布疏鬆。

有些箱型區間，上下檔價位分布疏鬆，中檔價位分布緊密。

有些箱型區間，上檔價位分布緊密，下檔價位分布疏鬆。

有些箱型區間，上檔價位分布疏鬆，下檔價位分布緊密。

因此，在選擇權的報價系統中會發現各個履約價的隱含波動率呈現不平均的分布，這是因為價位分布本身就不是平均的，而隱含波動率不平均的分布就會產生下列現象：

01 波動率微笑曲線：

如果上下檔價位的分布疏鬆，中檔價位的分布緊密，則市場的隱含波動率在中檔會比較低，在上下兩檔會比較高，這就是所謂的波動率微笑曲線。

02 波動率曲度平坦：

如果上下檔價位的分布緊密，中檔價位的分布疏鬆，則市場
的隱含波動率在中檔會比較高，在上下兩檔會比較平坦或下
陷，這就是所謂的波動率曲度平坦，類似抿嘴狀的曲線。

從時間的觀點觀察波動率，就是波動率期間結構；從空間的
觀點觀察波動率，就是波動率曲線結構，兩者加起來，就是波動
率平面(volatilitysurface)。

透過研究價位分布的疏密程度，我們可以對行情的趨勢以及
支撐與壓力有更深一層的認識。趨勢的產生是來自於行情突破支
撐或壓力的關卡，而趨勢產生之後，維繫趨勢的力量就是趨勢本
身的力道，但是即使再強的力量，終會有強弩之末的一天，盤整
的產生，是趨勢強弩之末必然的結果。

盤整的前半段，時間是消耗趨勢的力量，此時相對的波動率
會呈現平穩或下降的現象；盤整的後半段，時間是醞釀趨勢的突
破力量(亦即再產生另一個趨勢的力量)，此時相對的波動率會呈
現逐步上升的現象。又因為盤整有前後半段時間的不同功能，所
以通常盤整的時間至少是趨勢時間的兩倍以上，才能算是一個完
整的盤整結構，這也是為何選擇權賣方的獲勝機率會高於買方的
原因之一。

事實上，也可以利用極端價位和波動率的關係，來衡量盤整和趨勢兩者之間的時間比例以及幅度比例。時間與波幅兩者之間呈現反比的關係，也就是可以從波動率的極端值來預估未來盤整的時間及幅度，這部分將在以後的章節討論。

接著來討論如何從價位分布與波動率的關係來制定交易策略。從操作的角度來看，制定交易策略之前，需要先瞭解：

01 趨勢。

02 支撐與壓力的關卡。

03 契約的存續時間。

04 波動率與波動幅度。

首先我們把價位區分為上檔區、中檔區(價平區)、下檔區等三個部分，然後研判每一個檔區之間價位分布的疏密狀態：

分布疏鬆，價位移動的速度較快，表示波動率比較高，是有趨勢的行情；**分布緊密**，價位移動的速度較慢，表示波動率比較低，是盤整的行情。

因此可以把價位的移動比喻為河水的流動，價位分布的疏密情況就好像散布在河道中的石塊或土堆，當河水流動，經過河道中較密集的土堆或石塊時，必定會減緩速度並改變方向往分布較疏鬆的地方流動，當流到這個區域後，因為所受到的阻力較小，

所以會加快流動的速度。價位分布的密集區就是河道中堆積大量土堆或石塊的地方，因此當價位來到分布的密集區，一方面會減緩流動的速度，同時也會改變移動的方向，流向價位分布疏鬆的地方，在此因為受到的阻力較小，所以就容易產生趨勢。

如果在中檔區間(價平)的價位分布疏鬆，表示有趨勢，再分別觀察上檔和下檔價位分布的情形，找出最接近的密集區間，下檔的支撐或上檔的壓力關卡通常都隱藏在密集區間。

如果在中檔區間(價平)的價位分布緊密，表示是盤整行情，再分別觀察上檔和下檔價位分布的情形，找出最接近的疏鬆區間，通常在疏鬆區間會有較大的波幅，適合趨勢的發展，在密集區間會有較小的波幅，容易形成盤整的行情。

然後再根據資金狀況以及操作的習性擬定交易計畫。擬定交易計畫的重點：

01 趨勢的研判：

未來一段時間之內，價位將會分布在上檔(漲勢)、中檔(盤整)或是下檔(跌勢)？

02 波動率的研判：

上、中、下三檔的價位分布的疏密程度如何？價位移動的速度會如何？未來的波動率會如何？隱含波動率會如何偏離？部位在上、中、下三檔的Gamma值應該如何安排？

03 支撐與壓力的研判：

根據價位分布的疏密程度，研判未來上、中、下三檔的支撐或壓力的位置，以及進出場點和停損點應該如何安排。

再來就是交易的模式，交易模式大略可以分為兩種：

01 低買高賣。

02 追高殺低。

投資者如果希望在金融商品市場從事交易的行為是一件舒適而有成就感的工作，就必須有自己定義的支撐與壓力的關卡，並且依照關卡執行操作，把這種行為變成習慣。

◭ 低買高賣模式

喜歡低買高賣的投資者，必須選擇上、下檔距離比較遠的兩個關卡，在這兩個關卡之中，價位的分布狀態也有四種可能：

01 中間是疏鬆區間，上、下兩邊是密集區間。

02 中間是密集區間，上、下兩邊是疏鬆區間。

03 上檔密集，下檔疏鬆。

04 上檔疏鬆，下檔密集。

喜歡低買高賣的投資者要在疏鬆區間（波動率開始上升）進場，因為疏鬆區間價位移動的速度比較快。

○ 行情急跌：買履約價格低的calls，賣履約價格高的puts。

○ 行情急漲：買履約價格低的puts，賣履約價格高的calls。

喜歡低買高賣的投資者要在密集區間(波動率開始持穩或下降)出場，因為密集區間價位移動的速度比較慢。

買方的投資人要在密集區間產生的前半段出場，因為密集區間會降低波動率，而波動率降低就是買方的致命傷；賣方的投資人要在密集區間產生的後半段出場，因為密集區間會降低波動率，而波動率降到最低點時，就是賣方以較低的權利金回補部位的時機。

◁ 追高殺低模式

喜歡追高殺低的投資者，必須選擇上、下檔距離比較近的密集關卡，而且這個密集關卡最好要處於密集區間的邊緣，一旦產生突破的訊號，就是進場的時機，若這個突破的訊號不出現，就不進場。也就是說，若突破上漲的訊號產生，並且經過確認之後，投資者便可買進價外一檔的calls，或賣出價外的puts；若突破下跌的訊號產生，並且經過確認之後，投資者便可買進價外一檔的puts，或賣出價外的calls。

在這兩個密集關卡的上下兩個極端價位的分布狀態都是屬於疏鬆區間，只要密集關卡被突破，追高殺低的投資者就要開始進

場建立部位,除非價位又回到原來的密集區間,才要啟動停損或避險的操作,否則便等待行情穿越整個疏鬆區間後,才將部位結束。

◢ 結論

交易計畫的重點是:

01 首先要認識自己是偏好低買高賣或是追高殺低的投資者。

02 事先規劃個人想要交易的價位區間。

03 設定一個進出場的價位或啟動停損與避險機制的價位。

04 一次只設定一個目標,切勿同時擁有太多不同履約價或不同部位的在倉單,因為這將會影響交易的順暢程度。

3-4 從波動率極端值預估未來盤整的時間及幅度

　　這是「波動率與價位分布的關係」的延伸討論，根據歷史資料統計，台灣股市在一年當中大約有9個多月的時間是處於盤整的狀態，只有大約2個多月的時間會有較大的趨勢(不論是上漲或下跌的趨勢)，所以常聽到有人說「台北股市目前處於盤整狀態，正在以時間換取空間……」之類的論點。

　　一般而言，當行情產生趨勢之後，多會伴隨較大的波幅空間，市場必須花費很長的時間才可以消化這個波幅空間，因此，我們要探討的是：時間和空間是否有一種比率存在？有沒有一種方法可以推估趨勢與盤整之間的時間長短比例，從而決定什麼時候該做選擇權的賣方，賺取時間價值，什麼時候該做選擇權的買方，賺取趨勢所產生的價位波幅的空間價值？

　　我們可以從Parkinson在1980所提出「利用一段期間的高低價格來推估波動率的方法」中，得到上述問題的部分解答。

　　Parkinson波動率的計算方法：

$$波動率 = \frac{1}{2\sqrt{\ln 2}} \times \ln(\frac{最高價}{最低價}) \times \sqrt{T}$$

其中，最左邊一項可以簡化為：$\frac{1}{2\sqrt{\ln 2}} = 0.600561$

T＝高低價出現的期間

　　時間換取空間的概念就表示：空間和時間之間呈現反比例的關係。

　　現在以台指期貨為例子，經過一段有趨勢的行情之後，市場大約需要多長的時間整理，才能消化這段趨勢的波幅空間？

取樣期間：2009年8月21日的低點6553點至9月10日的高點7758點，共15個交易日。

波動幅度共計：7758－6553＝1205點

　　首先計算這段期間的波動率：

$$波動率 = 0.60051 \times \ln(7758/6553) \times \sqrt{15} = 0.3922$$

　　在以下的假設情況下，計算未來的整理時間以及幅度，假設：

01 自9月14日的低點7204點是這波箱型整理的底部。（排除11月2日跳空開低至7135點這個特例，因為當天的收盤價7278點，有回到7204點之上。）

02 假設盤整期間的波動幅度比例為上漲幅度的黃金分割率0.5倍的距離，則盤整區的波動幅度為1250點×0.5＝603點，因此盤整區的上檔預估為：下檔的低點7204點＋603＝7807點。

所以，如果盤整期間的波動率要與上漲期間的波動率保持一致的話，需要有多少個交易日的整理時間？

代入Parkinson波動率的計算公式：

$$波動率 = 0.60051 \times \ln(最高價/最低價) \times \sqrt{T}$$
$$0.3922 = 0.60051 \times \ln(7807/7204) \times \sqrt{T}$$
$$T = 66 \; 天$$

也就是需要66個交易日的整理期間，而從9月11日到目前已經過了46個交易日，顯示台指期貨的行情即將完成整理的階段，再走出一個新的趨勢。

03 假設未來市場沒有發生重大的變化而改變市場的結構，則波動率也不會有太大的變化，亦即未來反彈整理期間的波動率會接近0.3922，但若是未來市場有某一天的收盤價突破了原先預估盤整區的上檔價位7807點，則以上的假設將不成立，也就是說，趨勢的產生會早於原先所估計的66個交易日。

從以上的例子得知，15天的趨勢行情需要大約66天的整理時間，才能消化一半的趨勢波幅(603點)，因此證明：時間與空間是成反比的。

◢ 結論

01 極端值波動率計算法可以用來推估一段趨勢行情與另一段盤整行情之間的時間比例，進而推估一個盤整行情的結束日期。

02 波動率的結構，在不同的推估期間，會有不同的結構平面，這種現象稱之為波動率的期間結構。而波動率本身的變化，稱為波動率的波動率，它會改變波動率的期間結構。

03 要比較趨勢與盤整之間的期間比例，前提必須假設波動率維持不變，但是波動率本身會因為市場發生重大變化而改變其結構，因此若是波動率發生變化，就會使得整理的時間拉長或提前出現新的趨勢，也就是說，波動率期間結構一旦產生變化，則不是波動幅度被改變，就是波動期間被改變。

3－5 趨勢和波動率

　　各個轉折點排列的狀態是趨勢，而波動率的大小會改變趨勢。

假設：

　　當日的最高價＝參數N天的最高價，則該日最高價＝高轉折點。

　　當日的最低價＝參數N天的最低價，則該日最低價＝低轉折點。

如果將參數N天改成5天，則轉折點的數目會比參數1天的轉折點減少。如果將參數N天改成10天，則轉折點的數目會比參數5天的轉折點減少。也就是說，參數的天數越多，轉折點的數量便會越少。有了轉折點和波幅價差，就可以定義滿足點。

低轉折點＋波幅價差＝高檔滿足點
高轉折點－波幅價差＝低檔滿足點

　　轉折點很容易定義，並且可以經由設定參數的大小，讓轉折點的數量縮減，使得轉折點更有意義；可是，波幅價差不好定義，卻是影響趨勢變化的主要因素。

◇ 波幅價差的定義

可以從歷史資料中計算任兩個轉折點之間的波幅價差，將計算出來的波幅價差按照大小排列，就會出現一個鐘形分布，再把太小和太大的價差去掉，得到一個機率比較大的波幅價差，用這個波幅價差去加減高低轉折點，就可以約略計算出滿足點。

◇ 計算滿足點困難的地方

假設A＝低轉折點、B＝高轉折點，如果A點先出現，再出現B點，就稱為漲勢；如果B點先出現，再出現A點，就稱為跌勢。所以說轉折點的排列就是趨勢的基本定義。

現在產生一個問題，因為A點（低轉折點）與B點（高轉折點）之間本身就有價差存在，假設使用較後面出現的轉折點A或B去加減下一個波幅價差，若新的波幅價差大於A減B之間的波幅價差，則趨勢反轉；若新的波幅價差小於A減B之間的波幅價差，則趨勢不變。

問題是，誰也不曉得應該採用哪一個新的波幅價差才是正確的？新的波幅價差太大會改變趨勢，太小則趨勢繼續，這其中的抉擇除了機率，就是運氣。當然，如果機率不變、波動率不變，新的波幅價差都小於A減B之間的價差，則趨勢永遠不會改變，否則，波動率的大小改變，就會改變趨勢的方向。因此，以選擇權交易策略的觀點而言，如果新的波幅太小，就要停利；新的波幅太大，就要停損。

在策略的應用上，我們要在目前價位附近找出一個中檔區，上下各定義一個上檔區和下檔區，如果看漲，就把獲利區放在上檔區間，中檔區間做為緩衝區，下檔區則是停損區（或是風險有限的虧損區）；如果看跌，就把獲利區放在下檔區間，中檔區間做為緩衝區，上檔區則是停損區（或是風險有限的虧損區）。

舉例來說，假設台股指數的價位在7030點，並且以8月6日的低點6775點當作低轉折點A、8月13日的高點7037點當作低轉折點B，波幅價差就是7037－6775＝262點，則上檔區間是7030＋262＝7292、下檔區間是7030－262＝6768，中檔區就介於6768～7292之間。若研判台股行情在結算日之前將是一個漲勢，則以最接近6768點的6800當作下檔區，以最接近7292的7300當作上檔區，中檔區則為6800～7300。

選擇權部位可以這樣安排：
Buy：買進上檔區以上的買權
Sell：賣出下檔區以下的賣權

讓6800～7300的中檔區成為緩衝區間，行情若在中檔區間盤整，則還有權利金的時間價值可賺。若上漲超過7300，則部位在上檔的獲利區間將逐步擴大；若在6800以下則停損，或執行動態調整，買進2倍口數的6700Put，組成賣權逆比率價差。

因此，選擇權的操作者不只要重視未來趨勢的預測，還要注意未來可能出現的波動率大小，操作者所需要的只是找出上、中、下檔區間來安排履約價格，必要的時候做一點動態調整的工作罷了。

3－6 漫談Vega與Volatility

　　Volatility(波動率)是選擇權評價模式裡最難以捉摸的變數，同時它也是決定選擇權的權利金被高估或低估的重要因素。Volatility增加會使得買進Calls和Puts的權利金增加，反之則會使買進Calls和Puts的權利金減少。

　　選擇權風險值的希臘字母Vega(價格波動率的變動值)可以測量Volatility的變動，以及如何改變權利金的變動量。

　　再複習一次Vega的公式：

$$Vega = S \cdot \sqrt{t} \cdot N'(d_1)$$

$N'(d_1)$ 的計算公式：$N'(d_1) = \dfrac{e^{-\frac{d_1^2}{2}}}{\sqrt{2\pi}}$

　　假設現貨(S)5880，履約價(K)5900，無風險利率r＝1.25％，波動率(σ)＝30％，距離結算還有20天，t＝20/252＝0.08

$$d_1 = \frac{\ln\left(\dfrac{S}{K}\right) + \left(r + \dfrac{\sigma^2}{2}\right) \cdot t}{\sigma \cdot \sqrt{t}}$$

先算出d_1

$$d_1 = \frac{\ln\left(\dfrac{5880}{5900}\right) + \left(0.0125 + \dfrac{0.3^2}{2}\right) \times 0.08}{0.3 \times \sqrt{0.08}} = 0.01419$$

代入計算 $N'(d_1)$ 的公式：

$$N'(d_1) = \frac{e^{-\frac{0.01407^2}{2}}}{\sqrt{2\pi}}$$

$$N'(d_1) = 0.3989$$

　　則 Vega $= 5880 \times \sqrt{0.08} \times 0.3989 = 663$，再將663百分化，等於6.63，亦即波動率每增減1％，權利金就會有6.63點的增減。比如說5900Call的權利金為249，若波動率增加1％，權利金會變成256；若波動率減少1％，則權利金會變成242。

　　而Volatility(波動率)是以收盤價的對數比例來計算的，為什麼要使用對數比例呢？因為Black-Scholes選擇權評價模型的前提假設價格對數比例分配是呈現標準常態分配的，稱之為對數常態分配，其特性就是它的值永遠大於零，不像標準常態分配會出現負數，所以比較符合選擇權的權利金價格永遠不會變成負數的特性。

　　Volatility的取樣時間越長，波動的幅度越穩定，相對的受到Vega值的影響也越穩定，因此價平履約價附近的權利金就不容易出現被高估或低估的情況，但因為Black-Scholes選擇權評價模型是使用對數常態分配來計算波動率以及權利金，因此相較於標準常態分配，會產生胖尾的現象，也就是分配的末端會有高估或低估的情況發生，這種現象使得價平的Implied Volatility(隱

含波動率)比較低，價外和價內的Implied Volatility(隱含波動率)比較高，我們稱這種現象為Volatility Skew(波動率扭曲)，又因為它的形狀猶似人臉微笑的樣子，所以又稱之為Volatility Smile(波動率微笑曲線)。

波動率微笑曲線的特性是價平的隱含波動率比較低，價外和價內的隱含波動率比較高，而這些高低的波動率跟履約價格之間有一種曲線關係存在，這種關係可以用下列公式表達：

$$\left\{ \left[\ln\left(\frac{履約價格}{目前價格}\right)^2 / 剩餘時間 \right] \times 曲度 + 1 \right\} \times \sigma$$，其中曲度(Gamma值)調得愈高，波動率微笑曲線的曲度就愈大。在實務操作上，造市者若想要調高整個部位的Gamma值，就要買進價外的選擇權，所以會將公式中的曲度調高，連帶也會使得價外履約價的波動率微笑曲線變高，讓市場有意願賣出這種選擇權(因為權利金高估，會引誘賣方進場)。因此投資者若發現波動率微笑曲線的曲度被不正常的調高，應該就要聯想到市場行情可能將會出現大幅度的波動，此時不但不可以踏入造市者所布置的賣方陷阱，反而要進場建立買進跨(勒)式部位，若是對行情波動的方向有把握，也可以單純只做買進買權或賣權的部位。

3-7 歷史波動率與隱含波動率的比較

　　以長期的角度而言，根本契約的歷史波動率是影響隱含波動率的主要因子，但是由於隱含波動率反應選擇權權利金市場價值的波動，亦即直接反應當時的市況，因此以短期而言，隱含波動率的敏感度會高於歷史波動率，市場任何突發的狀況或重大事件都可能導致隱含波動率大幅上升，但歷史波動率對於突發事件的反應就沒有那麼敏感了。以2009年11月27日杜拜事件發生的當天來舉例，由於當天反應可能有再度形成第二波全球金融危機的隱憂，所以造成歐美各主要國家的股市大跌，台股也不例外的受到波及。當天台股的隱含波動率由前一天的21.59％上升到25.75％，較長期的60天歷史波動率反而從前一天的19.45％略為下降到19.38％，短期20天的歷史波動率從前一天的17.71％上升到21.70％，上升的幅度與隱含波動率相差無幾，但在反應這個事件之後，隱含波動率開始下降，從11月27日的25.75％經過3個交易日下降到21.79％，60天的歷史波動率只略為下降到19.14％，而20天的歷史波動率也小幅下降到20.58％。

　　從這個實例我們可以獲得一個結論，隱含波動率對於突發事件的敏感性高於長天期的歷史波動率，但在突發事件發生之後，若市場研判事件的後續效應不如預期嚴重到可以影響股市，此時因為市場的不確定性降低，所以隱含波動率就會迅速回到正常

值。因此，當根本契約發生重大走勢之後的隱含波動率通常會下降，這與基本分析者所謂的利多或利空出盡的意義是相同的，此時短線的交易策略就要採用高賣低買的逆勢操作方式因應。

所以說，雖然隱含波動率對短期選擇權權利金的影響很重要，但是根本契約的波動率最終仍會居於主導權利金漲跌的地位，而且期間越長，長期歷史波動率回歸均值的特性會越明顯。

以下舉個簡單的例子，說明根本契約波動率的重要性高於隱含波動率的原因。

假設台指期貨＝7580，距離到期日＝20天，隱含波動率＝23％，7700Call權利金＝60，Vega值＝7.3，投資人建立買進7700Call的部位之後，隱含波動率在短時間內很快的上升到26％，這個時候7300Call的權利金將變成：60+（26％－23％）×7.3＝82，部位將獲利22點82－60＝22。

可是，若隱含波動率從23％上升到26％的速度非常緩慢，假設整個過程總共花了15天，而且台指期貨在這段期間也沒有發生重大走勢，只上漲了50點左右，此時的7600Call由於時間的經過而有時間價值的耗損，假設這段期間總共流失了30點的時間價值，則部位將發生虧損：22點－30點＝－8點。

因此，雖然隱含波動率上升3％，但在根本契約的台股指數沒有重大走勢的情況下，將使權利金的價格因時間的耗損而下跌。

　　以上的例子可能過於簡單，因為當市況一直沒有重大變化時，投資人可能已經進行部位的調整或因有獲利而出場了，但是這裡要強調的是，長期而言，根本契約的波動率對權利金價格的影響是高於隱含波動率的，選擇權的價值取決於與到期時根本契約價值的相對位置，投資人在交易選擇權時，必須同時考慮根本契約的價格走勢以及權利金的價格與價值的關係，才能制定明智的交易策略。

3-8 交易策略與波動率之間的關係

　　任何市場的長期歷史價格波動率通常有回歸長期平均值的特性，這種現象稱為「回歸平均值的傾向」，因此，當投資人決定建立做多或做空價格波動率的交易策略之前，至少必須考慮到下列四個問題：

01 標的物資產的歷史價格波動率高於或低於長期的平均水準？

02 短期(20天)的歷史價格波動率是處於上升或下跌的狀態？

03 隱含價格波動率高於或低於歷史價格波動率？隱含價格波動率是處於上升或下跌的狀態？

　　在擬定交易策略時，需要考慮波動率之間的相互關係：

做空波動率策略

01 歷史價格波動率高於長期的平均水準。

02 短期的歷史價格波動率處在下跌的狀態。

03 隱含價格波動率大於歷史價格波動率，而且處在下跌的狀態。

做多波動率策略

01 歷史價格波動率小於長期的平均水準。

02 短期的歷史價格波動率處在上升的狀態。

03 隱含價格波動率低於歷史價格波動率，而且處在上升的狀態。

以下表格是台股20天期(短期)的歷史波動率與隱含波動率之間的關係：

交易日期	隱含波動率	20天期歷史波動率
2009/07/03	30.00	29.8
2009/07/06	31.15	29.8
2009/07/07	29.63	30.0
2009/07/08	30.00	28.5
2009/07/09	29.14	25.9
2009/07/10	28.99	25.8
2009/07/13	32.99	30.0
2009/07/14	31.69	30.3
2009/07/15	31.04	28.4
2009/07/16	29.00	28.7
2009/07/17	29.51	28.7
2009/07/20	29.85	27.7
2009/07/21	29.91	27.7
2009/07/22	30.16	27.7
2009/07/23	30.47	26.1
2009/07/24	31.06	23.3
2009/07/27	31.65	23.2
2009/07/28	31.18	23.5
2009/07/29	32.24	23.4
2009/07/30	32.73	22.6
2009/07/31	30.98	22.6
2009/08/03	30.95	22.7

資料來源：台灣期貨交易所

　　觀察表格從98年7月3日到8月3日總共22個交易日，台股20天期(短期)的歷史波動率與隱含波動率之間的關係，可以發現到：

01 隱含波動率一直大於短期(20天)的歷史波動率。

02 短天期的歷史波動率自7月15日台股期貨7月合約結算之後，即開始逐步下降。

03 隱含波動率從7月31日起已連續第2天下跌。

　　以上三個現象與做空價格波動率的選擇權交易策略的第2及第3項符合，因此可以研判台股短期的趨勢將有回檔修正的機會，但因為隱含波動率的取樣只有兩個交易日，樣本數太少，有失真的顧慮，建議多觀察幾個交易日，若隱含波動率持續3～5天下跌，則台股短期的趨勢將有回檔修正的機會；若短天期的歷史波動率持續下跌，但隱含波動率開始小幅上漲，則台股短期趨勢仍將陷於區間整理；若歷史波動率或隱含波動率皆開始上漲，則台股的趨勢將偏多。

第四章

選擇權
的交易理論及策略

4-1 概論

　　選擇權的基本交易策略有四種，分別是買進買權、買進賣權、賣出賣權及賣出買權，而選擇權的交易策略就像是萬花筒一樣，可透過以上四種最基本的策略與不同的口數而有許多不同的組合，但基本上，任何的策略跟「時間價值」和「漲跌方向」都脫不了關係。

　　以時間價值來說，在研判各種影響時間價值的因素如行情漲跌的幅度、距離到期日的遠近、波動率的變化以及進入價內的機率之後，再決定建立部位的方式，是要跟時間站在同一邊，收取時間價值(賣方策略)，或是跟時間作對，支付時間價值(買方策略)。

　　以漲跌方向來說，需研判行情將來可能移動的方向，做為建立部位的基礎。

　　大致上選擇權的交易策略可由最基本的四種策略組成以下幾個大類：

◁ 價差(和)策略

相同種類的價差策略：

即同時買進及賣出Call或Put，也就是所謂的垂直價差策略，可組成：買權看多、賣權看多(買低履約價同時賣高履約價)和買權看空、賣權看空(買高履約價同時賣低履約價)等4種，部位的損益特性是獲利及虧損皆有限。上述價差策略可以進一步組成買進(賣出)蝴蝶價差策略及買進(賣出)兀鷹價差策略。

不同種類的價差策略：

即同時買進Call賣出Put(逆轉策略，看多)，或同時買進Put賣出Call(轉換策略，看空)，部位的損益特性類似期貨。

不同種類的價和策略：

即同時買進Call和Put，同履約價的稱為跨式，不同履約價的稱為勒式；或同時賣出Call和Put，同履約價的稱為跨式，不同履約價的稱為勒式。

◢ 時間價差策略

同時買遠月合約、賣近月合約,或同時買近月合約、賣遠月合約。同時買遠月合約、賣近月合約可賺取波動率,還可以賺取時間價值,但若行情波動幅度擴大,則會產生虧損;同時買近月合約、賣遠月合約會損失波動率及時間價值,但若行情波動幅度縮小,則會有利潤。

◢ 波動率價差策略

是由不同種類的Call及Put加上不同的口數所組成,可分成買權比率價差、買權逆比率價差、賣權比率價差、賣權逆比率價差等四種。

◢ 期貨與選擇權的混合部位

亦即所謂的合成選擇權。買進期貨(買Call＋賣Put)並賣出Call,會等於賣出Put的部位損益;買進期貨 (買Call＋賣Put)並買進Put,會等於買進Call的部位損益;賣出期貨(賣Call＋買Put)並賣出Put,會等於賣出Call的部位損益;賣出期貨(賣Call＋買Put)並買進Call,會等於買進Put的部位損益。

以上是選擇權各種交易策略組成的概況,為了讓投資人對策略有更進一步的了解,以便可以迅速融入以後的章節,在進入比較複雜的策略討論之前,仍然要先介紹選擇權十三種基本交易策略的組成、建立的時機以及損益型態,雖然這部分大多可以透過

其它選擇權的出版品取得，但是基於討論的完整性，仍然以模擬
的市況簡單介紹如下：

市況一 預期大漲

- ○ 策略：買進買權

- ○ 使用時機：判斷後市即將有一波漲勢

- ○ 操作方式：買進履約價8100的買權，權利金為45點。

- ○ 權利金支出：$45 \times 50 = 2250$元

- ○ 損益兩平點：$8100 + 45 = 8145$點

- ○ 到期前損益：權利金現價與支出權利金之差

- ○ 到期最大損失：支付的權利金45點

- ○ 到期最大獲利：無限

- ○ 到期損益圖：

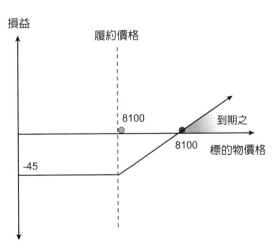

市況二 預期大跌

- ◎ 策略：買進賣權

- ◎ 使用時機：判斷後市即將有一波跌勢

- ◎ 操作方式：買進履約價8100的賣權，權利金為65點。

- ◎ 權利金支出：$65 \times 50 = 3250$元

- ◎ 損益兩平點：$8100 - 65 = 8035$點

- ◎ 到期前損益：權利金現價與支出權利金之差

- ◎ 到期最大損失：支付的權利金65點

- ◎ 到期最大獲利：無限

- ◎ 到期損益圖：

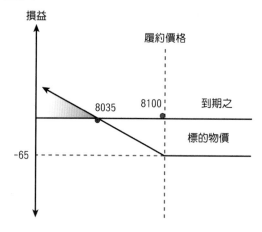

市況三 預期不漲

- ● 策略：賣出買權

- ● 使用時機：標的物價格來到波段高點，預期短線面臨獲利回吐賣壓或高檔盤整。

- ● 操作方式：賣出履約價8000點的買權，權利金190點。

- ● 收到權利金：190×50＝9500元

- ● 損益兩平點：8000＋190＝8190點

- ● 到期前損益：權利金現價與收到的權利金之差

- ● 到期最大獲利：收到的權利金190點

- ● 到期最大損失：無限

- ● 保證金：權利金＋Max(A值－價外值 ， B值)

- ● 到期損益圖：

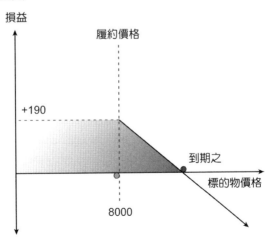

市況四 預期不跌

- ○ 策略：賣出賣權
- ○ 使用時機：標的物價格來到波段低點，預期短線上在底部有支撐，行情將盤整或緩漲。
- ○ 操作方式：賣出履約價8000的賣權，權利金為70點。
- ○ 收到權利金：70×50＝3500元
- ○ 損益兩平點：8000－70＝7930點
- ○ 到期前損益：權利金現價與收到的權利金之差
- ○ 到期最大獲利：收到的權利金70點
- ○ 到期最大損失：無限
- ○ 保證金：權利金＋Max(A值－價外值 , B值)
- ○ 到期損益圖：

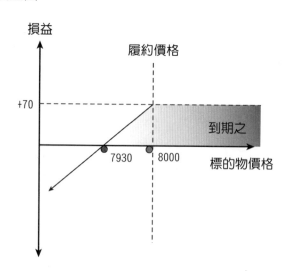

市況五 預期緩漲但上方有壓力

○ 策略：賣權看多價差，收取權利金賺取區間漲幅。

○ 操作方式：買進履約價8100的賣權，支付權利金107點，同時賣出履約價8300的賣權，收到權利金219點。

○ 建立部位時的資金流向：收到權利金112點（219－107＝112），共5600元（（219－107）×50＝5600）。

○ 損益兩平點：8300－102＝8188點

○ 到期前損益：兩個執行履約價權利金現價的差額與收到的權利金之差。

○ 到期最大獲利：收到的權利金112點

○ 到期最大損失：
（8300－8100）－
112＝88點

○ 所需保證金：兩個執行履約價的間距×50元，（8300－8100）×50＝10000元。

○ 到期損益圖：

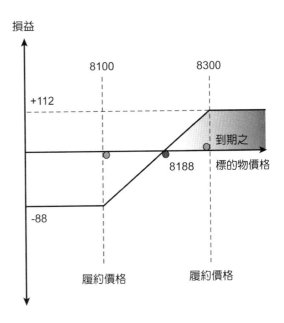

市況六 預期緩跌但下方有支撐

- ⭕ 策略：賣權看空價差，支付權利金賺取區間跌幅。

- ⭕ 操作方式：買進履約價8200的賣權，支付權利金156點，同時賣出履約價8000的賣權，收到權利金71點。

- ⭕ 建立部位時的資金流向：支付權利金85點（156－71＝85），共4250元（（156－71）×50＝4250）。

- ⭕ 損益兩平點：8200－85＝8115點

- ⭕ 到期前損益：兩個執行履約價權利金現價的差額與支付的權利金之差。

- ⭕ 到期最大獲利：（8200－8000）－85＝115點

- ⭕ 到期最大損失：支付的權利金85點

- ⭕ 到期損益圖：

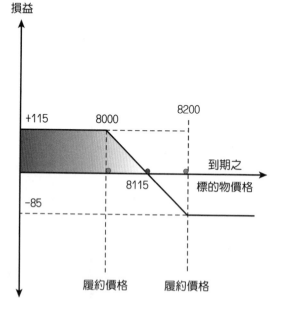

市況七 預期緩漲但上方有壓力

- 策略：買權看多價差，支付權利金賺取區間漲幅。

- 操作方式：買進履約價8100的買權，支付權利金139點，同時賣出履約價8300的買權，收到權利金50點。

- 建立部位時的資金流向：支付權利金89點（139－50＝89），共4450元（(139－50)×50＝4450）。

- 損益兩平點：8100＋89＝8189點

- 到期前損益：兩個執行履約價權利金現價的差額與支付的權利金之差。

- 到期最大獲利：(8300－8100)－89＝111點

- 到期最大損失：支付的權利金89點

- 到期損益圖：

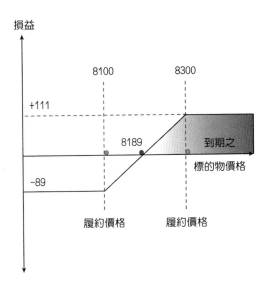

市況八 預期緩跌但下方有支撐

● 策略：買權看空價差，收取權利金賺取區間跌幅。

● 操作方式：買進履約價8200的買權，支付權利金87點，同時賣出履約價8000的買權，收到權利金202點。

● 建立部位時的資金流向：收到權利金115點（$202-87=115$），共5750元（$(202-87)\times50=5750$）。

● 損益兩平點：$8000+115=8115$點

● 到期前損益：兩個執行履約價權利金現價的差額與收到的權利金之差。

● 到期最大獲利：收到的權利金115點

● 到期最大損失：$(8200-8000)-115=85$點

● 所需保證金：兩個執行履約價的間距$\times50$元，$(8200-8000)\times50=10000$元。

● 到期損益圖：

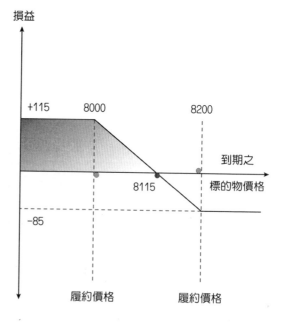

市況九 **預期突破某一關鍵價位時將大漲或大跌，但無法判斷方向**

○ 策略：買進跨式

○ 操作方式：同時支付權利金買進相同履約價的買權及賣權。
　例如：同時買進8000的買權220點及賣權55點。

○ 建立部位時的資金流向：共支付權利金275點（220＋55＝
　275），275×50＝13750元。

○ 損益兩平點：上方8000＋275＝8275點，下方8000－275＝
　7725點。

○ 到期前損益：兩個執行履約價權利金的現價和與支付的權利
　金之差。

○ 到期最大獲利：
　無限，標的物大
　漲或大跌皆可獲
　利。

○ 到期最大損失：
　支付的權利金275
　點

○ 到期損益圖：

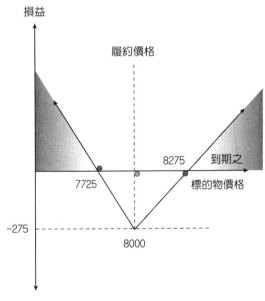

市況十 預期將在某一關鍵價位附近盤整

- 策略：賣出跨式

- 操作方式：同時賣出相同履約價8100的買權145點及賣權90點。

- 建立部位時的資金流向：共收到權利金235點（145＋90＝235），235×50＝11750元。

- 損益兩平點：上方8100＋235＝8335點，下方8100－235＝7865點。

- 到期前損益：兩個執行履約價權利金的現價和與收到的權利金之差。

- 到期最大獲利：收到的權利金235點

- 到期最大損失：無限，標的物大漲或大跌皆會有損失。

- 保證金：權利金＋Max（A值－價外值，B值），或以保證金較大的一方加上較小的一方所收到的權利金。

- 到期損益圖：

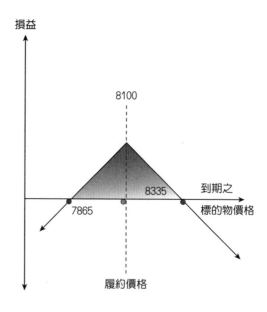

市況十一 預期突破上方或下方的關鍵價位後將大漲或大跌

○ 策略：買進勒式

○ 操作方式：同時支付權利金買進不同履約價的買權及賣權。
例如：買進8000的賣權，支付權利金59點，同時買進8200
的買權，支付權利金85點。

○ 建立部位時的資金流向：共支付權利金144點（59+85＝
144），144×50元＝7200元。

○ 損益兩平點：上方8200＋144＝8344點，下方8000－144＝
7856點。

○ 到期前損益：兩個執行履約價權利金的現價和與支付的權利
金之差。

○ 到期最大獲利：
無限，標的物大
漲或大跌皆可獲
利。

○ 到期最大損失：
支付的權利金144
點

○ 到期損益圖：

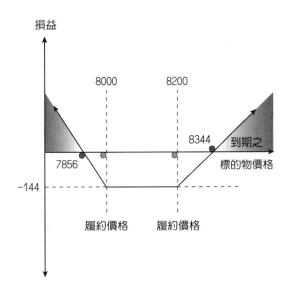

147

市況十二 預期將在某兩個關鍵價位間盤整

◎ 策略：賣出勒式

◎ 操作方式：同時賣出不同履約價的買權及賣權。例如：預期將在8000及8200點之間盤整，則賣出8000的賣權，收到權利金55點，同時賣出8200的買權，收到權利金92點。

◎ 建立部位時的資金流向：共收到權利金147點（55+92＝147），147×50元＝7350元。

◎ 損益兩平點：上方8200＋147＝8347點，下方8000－147＝7853點。

◎ 到期前損益：兩個執行履約價權利金的現價和與收到的權利金之差。

◎ 到期最大獲利：收到的權利金147點

◎ 到期最大損失：無限，標的物大漲或大跌皆會有損失。

◎ 保證金：權利金＋Max（A值－價外值，B值），或以保證金較大的一方加上較小的一方所收到的權利金。

◎ 到期損益圖：

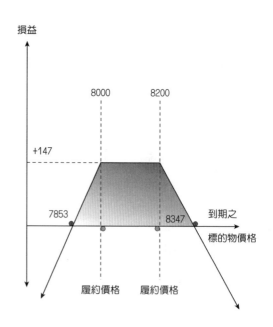

市況十三 轉換與逆轉

轉換

- 組成：買進賣權，同時賣出相同履約價的買權。

- 使用時機：看空標的物時

- 損益兩平點：履約價加上建立部位時所收到的權利金，或減去建立部位時所支付的權利金。

- 最大損失與最大獲利：無限

- 保證金：權利金＋max（A值－價外值，B值）

逆轉

- 組成：買進買權，同時賣出相同履約價的賣權。

- 使用時機：看多標的物時

- 損益兩平點：履約價加上建立部位時所支付的權利金，或減去建立部位時所收到的權利金。

- 最大損失與最大獲利：無限

- 保證金：權利金＋Max（A值－價外值 ， B值）

4－2 從風險與利潤的關係談建立選擇權部位的觀念

價平履約價的Delta_Call接近0.5，Delta_Put接近－0.5，越往價外，Delta_Call的值會從0.5開始遞減，極深度價外的Delta_Call會接近於零，Delta_Put也是一樣，越往價外，其值會從－0.5開始遞減，極深度價外的Delta_Put會接近於零。我們知道Delta值的另一個意義是履約價進入價內的機率，Delta值越高，表示該履約價進入價內的機率越高，假設某個履約價的Delta_Call為0.65，則到結算之前，該履約價的Call有65%的機率會進入價內；相對的，該履約價的Delta_Put為－0.35，表示到結算時，該履約價的Put只有35%的機率會進%入價內。

距離到期日越遠，價平履約價Delta的變化較平穩，但越接近到期日，受到Gamma值變大的影響，使得Delta值的敏感度升高，變動會越激烈。

以風險與獲利成正比的理論而言，如果要建立一個獲勝機率高(即低風險、低利潤)的部位，要選擇哪種方式，才可以避免萬一風險產生時，虧損的金額不會無限擴大？

低風險在選擇權的意義是履約價被履約的風險低，也就是進入價內的機率低，因此以買方而言，若要建立低風險的部位，就

要使用Delta值高的履約價,亦即接近價平的履約價才有較大的機率進入價內;若以賣方而言,要建立低風險的部位就要使用Delta值低的履約價,也就是價外的履約價,如此進入價內的機率才會較小。

以2009年10月13日台指10月期貨合約收盤7561點為例,假設投資者看多到結算之前的台指期貨行情,要建立一個低風險的看多部位,可以有下列選擇:

A. 賣權看多

B7500Put@100點,Delta=-0.394

S7600Put@148點,Delta=-0.552

建立部位收到權利金48點,台指結算在7600點以上,有最大獲利48點,損益平衡點(7600-48)=7552點,跌破7552點開始有損失,結算在7500點以下,有最大損失52點。建立部位需要5000元保證金。

整體部位的Delta值為(-0.394+0.552)=0.158,也就是到了結算日,整體部位變成價外、在7500點以下的機率有(100%-15.8%)=84.2%,部位有將近84%的獲勝機率。

B. 賣出賣權

S7500Put@100點，Delta＝－0.394

若台指結算在7500點以上有最大獲利100點，損益平衡點 (7500－100)＝7400點，若結算價在7400點以下，開始有損失，但 損失的幅度要看結算的價位而定，所以是一個無法事先預估的風 險。

建立部位起始約需要：權利金＋Max(A值－價外值 ， B值)＝ 20950元的保證金，比賣權看多部位高出約4倍，但最大獲利額度 只高出約2倍(100點：48點)。

Delta值為－0.394，亦即7500put有將近60.6%(100%－ 39.4%)的機率不會變成價內(約60%的獲勝機會)，因此(B)選項 是屬於高風險、低利潤的部位。

C. 買進買權

同樣是風險與利潤成正比的例子，但不論是買進價平的買權 或價外的買權，部位進入價內的成功機率都在50%左右或50%以 下，因此雖然有可能獲得極高的利潤，但也需承擔損失所有投入 的權利金的風險。若買進價內買權，雖然有較高的成功機率，但 除了需要投入較多的權利金，還會面臨流動性風險的問題，因此 (C)選項是屬於高風險、高利潤的部位。

　　同樣是看多行情，卻能建立以上三種不同種類的選擇權部位，從投入資金的比例相對於報酬率與風險的衡量，保守的操作者會選擇(A)建立部位，風險偏好者會選擇(B)或(C)來建立部位，您是哪一種操作者呢？

4-3 價位分布區間與操作策略

在討論這個問題之前，先談談許多選擇權投資者共同的疑問：波動率對於選擇權交易策略的制定有多麼重要？

本書討論過使用數學的觀念來解釋波動率的計算方式以及使用方法，但是對許多想要更進一步瞭解選擇權的投資人，或剛開始想要進入選擇權市場的初學者而言，繁雜的數學公式讓其誤認為交易選擇的門檻太高，以致於對這個商品望而生畏。

選擇權確實是一門需要高度專業的商品，波動率也是影響選擇權交易成功與否不可或缺的因素之一，但是最繁雜的事物有時候也可以用最簡單的方法來表達。以波動率而言，選擇權各履約價格的波動率其實都與根本契約有密不可分的關係，以台股來舉例，如果台股指數的價位分布在一個區間中來回震盪，那麼台股指數的波動率一定會偏低，連帶的也會使台股選擇權的波動率偏低，而波動率偏低則讓權利金的價格較低，所以有利於買方；若台股指數的價位呈現趨勢性的分布，代表台股正處在多頭或空頭的走勢當中，此時台股指數的波動率就會升高，也因此提高了台股選擇權隱含波動率上升的機率，權利金價格變高，有利於賣方收取更多權利金。

　　但這並不表示波動率偏低就可以當買方，波動率偏高就可以當賣方，投資人進場建立部位的時間點才是成敗的重要關鍵。如果投資者認為波動率偏低，權利金相對便宜，因而進場當買方，但若是行情持續在區間盤整，就有很大的機會損失所支付的權利金；反之，若投資者認為波動率偏高，當賣方可以收到高價的權利金，因此進場當賣方，但若是行情持續處在趨勢當中，就有機會承擔很大的風險，如同本書3－6節所提到的，踏入了造市者所布置的賣方陷阱！因此，研判盤整與發生趨勢的時間轉折就成為投資者建立選擇權部位的重要課題了。

　　選擇權的買方與賣方對於未來行情價位所分布的區間有完全不同的看法，買方認為未來行情將會突破，往新的價位區間發展，亦即研判未來是有趨勢的行情（漲跌不論），而賣方卻認為未來的價位會維持在某一個特定的區間盤整，也就是未來的行情是沒有趨勢的，價位將會分布在某一個特定的幅度之內。

　　由於市場有些特定的習慣，因此大部分的時間行情總是會先在某一個區間來回整理，等到整理了一段時間之後，就會醞釀一個新的趨勢而產生突破的現象，直到走完這個新趨勢之後，又會再次進入區間整理，市場便是如此周而復始的運作著。相對於盤整的時間，大波段趨勢行情總是比較短的，這也是選擇權賣方的獲勝機率比買方高的原因之一，但是，買方若能抓對未來的行情方向，並且在正確的時間轉折點建立部位，其實獲利機率也不

會輸給賣方的，因為市場的價位並非是靜止不動的，買方只要在正確的時間點建立正確價位移動方向的部位，並在合乎機率法則的幅度內將部位平倉，則獲勝的機率還是滿高的。這兩種現象看起來似乎很矛盾，卻是真實存在市場，因此也可以解釋為什麼在選擇權的交易上有些人喜歡當買方，而有些人喜歡當賣方的原因了。

不過若以成本來考量，雖然買進價平或價外1檔履約價的成本偏高，但相對的獲利機率也會偏高，買進深度價外履約價的成本偏低，但獲利機率也會偏低，因此在買方的策略上，除非對未來價位分布滿足點的趨勢行情有非常大的把握，才可以使用比較深價外的履約價來建立部位，若只是猜測價位短線移動方向的單一買進策略，仍然建議採用買進價平或價外1檔的履約價，或建立垂直價差策略來做布局。若研判行情沒有趨勢，只有區間的幅度，則就以這個區間的價位幅度或更深價外的履約價，建立賣出跨(勒)式部位。

買方注重行情的趨勢，賣方注重行情的幅度！

4－4 市場波動的特徵與期權的交易策略

在商品市場進行交易，不論是期貨還是現貨都會產生價格波動，所謂的價格波動，就是多頭和空頭雙方力道的較量，當多空雙方的力道處於平衡狀態時，價格就會呈現區間震盪，但當某一方的力道增強時，就會產生突破或跌破的趨勢。而商品價格的波動幅度若以數學計算式來表示，就是價格波動率，選擇權的交易策略非常依賴輸入理論訂價模型中的根本契約的價格波動率的正確性，並依此決定交易的成敗，但除了價格波動率之外，一般投資人也可以透過研判市場價格波動的特徵來制定交易策略。

以下討論市場價格波動的特徵，價格波動的基本特徵就是：

01 多空力道均衡（區間震盪）。

02 一方的力道增強，形成突破或跌破（趨勢行情）。

所有的行情結構都會在這兩種狀態下不停的轉換，平衡後產生突破，突破後再進入平衡，然後再突破……，而且這兩種狀態無論在哪種週期下都同樣存在，不同的是，週期大的平衡區間會產生較大幅度的突破，週期小的平衡區間只會有小幅度的突破，這也就是一般技術分析理論所提到的「盤整時間越久，產生突破之後的行情越大」的道理。因此，當我們看到大週期的平衡被突破之後，對後續的行情就會有較大的預期，擬定交易策略時就要

偏向波段操作，而不是短線操作。市場上有很多投資者雖然看對行情，但卻無法累積大量的利潤，原因就在於擬定的交易策略與行情的屬性不搭配，亦即在大波段的行情中以短線策略進行交易。至於小週期的平衡被突破之後，產生的行情幅度自然不會很高，此時擬定的交易策略就要以短線為主。

這兩種不同程度的平衡與突破的週期，在選擇權的交易策略上要如何有效結合運用？最簡單的方法是尋求兩者所產生的共振，即：大週期的平衡被突破後，如果小週期的平衡也同步出現突破，這就意味著大趨勢的行情將在短期內進一步的延伸，在制定選擇權的交易策略上就可以使用單純的買方策略。反過來說，若只有小週期的平衡出現突破，但大週期仍處在區間震盪，則預期後市的行情有限，只能短線操作，此時的選擇權交易策略就要以賣出較價外履約價為主，保守的投資人則可以建立垂直價差的策略。若週期處在平衡的狀態下，在小週期的平衡區間可以使用賣出跨式策略，在大週期的平衡區間可以使用賣出勒式策略。

◢ 結論

大週期決定行情屬性，小週期尋找進場點，沒有大週期的配合，小週期突破之後的行情空間有限。

區間震盪的波動特徵是：

經常出現多重的等高或等低點的整理型態，如M頭、三重底、平台整理、矩型或箱型整理等，期貨投資人可利用高賣低買、嚴設停損的交易策略，來因應這種型態的波動特徵，如果是在大區間震盪，仍會有局部的小趨勢，可採用短線的順勢交易策略因應。

4－5 當買方或賣方的抉擇

　　市場上對於選擇權到底要當買方還是賣方比較容易獲利，各有不同的見解，其實這個問題並沒有一個定論，實務上，如果投資人不善設停損或喜歡短線操作，會建議做買方，但理論上，要當買方或賣方除了考量行情的趨勢之外，最重要的還是取決於波動率的走勢，原因在於：如果波動率是下降的走勢，做買方將會損失時間價值；如果波動率是上升的走勢，做賣方將會損失履約價值。選擇權的賣方賺取時間價值，獲利機率高，但是獲利有限；選擇權的買方賺取履約價值，獲利機率低，但是獲利不受限。兩者組合成為方向性的價差部位，就是一邊賺時間價值，一邊賺履約價值，而且能將風險與利潤一次鎖定，因此價差組合交易是較受保守投資人歡迎的策略。

　　但若是對部位的獲利有所期待的投資人，無論是採取當買方（longoptions）或賣方（shortoptions）的策略，仍然應該以波動率的走勢做為主要考量的因素，而研判行情的走勢次之。

　　考量的基本原則：波動率異常升高，要當賣方；波動率在低檔，要作買方。

　　根據最近2年的歷史資料統計，台股選擇權的波動率最高曾來到60％左右（2008年10月底），最低曾來到14％左右（2007年1月中旬），目前大約在均值的25％附近。

4－6 買方的困擾

在本書1－18的單元「選擇權與期貨交易的差別」中，討論到選擇權的買方時常會碰到研判行情趨勢正確，但部位的權利金卻沒有跟著上漲的困擾，那是因為沒有掌握到行情發展的速度節奏，所以如果投資人只擅長於各種技術型態的分析，那應該只夠資格從事期貨或現貨的交易，唯有同時具備技術線型分析的能力以及敏銳的速度感，才有資格進入選擇權市場。

除了培養敏銳的速度感以掌握行情發展的節奏外，還可以透過以下兩點來改善：

01 進場的時機不對：因為進場時間太早，等到行情開始朝著部位方向前進時，時間價值的消耗（Theta值的衰退）已大於隱含波動率上升的幅度，因此使得增加的權利金被時間價值的消耗所抵消。

例如：買進某個選擇權部位，它的Vega值是2.0462，Theta值是－4.1254，若部位建立5天之後，行情才開始朝著買進的方向快速移動，假設這時的波動率比5天前增加了5％，則權利金的價值會增加$2.0462 \times 5 = 10.213$，但經過5天，時間價值卻消耗了$-4.1254 \times 5 = -20.627$，二者相抵消，權利金還減少了約10點左右（$-20.627 + 10.213 = -10.414$），而且時間價值消耗的速度會隨著接近到期日而加快，因此造成買方雖然做對方向，但獲利卻與標的物的漲幅不成比例，

甚至還可能虧損！所以在建立部位之前，除了要仔細評估行情的趨勢之外，在時機的掌握上也要多些耐性，絕不魯莽出手。

02 整體部位中，使用了太多的買進部位，使得部位的Theta值呈現很大的負值，這表示整個部位的時間價值耗損很大，因而直接影響到部位的獲利，解決這種狀況的方法是：如果是看跌行情，則不應該再買進Put，應該賣出Call來中和部位的Theta值，使時間價值的耗損減少；如果是看漲行情，則不應該再買進Call，應該賣出Put來中和部位的Theta值，減少時間價值的耗損。

買方如何降低時間價值的消耗？實例演練：

假設某個投資人擁有一個台指選擇權偏空的部位，其風險值Delta＝－2.68；Gamma＝0.00115；Vega＝10.256；Theta＝－8.82，部位的Theta值是偏高的－8.82，顯然不利於部位的獲利或操作績效，若當時選擇權有下列的報價可供選擇：

履約價	Delta	Theta
8000Call	0.348	－2.51
8000Put	－0.652	－2.23
8100Call	0.256	－2.25
8100Put	－0.745	－1.89

假設投資人看空行情的觀點不變，他可以賣出3口8100Call，新增3口8100Call，則風險值Delta＝0.256×－3＝－0.768；

Theta＝－2.25×－3＝6.75，將整體部位的風險值改變成Delta＝－2.68－0.768＝－3.448；Theta＝－8.82＋6.75＝－2.07，Gamma與Vega值的影響省略。

這樣一來，就可以將時間耗損的程度從8.82降低到2.07了，但同時也會增加部位負值的Delta，也就是增加部位看空的程度。若是原始部位是看漲行情，思考模式與看跌行情相反。

而單一部位的買進選擇權要降低時間價值的耗損，所要採用的策略也是一樣，如果原始部位是買進Call，若持續看漲行情，則不應再買進Call，而是賣出Put，因為如果行情繼續上漲，則原來買進部位的Gamma為正值，而行情上漲對權利金的增加有加速的作用，因此沒有必要再做加碼買進Call的動作，增加部位Theta的負值，使部位的獲利因時間價值的耗損而縮水，應該使用賣出Put，以降低時間價值的耗損。

例如台股指數在6850點的時候，某位投資人因看漲未來行情而買進7000買權，其部位的Theta值為－2.89，經過幾天的交易之後，發現行情未能如預期的上漲，反而呈現盤整的情況，若投資人對行情的看法不變，但為了減少部位時間價值的消耗，他可以賣出價外6600的賣權，以收到的權利金來彌補買進7000買權的時間耗損。同樣的，若執行這個賣出賣權的動作，也會增加部位的Delta值，使得部位的方向更偏向上漲。

若是原始部位為買進賣權，思考模式與買進買權相反。

4－7 選擇權買方的超額利潤

　　選擇權的權利金是由內含價值以及時間價值所組成，而不論是買權或賣權，在接近價平履約價附近都有最大的時間價值，越往價內或價外履約價的時間價值則越小，到了深度價內或價外履約價的時間價值就只占權利金組成的小部分而已。也就是說，深度價內履約價的權利金有大部分的內含價值、小部分的時間價值；價外的履約價沒有內含價值，只有時間價值，而且時間價值會隨著選擇權到期日的接近而逐漸縮小。因此越接近到期日，時間價值對權利金的影響會越小，深度價外的履約價因為進入價內的機率渺茫，所以時間價值會逐漸接近零；價內的履約價則因為內含價值逐漸增加、時間價值逐漸縮小，所以權利金的波動也逐漸接近標的物。當標的物突然大漲或大跌時，價內履約價的權利金容易隨著標的物的大漲或大跌而快速上漲，這時候買方就容易出現超額的利潤，投資人應把握超額利潤出現的時機將部位平倉，將這些利潤先行落袋，但若對原先的行情方向看法沒有改變，可以等到權利金與標的物的價位接近正常值時，再建立同方向買方的新部位。建立部位的方式有兩種：一種是將原來價內履約價的部位再重新建立起來，另一種則是以滾動的方式將履約價滾動到接近價平的履約價，再建立新的部位。

舉例說明：

　　假設距離台股合約的到期日還有7個交易日，時間價值的影響仍然存在，若投資人在距離到期日還有14天、台指期貨指數7590點附近買進7600Call，權利金136點，經過幾個交易日之後，台指期貨指數已經上漲，最高來到7782點，這時候7600Call履約價已從價平變成價內1檔、接近2檔了，權利金也跟著上漲到231點，投資人以買權履約價7600加上權利金231點等於7831點，已經比期指的最高點7782點高出了49點，假設7個交易日之後的台指選擇權合約結算價也是7782點，則履約價7600Call的獲利等於(7600＋136)－7782＝46點，只有46點的利潤，但若投資人能眼明手快的將部位在權利金231點附近平倉的話，則有95點(231－136＝95)的立即利潤，就算沒有賺到95點，至少也有85點以上的利潤，而選擇權買方則會有49點(95－46＝79)或至少39點的超額利潤，聰明的買方投資人會先將這部分的利潤先落袋。

　　等到快要收盤之前，台指期貨行情小幅回檔到7760點附近整理，7600Call的權利金也跟著回到210點左右，此時權利金與期指的比值已回到接近正常值7600＋210＝7810點，再減去時間價值7600Put的權利金約53點等於7757點，這時候投資人若對行情方向看法沒有改變，可再重新建立買進7600Call，假設支付權利金208點，或將履約價滾動到7700Call，新建立買進7700Call@136若是有成功套到49點的利潤，則新建立的部位等於只有支付：

01 若是同樣以7600Call建立部位，則實際支付的權利金等於是208點－49點＝159點。

02 若是滾動到7700Call建立部位，則實際支付的權利金等於是136點－49點＝87點。

支付的權利金少於市場的報價，將可提升部位成功的機率，若有虧損，也會小於正常的理論值。

當台股指數上下震盪的幅度又急又快，且幅度也相對不小時，選擇權買方最容易有超額利潤的機會，投資人在交易盤中不妨多用心，也許就可以發現超額利潤的套利機會。

4－8 買方提高成功機率的方法

　　買進選擇權是希望在到期日之前，標的物行情會進入價內，因此必須選取比較接近價平的履約價位，也就是Delta值偏高的履約價，才會有比較高的成功機率，但相對的，Delta值偏高的履約價其權利金也會偏高，而權利金的大小決定了損益平衡點的位置，因此，決定買方成功機率的因素還有權利金的大小。

　　買進買權的損益平衡點＝履約價位＋權利金；買進賣權的損益平衡點＝履約價位－權利金。

　　因此，以價平附近的履約價而言，權利金偏高，則損益平衡點遠離目前價位；權利金偏低，則損益平衡點接近目前價位。損益平衡點接近目前的價位，則買方的成功機率增大；損益平衡點遠離目前的價位，則買方的成功機率減少。

　　以深價外的履約價而言，雖然權利金非常便宜，但加上(或減去)履約價之後的損益平衡點仍然遠離目前的價位，因此成功的機率也是相對較低的。也就是說，選擇權的買方除了要以價平附近的履約價當作建立部位的標的外，還要盡量壓低權利金，如此損益平衡點才會偏近目前標的物的價位，成功機率才會提高。

　　至於如何買進偏低的權利金？首先要了解一個重要的基本原則：權利金的高低是取決於隱含波動率(Implied Volatility)的高低，我們可以比較短期的歷史波動率(History Volatility)和隱含波動率之間的關係，來決定買進選擇權履約價的時機。

買進履約價時機的選擇：

01 選取買進的履約價格應以接近目前價位的100點～200點的整數履約價格為準，也就是價平附近的履約價。

02 必須選擇歷史波動率處於低檔，而隱含波動率正逐漸上升中的履約價，買進選擇權才會有比較高的獲利機率。

以2009年11月底台股的歷史波動率為例，雖然當時短期（20天）的歷史波動率在低檔附近呈現盤整的趨勢，但隱含波動率卻持續下滑，而且還沒有見到反轉的跡象，如附表：

日期	隱含波動率	台指期	20天歷史波動率
2009/11/26	21.59	7743	17.71
2009/11/27	25.75	7440	21.71
2009/11/30	23.67	7557	20.46
2009/12/01	22.44	7557	20.56
2009/12/02	21.79	7689	20.58
2009/12/03	22.96	7697	20.56
2009/12/04	23.63	7592	19.98
2009/12/07	22.04	7754	21.05
2009/12/08	20.97	7757	20.90
2009/12/10	20.38	7639	21.94
2009/12/11	18.87	7792	22.61
2009/12/14	19.18	7831	22.66
2009/12/15	19.83	7799	22.71
2009/12/16	19.54	7753	22.00
2009/12/17	21.06	7691	21.95
2009/12/18	20.33	7701	21.81
2009/12/21	19.87	7753	21.59
2009/12/22	19.38	1831	21.79
2009/12/23	18.97	7867	21.82

（隱含波動率欄位標註：隱波持續下降）

（20天歷史波動率欄位標註：短天期歷史波動率呈現盤整）

因此雖然台指期貨呈現上漲，但在選擇權的操作上仍然不適合當買權履約價的買方，因為低的隱含波動率將會造成權利金增加的幅度小於時間價值消耗的速度，有可能會產生部位雖然是做對方向，但獲利卻與期望值相去甚遠的情況，相信許多當過買方的投資人都有類似的痛苦經驗。

03 若研判在到期日之前有明顯的趨勢方向，亦即行情有可能突破目前的價位區間，出現較高或較低的價位，就應該在可能或已經出現的突破點建立買進部位，向上突破買進Call，向下突破買進Put。

04 若目前雖然在區間整理，沒有明顯的趨勢方向，但研判在到期日之前的行情不可能停留在某段窄幅的區間，就應該選擇在此窄幅區間的上端買進Call或下端買進Put，建立買進跨式或勒式部位。

以上幾點建議提供給喜歡當選擇權買方的投資者一些操作上的參考。

4-9 買進單一部位的避險策略

　　假設某投資人建立了買進6900Put，另一位投資人則建立買進6900Call，經過幾天的觀察，發現行情趨勢與部位方向不符合，那應該如何避險？

　　除非將部位停損，否則因為要規避的是方向性的風險，所以必須在另一個方向建立一個新的部位，但建立新的反方向部位之前，必須要考慮波動率的問題，因為若持續盤整，則買權及賣權的波動率將同步下跌。

　　若要避險的部位是Put，可以考慮的方式有：

01 買進一個不同履約價位的Call，變成買進勒式部位。

02 賣出一個不同履約價位的Put，變成垂直價差部位。

　　若要避險的部位是Call，可以考慮的方式有：

01 買進一個不同履約價位的Put，變成買進勒式部位。

02 賣出一個不同履約價位的Call，變成垂直價差部位。

問題是：

01 應該如何研判波動率，藉以決定到底是使用勒式部位或價差
部位做避險？

02 應該如何選擇履約價？

◢ 波動率的研判

若研判行情可能不會馬上突破，需要經過一段時間的盤整
醞釀之後才會突破，此時不論買權或賣權的波動率都會下降；若
研判行情可能將馬上突破，這時候賣權的波動率可能也會下降，
但買權的波動率將可能上升；若研判行情在面臨某個關卡無法突
破，可能快速反轉向下修正，此時，賣權的波動率有機會增加，
但買權的波動率將下降。

根據以上三種狀況來研判，買權與賣權的波動率各有2／3的
下降機率，只有1／3的機率會上升。因此，建立買進勒式部位比
較不合適(因為需要波動率升高才會有獲利)，建立價差部位比較
合適(因為波動率下降，對部位有利)。

⚑ 如何選擇履約價

以價差部位來說，選擇履約價就是選擇部位的方向，買高履約價、賣低履約價就是看跌；買低履約價、賣高履約價就是看漲。

研判行情將持續下跌而建立單式買進Put的投資者：

01 若持續看跌，就賣出6800Put，將部位調整為B6900／S6800的賣權看空價差部位，行情結算在6800點以下就可獲利。

02 若看不跌，就賣出7000Put，將部位調整為B6900／S7000的賣權看多價差部位，結算行情只要不跌破6900點就有獲利。

研判行情將上漲而建立單式買進Call的投資者：

01 若持續看漲，就賣出7000Call，將部位調整為B6900／S7000的買權看多價差部位，行情結算在7000點以上就可獲利。

02 若看不漲，就賣出6800Call，將部位調整為B6900／S6800的買權看空價差部位，結算行情只要不漲過6900點就可獲利。

經過避險的價差部位，如果避險原因消失，也就是行情的方向已相當明確，就可以將避險賣出的7000Put（或6800Call）買回來，如果避險原因一直未消除，就讓這個價差部位持有到最後交易日。

4－10 賣方的困擾

在本書1－14節討論到選擇權的靜態部位，只有賣方在建立部位的同時才能掌握目前的價位成為其獲利區間，然而賣方也會面臨行情不斷變動的問題，而且距離合約到期日的時間愈久，變數愈多。

賣方與買方對於行情發展速度的立場正好相反，買方希望行情發展的速度越快越好，賣方則希望行情發展的速度越慢越好，最好是停留在目前的價位不變動，那賣方就有機會獲取最大的權利金時間價值耗損的利益，可是這種機率有多大呢？

若根據本書在1－16節所討論的「選擇權獲利達成率」的計算，賣出價平附近履約價的選擇權要達成權利金完全獲利的機率只有3～3.5%左右，最多不會超過4%，但若是賣出較價外履約價的選擇權，雖然可以提高完全獲利的達成率，但獲得的利潤卻相對減少。

因此，距離合約到期日的時間愈長或越接近價平履約價，賣方可以收到的權利金會越多，但是也隱含了造成虧損的危機，因為價位移動的方向和速度不是賣方可以掌握的，所以賣方雖然有先天優勢而有較大的勝算，但是要如何在風險與利潤之間取得適當的平衡點，以及當風險產生時要如何因應等，都是投資人在進入賣方的位置之前，必須考慮的因素！

4－11 運用歷史波動率研判賣方獲勝的機率

歷史波動率除了可以使用在B－S評價模型中去計算出選擇權的理論價格，以研判目前標的物價格是否合理並尋找套利的空間，或是用來推估未來一段時間內標的物價格的高低落點，還有一個重要的應用：計算賣出選擇權部位成功的機率。

舉例：假設某個台股期貨合約的收盤價是7352點，距離到期日還有21天，賣出履約價7800Call收到權利金49點，部位的損益平衡點為(7800＋49)＝7849點，也就是說，在21天之後的台股期貨合約若結算在7849點以下，賣方就可以獲利，而結算價格在7800點以下就有最大獲利；但若結算在7849點以上就會開始產生虧損，理論上有無限的損失。

現在分別討論結算在7800點以下及7849點以上的機率。首先計算年度化的歷史波動率，快速計算年度化歷史波動率的公式為：

$$\sigma = \ln \sqrt{\frac{H}{L}}$$

H＝年度高價

L＝年度低價

假設年度的高價(H)＝7758點

假設年度的低價(L)＝3811點

$$\sigma = \ln\sqrt{(7758/3811)} = 0.355$$

再根據公式計算特定天數(D)的年度化標準差的波動率$\sigma_d = \sigma \cdot \sqrt{t}$

則21天的年度化標準差的波動率為

$$\sigma_{21} = 0.355 \times \sqrt{21/252} = 0.1025$$

再根據推算未來價格(X)的公式 $X = S \cdot e^{Z \cdot \sigma_d}$

其中Z為波動率標準差，S為目前台指期貨的收盤價，把以上公式調整為

$$Z = \frac{\ln(\frac{X}{S})}{\sigma_d} = \frac{\ln(\frac{7800}{7352})}{0.1025} = 0.5771$$

再根據連續機率分布常態曲線理論

$$f(Z) = \frac{1}{\sqrt{2\pi}}\, e^{-\frac{Z^2}{2}}$$

使用Excel裡的Normsdist的公式，可將上述的常態曲線理論公式簡化成N(b)－N(a)，這個公式代表了(X)在b和a之間的機率，若以2個標準差的情況來計算，則

N(2)代入Excel的Normsdist，得到的數值為0.97725

N(0.5771)代入Excel的Normsdist，得到的數值為0.71806

因此N(2)－N(0.5771)＝0.2592＝25.9%

21天後，台股結算在履約價7800點以上的機率約為25.9％；結算在7800點以下，賣出7800買權的成功獲勝機率大約是74％（100％－25.9％）左右。

若使用損益平衡點7849點來計算，

$$Z = \frac{\ln(\frac{X}{S})}{\sigma_d} = \frac{\ln(\frac{7849}{7352})}{0.1025} = 0.6382$$

N(0.6382)代入Excel的Normsdist，得到的數值為0.73833，因此N(2)－N(0.6382)＝0.23892＝23.9％，表示結算在7849點以上的機率為23.9％，亦即開始出現虧損的機率約是23.9％左右。

以上是賣出7800Call選擇權的成功與失敗的機率。

經過數天之後，若台指期貨的收盤價還是7352點，但距離結算日只剩下12天，我們來看看機率如何改變？

12天的年度化標準差的波動率為：

$$\sigma_{12} = 0.355 \times \sqrt{12/252} ,$$

$$\sigma_{12} = 0.0775$$

（年度標準差的歷史波動率（σ）仍以0.355為準）

代入計算公式：

$$Z = \frac{\ln(\frac{X}{S})}{\sigma_d} = \frac{\ln(\frac{7800}{7352})}{0.0775} = 0.7632$$

仍以2個標準差的情況來計算，則：

N(2)代入Excel的Normsdist，得到的數值為0.97725

N(0.7632)代入Excel的Normsdist，得到的數值為0.77733

因此N(2)－N(0.7632)＝0.19992。

假設台股期貨的收盤價與建立部位當時一樣不變的情況下，結算在履約價7800點以上的機率約為20％，亦即賣出7800買權的成功獲勝機率是80％(100％－20％)；套用同樣的公式，則結算在7849點以上的機率是18％，也就是開始出現虧損的機率約是18％左右。

然而在同樣的台指期貨收盤價之下，賣出7800買權履約價雖然獲勝機率提高、虧損機率降低，但因為時間經過了9天(21－12)的耗損，所以獲利會比21天之前所建立的部位少。

從以上的例子可以發現，在指數價格不變的情況下，時間的經過對於賣方的成功機率有加分的作用，同樣是賣出履約價7800Call，21天前的成功率是74％，越過損益平衡點7849點、使得部位失敗機率是23.9％；但經過9天之後，在同樣的期貨指數之下，成功率提高為80％，越過7849點、造成虧損的機率則從23.9％降為18％。

也就是說，越接近到期日，賣出履約價的成功機率越大，

但是獲利會縮小，可是行情若是向著部位的反方向變動，則結算價不論是落在損益平衡點或執行的履約價的機率也跟著上升。以這個例子來說，若結算行情最後是落在7800點以上，則賣出7800Call的獲利將會開始縮小，若超過7849點以上則開始虧損，因此在評估賣方完全獲利的同時，也就是賣出買權結算在履約價之下，賣出賣權結算在履約價之上，仍然要注意使用損益平衡點計算所得到的機率是否有不正常升高的現象，若有，則必須立即將倉位平倉出場或做動態調整避險，以免夜長夢多！

又由以上的例子得知，只要知道波動率標準差的數值，就可以計算出(X)最後落在任2個數值之間的機率，但需注意的是，因為標準差的取樣有許多不同的方式，所以數值會有所差異，算出來的機率也會不同。

賣方的成功機率也可以單純使用部位的Delta值來研判，如該履約價Call的Delta值是0.35，代表進入價內的機率是35％，因此賣出該履約價Call的成功機率就是65％（100％－35％），但估計損益平衡點被穿越、開始造成虧損的機率就無法使用Delta值來研判了，必須使用上述的公式才能取得。

喜歡在選擇權市場當莊家賣方的投資人，請自我省思，在建立裸露的賣方部位之前，是否也有經過上述的評估方式呢？若完全沒有經過評估，只憑感覺就將自己的資金暴露在這種高風險的操作之上，最後在市場中被倒莊、淘汰，也是預料中之事了！

4－12 賣出單一部位的避險策略

投資人建立單一的賣出部位之後，若發現行情變動的方向越來越接近部位的損益平衡點，應該要如何避險？為了不增加部位的風險值，賣出單一部位的選擇權避險部位應該以買進策略為主。

首先，與單一買進策略的避險一樣，在建立新的反方向部位之前，必須要考慮波動率的問題，如果行情變動的方向接近部位的執行履約價或損益平衡點，但波動率沒有明顯的上升，則部位可先不調整，等波動率開始上升時再考慮：

01 停損或停利

02 進行避險

若要避險的部位是Put，可以考慮在行情接近履約價的時候，買進價外1檔2倍口數履約價位的Put，組成賣權逆比例價差部位，將原來對行情抱著小幅看多整理的看法改變為看空未來行情。

舉例

假設台股指數在7350點左右，投資人研判行情將偏多小幅整理，因此建立賣出7100Put@65× 1 口，損益平衡點＝（7100－65）＝7035點

　　經過幾天的交易，投資人發現台股行情開始向著執行履約價7100的方向移動，且Put的隱含波動率開始有升高的跡象，顯然對原始小幅偏多整理的賣方部位產生威脅，研判行情將可能改變方向，於是買進7000Put@60×2口，與原始賣出7100Put@65×1口組成賣權逆比例價差部位，改變原來小幅看多整理的部位，成為看空未來行情的部位。

　　若要避險的部位是Call，可以考慮在行情接近履約價的時候，買進價外1檔2倍口數履約價位的Call，組成買權逆比例價差部位，將原來對行情抱著小幅看空整理的看法改變為看多未來行情。

舉例

　　假設台股指數在7350點左右，投資人研判行情將偏空小幅整理，因此建立賣出7600Call@70×1口，損益平衡點＝（7600＋70）＝7670點

　　經過幾天的交易，投資人發現台股行情開始向著執行履約價7600的方向移動，且Call的隱含波動率開始有升高的跡象，顯然對原始小幅看空整理的賣方部位產生威脅，研判行情將會改變方向，於是買進7700Call@65×2口，與原始賣出7600Call@70×1口組成買權逆比例價差部位，改變原來小幅看空整理的部位，成為看多未來行情的部位

　　建立了選擇權單一部位的賣方之後，當行情對部位不利的情況發生時，通常都已經在暗示趨勢即將改變，此時除了停損或停利之外，最直接的方式就是把部位調整為逆比例價差，或加上反方向的期貨指數，改變部位的方向。

　　賣方經過避險的部位，通常都不再進行調整，以持有到結算日為原則。

4－13 複式部位賣方的避險策略

　　選擇權複式部位的賣方在建立部位之後，若發現部位的Delta值逐漸變大或波動率突然升高，研判行情的趨勢已開始危害到部位的安全性，此時就應該採取適當的調整措施來保護部位已有的獲利或降低部位虧損的額度，若心存僥倖而不做調整，就像一個人發現他的身體有些小毛病，卻因為小毛病而輕忽它，等到有一天小毛病好不了而變成大毛病時，要處理這個大毛病可能就要花大錢了，假如毛病太大，還有可能因此而失去生命。選擇權的賣方也是一樣，可能會因一時的心存僥倖，不做動態調整而獲利，但若一旦養成習慣，當行情真正對部位不利的時候，就要付出慘痛的代價，在市場上也不只一次出現過賣方經年累月所累積的獲利在一夕之間虧光，甚至還倒賠掉大筆金錢，這樣血淋淋的例子。

　　選擇權的賣方不是一般所想像的那麼容易就可以獲利的，若沒有動態調整的觀念與方法理論，在選擇權市場上真的很難成為贏家。

　　選擇權賣方動態調整的基本觀念是將收到的權利金，也就是從部位預期的最大獲利中，撥出一部分的利潤，做為當部位發生危機時的保險費用。

現在屏除那些複雜的風險值參數，用最簡單易懂的方式來討論動態調整。例子：假設某投資者在大盤指數8400點附近建立了S8100Put／S8700Call的賣出勒式部位，權利金為226點，下方損益平衡點7874點，上方損益平衡點8926點，若行情不如預期，開始下跌，且接近下方履約價8100，投資者就要心存警戒，執行調整的策略了。要規避行情持續下跌對部位產生傷害，除了將部位平倉之外，就是要做動態調整，方法如下：

01 買進8200Put，與原始部位S8100Put組成賣權空頭價差。

02 買進2個8000Put，與原始部位S8100Put組成賣權逆比率價差。

改變原始部位區間盤整的看法，成為看空的方向。

若在合約期間，投資人研判原先避險的原因已經消失，亦即行情的趨勢對部位造成傷害的機率已大為降低時，就可以將這個避險部位平倉，此時若有產生虧損，也可以由原來所收到的權利金去支付，這就是買保險的觀念的運用。同樣的，建議動態調整的次數不宜太過頻繁，否則也將會嚴重侵蝕原來部位的利潤。

📖 4－14 選擇權當日沖銷的技巧

以成交量來說，選擇權可說是目前台股市場最活潑的商品，當日沖銷的交易也相當熱絡，但當日沖銷有其潛在的風險，因此若要使當日沖銷獲得良好的操作績效，就必須具備以下的技巧：

◬ 研判當日趨勢是否反轉或持續

一般來說，台股當日行情的趨勢大約會在上午11點15分左右(約是交易的中線)形成，若是在這個時間點之前所形成的是多方趨勢，則建立當日沖銷的部位應順勢以多頭為主，但若發現趨勢反轉，除了馬上平倉離場之外，就是逆勢加上反向期貨部位，改變部位方向。

◬ 熟悉選擇權各種部位的運用，以及與指數期貨搭配的必要性

通常建立當日沖銷的部位要選擇進出場容易且可以靈活處理的工具為主，比如盡量選擇價平附近的履約價，並以單純的買進或賣出為主，但若在確定趨勢已反轉、要迅速改變部位的Delta值的情況下，可以加入期貨的部位，形成合成部位。

如果原來部位的Delta值小於1，假設是0.58，加入1口反向的期貨部位(賣出期貨，Delta值＝－1)，則會改變原來部位，從

看漲方向變成看跌($-1+0.58=-0.42$)。若Delta值大於1，假設是1.75，則加入2口反向的期貨部位(賣出期貨，Delta值$=-1\times2$ $=-2$)，整體部位的Delta值會變成$-2+1.75=-0.25$，負的Delta值代表部位看跌。

例子

如原來部位B7000Call×1口，加入1個小台指7030的空單，部位的損益型態為B7030Put＋S7030Call，則把部位改變成：B7030Put(B7000Call可視為已與S7030Call相沖銷)。

若是在收盤之前趨勢仍不明朗，且部位也沒有獲利的情況下，想要留倉隔夜，又擔心受國際股市的影響，隔天有跳空開盤的風險，這時候最保險的方式就是將部位的Delta值調整為中性，調整的方式是加入選擇權部位1／2的期貨反向部位，變成跨(勒)式部位。

如原來部位B7000Call×2口，加入1個小台指7030的空單，部位改變成：

B7000Call／B7030Put(接近買進跨式)

B7000Call／S7030Call(可將此部位視為已沖銷)

◇ 波動率的研判

波動率的研判涉及到當買方或賣方的問題，高的隱含波動率使權利金變大，可以增加賣方的權利金收入，延伸損益平衡點的距離；低的隱含波動率使權利金變小，可以降低買方的操作成本，提高獲勝機率。一般來說，在指數期貨開盤之後，會有比較高的波動率，收盤之前會有比較低的波動率，因此，開盤後比較適合賣方進場、買方平倉，收盤前則因為買方留倉隔夜的風險較賣方低，且有比較低的波動率，所以比較適合賣方平倉、買方進場。

◇ 當天週期變化的研判

建議將K線設定為15分鐘，從上午8點45分開始交易到下午1點45分收盤，共5個小時的交易時間，會出現20根15分鐘的K線，以4根15分K線做為一個小週期(1小時)，一個交易日有5個小週期，以2～3個小週期做為一個長週期，然後以極端價位計算週期的始末，以便掌握進出場的時機。

關於選擇權極端價位的討論，將分成：

01 極端價位與機率密度的關係

02 極端值波動率的計算

4－15 極端價位與機率密度的關係

在價平的時候，標準差(N)的數值不論波動率或到期天數的多寡都是0.4，但是離開價平區往上下兩邊的非價平區去觀察，就會發現標準差的數值隨著波動率和到期天數的多寡而出現偏高或偏低的現象。

01 非價平區的標準差數值呈現對稱性的逐漸增加，越往價外，標準差數量的對稱性增加愈大。

02 非價平區的標準差數值會隨著波動率的增加而減少的原因，這種現象表示波動率增高時，價外的權利金雖然會增加，但增加的速度反而變慢，且越深價外的履約價越明顯，這也可以解釋為什麼深價外的履約價權利金的增加總是比較少。

03 非價平區的標準差數值會隨著波動率降低而增多，這種現象表示當波動率降低時，利用漲跌幅公式計算極端價位要把標準差的數值放大，得到的極端價位波幅才會吻合市場權利金的損益平衡點。

因此，利用漲跌幅公式計算極端價位波幅時，在波動率偏低的情況下，要放大N值的標準差，才能測量出未來合理的極端價格；反之，在波動率高的時候，要縮小N值的標準差，計算出來的極端價位才會合理。接下來討論波動率期間N的意義：

計算上漲極端值所使用的公式：預估的高點 = 價位 $\times e^{N \cdot \sigma \cdot \sqrt{t}}$

計算下跌極端值所使用的公式：預估的低點 = 價位 $\times e^{-N \cdot \sigma \cdot \sqrt{t}}$

也就是說：

$$\text{預估的高點} \div \text{價位} = e^{N \cdot \sigma \cdot \sqrt{t}}$$

$$\text{預估的低點} \div \text{價位價位} = e^{-N \cdot \sigma \cdot \sqrt{t}}$$

等式兩邊對數化

$$\ln(\text{預估的高點} \div \text{價位}) = \ln(e^{N \cdot \sigma \cdot \sqrt{t}}) = N \cdot \sigma \cdot \sqrt{t}$$

$$\ln(\text{預估的低點} \div \text{價位}) = \ln(e^{-N \cdot \sigma \cdot \sqrt{t}}) = -N \cdot \sigma \cdot \sqrt{t}$$

上式減下式

$$\ln(\text{預估的高點} \div \text{價位}) - \ln(\text{預估的低點} \div \text{價位})$$

$$= N \cdot \sigma \cdot \sqrt{t} - (-N \cdot \sigma \cdot \sqrt{t})$$

得到

$$\ln \frac{(\text{預估的高點} \div \text{價位})}{(\text{預估的低點} \div \text{價位})} = N \cdot \sigma \cdot \sqrt{t} + N \cdot \sigma \cdot \sqrt{t}$$

等於

$$\ln \frac{(\text{預估的高點} \div \text{價位})}{(\text{預估的低點} \div \text{價位})} = 2 \times N \cdot \sigma \cdot \sqrt{t}$$

因此

$$N = \frac{1}{2} \times \ln \frac{(預估的高點 \div 價位)}{(預估的低點 \div 價位)} \times \frac{1}{\sigma \cdot \sqrt{t}}$$

N值相當於評價模式裡頭的機率密度，可以代入公式，直接求出到達極端價位的機率。

舉例來說，假設預估的高點為7345點，預估的低點為6735點，預估期間為100個交易日，波動率（σ）為21％，則：

$$N = \frac{1}{2} \times \ln \frac{7345}{6735} \times \frac{1}{0.21 \times \sqrt{\frac{100}{252}}} = 0.33$$

如果已知標準差(N)＝0.33，就可以代入下列公式，求出未來幾天預估高點或低點。

計算上漲極端值所使用的公式

$$預估的高點 = 價位 \times e^{N \cdot \sigma \cdot \sqrt{t}}$$

假設目前價位是7010點，波動率（σ）是21％，預估10個交易日以後的高點，則

$$預估的高點 = 7010 \times e^{0.33 \times 0.21 \times \sqrt{\frac{10}{252}}} = 7105 \ 點$$

計算下跌極端值所使用的公式

$$預估的高點 = 價位 \times e^{-N \cdot \sigma \cdot \sqrt{t}}$$

假設目前價位是7010點，波動率（σ）是21%，預估10個交易日以後的低點，則

$$預估的低點 = 7010 \times e^{-0.33 \times 0.21 \times \sqrt{\frac{10}{252}}} = 6915 \ 點$$

結論

01 價平的波動率期間 是穩定的0.4

不論波動率如何變動及到期日期間的長短，價平附近的波動率期間N值是穩定的0.4。

02 非價平的履約價受波動率和到期日期間長短的影響。

03 這些不同的結構(亦即期間、波動率與履約價格)在非價平履約價會有很大幅度的變化，顯示極端價格在不同波動率期間可能出現各種不可預期的變化。

04 勒式和跨式成本就是相對於價平跨式成本的不同期間結構。

所以我們可以利用波動率不同的期間結構做為一個轉換因子，以穩定的價平跨式成本為基準，藉以表示非價平區間的跨式或勒式部位成本。

4－16 極端值波動率的計算方法

Mr.Parkinson在1980年發表了利用一段期間的高低價格來約略推估波動率的方法，計算的公式如下：

波動率＝波幅×時間

$$波動率 = \frac{1}{2\sqrt{\ln 2}} \times \ln(\frac{最高價}{最低價}) \times \sqrt{T}$$

其中最左邊一項可以簡化為：

$$\frac{1}{2\sqrt{\ln 2}} = 0.600561$$

T＝高低價出現的期間

現在用實例來計算，首先採取台股指數期貨兩段行情期間做樣本，第一段期間是有趨勢的，第二段期間是盤整的。

第一段：有趨勢期間

　　　　96/9/26～96/10/3

　　　　96/9/26低點9010點～96/10/3高點9835點

　　　　有8個營業日〔時間〕

　　　　價差幅度＝9835－9010＝825〔波幅〕

第二段：盤整期間

96/10/4～96/10/16

這段採樣期間的高點為9775點，低點為9408點

同樣取8個營業日為採樣基礎〔時間〕

價差幅度＝9775－9408=367點〔波幅〕

這兩段期間的波幅比例：$367 \div 825 = 0.44 \sim 0.5$倍〔波幅的比例〕

透過以上的盤勢結構分析，我們可以知道時間和波幅是呈反比關係的。再來利用Parkinson的方法，計算(1)趨勢期間的波動率：

$$波動率 = 0.600561 \times \ln\left(\frac{9835}{9010}\right) \times \sqrt{8}$$

$$= 0.600561 \times 0.087612 \times 2.8284 = 0.14882$$

利用Parkinson的方法，計算(2)盤整期間的波動率：

$$波動率 = 0.600561 \times \ln\left(\frac{9755}{9408}\right) \times \sqrt{8}$$

$$= 0.600561 \times 0.038268 \times 2.8284 = 0.065$$

將兩段期間的波動率相除：$0.1488 \div 0.065 = 2.29$，發現相差

大約兩倍多一點點。

　　一般而言，除非發生重大變故而改變了整個市場的盤勢結構，否則波動率應該不會有太大的變化，因此如果波動率要保持一致，就需要約5倍的盤整時間(2.3倍的平方$\cong$5倍)。因此可以判斷台指期貨若有趨勢的波段時間持續了8天，則盤整的時間就需要40天。

驗證：

　　用40天代入(2)

　　盤整期間的波動率$=0.600561 \times \ln\left(\frac{9775}{9408}\right) \times \sqrt{40}$，

　　$= 0.600561 \times 0.038268 \times 6.32455 = 0.14535$，

　　與(1)的波動率0.14882相當接近了。

✍ 4－17 選擇權理論性勝算的探討

一般而言，B－S選擇權評價模型是目前市場的交易者最常使用的理論訂價模型，交易者可透過將下列已知的資料輸入模型中，計算出履約價權利金的理論價值或隱含波動率。

假設已知的資料為：履約價6900，台股目前價格6874點（以期貨契約為準），無風險利率1.25％（以中央銀行基本放款利率為準），距離到期日還有21個交易日，歷史價格波動率33.73％，則可以計算出：履約價6900Call的理論價值為226.76點；履約價6900Put的理論價值為245.42點。

假設收盤價：6900Call＝217點；6900Put＝242點，將6900買權收盤價的權利金價格217點代入B－S評價模型，反推隱含波動率，得到6900Call的隱含波動率為29.26％；將6900賣權收盤價的權利金價格242點代入B－S評價模型，反推隱含波動率，得到6900Put的隱含波動率為30.02％，

兩者的隱含波動率都低於歷史波動率33.73％，顯然6900履約價的權利金不論買權或賣權皆被低估，因此交易者若以權利金217點買進6900Call，若不考慮Vega值變動的影響，就有9.76點（226.76－217）的理論性勝算，相對於目前217點的市場價格，有將近1－（217÷226.76）×100％＝4.3％的理論性勝算；同樣的，若不考慮Vega值的變動，以權利金242點買進6900Put，就會有3.2點（245.2－242）的理論性勝算，相對於242點的市場價格，就

有1－（242÷245.42）×100％＝1.39％的理論性勝算。

買進6900Call的理論性勝算大於買進6900Put的理論性勝算約3.1倍（4.3％÷1.39％），因此在履約價的選擇上，投資人應選擇執行理論性勝算較高的履約價——買進價平6900Call，亦即以目前的行情趨勢而言，做多的勝算高於做空的勝算。

做為行情多空研判的工具只是理論性勝算的功能之一，後續章節還會繼續討論如何使用理論性勝算來建立垂直價差部位等選擇權的策略。

至於使用B－S評價模型所推算的理論價值是否正確？這牽涉到所輸入的無風險利率以及歷史波動率等參數的正確性，其中最大的變數是歷史波動率，若歷史波動率的取樣不正確，則求得的理論價值也會有誤差，投資者可以利用不同的工具計算歷史波動率，然後求取其最大公約數當作歷史波動率。簡單的歷史波動率計算方法請參考本書3－1節「認識波動率」。

市面上許多資訊廠商所提供的報價資料也有歷史波動率與理論價值，投資者可以善加利用，減少在盤中運算的時間（若使用Excel程式也需要輸入資料），以便能迅速擬定最適當的交易策略。

當然，隨著行情的變動，波動率也可能跟著變動，Vega值會因為波動率的上升或下降而影響權利金，甚至改變理論性勝算的方向，這部分以後的章節會再作深入的探討。

✍ 4－18 選擇權建立緩衝區的方式與意義

　　歐式選擇權Call和Put的權利金對於價平履約價有形成對稱性
分布的特性，一般而言，在市場價格扭曲狀態不嚴重的情況下，
價外2檔Call的權利金會與價外2檔Put的權利金相接近，因此，假
如投資者雖然已經對未來的行情走勢做出研判，但在對研判的準
確性尚有疑慮之前，可以先選擇不建立期貨部位，改使用價外2檔
的履約價建立一個選擇權的合成期貨部位，製造一個緩衝區間，
以便爭取到較多的時間來觀察行情的變化。

　　一般選擇權的合成期貨部位是以價平履約價的Call和Put來建
立的，比如：看空的轉換部位是買進價平履約價的Put，同時賣出
價平履約價的Call；看多的逆轉部位是買進價平履約價的Call，
同時賣出價平履約價的Put。這種以價平履約價建立部位的方式，
由於部位損益平衡點與期貨指數相接近，因此等於是直接建立一
個期貨的部位，完全沒有緩衝區。

　　舉例說明，9月28日台指10月合約收盤價7280點，價平履約價
7300的報價如下：7300Call@180；7300Put@200，若投資者看空未
來走勢，因此建立了轉換部位：S7300Call@180；B7300Put@200，
部位支出20點的權利金，相當是建立了1個7280點（7300－20）的
小台指空單，與小台指目前的價位7280點相比較，緩衝區間等於
零。

◢ 要如何建立有效的緩衝區？

以價外2檔的履約價來建立合成部位，就可以創造部位的緩衝區間。建立部位時除了可以使用賣方部位收到的權利金來支付買方的權利金，若賣方部位收到的權利金大於買方的權利金，不但可以獲得免費的部位，在觀察行情變化的同時，還有權利金的收入。

舉例說明：

9月28日台指10月合約收盤價7280點

價外2檔Put履約價：7100Put@115

價外2檔Call履約價：7500Call@103

若投資者仍然看空未來走勢，但對於自己研判的準確性仍有疑慮，就可以先建立不同履約價的轉換部位，取得觀察行情變化的緩衝區。

S7500Call@103

B7100Put@115

部位支出12點的權利金，損益平衡點7488點（7500－12），因此在7100～7488點之間產生了緩衝區間，也就是說，若行情上漲超過7500點，部位虧損就會開始擴大；在7500點以下到7100點之間，有12點的虧損；行情在7100點以下則開始獲利，如指數在7000點，則部位獲利88點，越往下跌，獲利越大。

◢ 建立緩衝區的理由

沒有人可以斷定自己所研判的行情趨勢是100％正確的，就

算是正確的，如果行情在向著所研判的方向前進之前，先上下盤整一段時間再發動趨勢，此時已建立的期貨部位有可能在這段整理的期間就因為投資者信心的問題而被掃出場了，說不定還會去建立與自己原先研判的走勢方向相反的部位。因為害怕虧損，所以人性的恐懼往往會讓投資者禁不起行情的折磨，而改變自己原先的看法，這是散戶操作者的心理障礙，但如果先建立緩衝的部位，在趨勢未發動前，部位的最大損失只有一點點（若可以建立淨收入的部位，甚至還有小利潤），如此就可以讓投資者在沒輸錢的壓力下，冷靜的判斷行情。

一般而言，台股指數在漲跌200點之後通常會形成新趨勢，以上面所舉的例子而言，若行情上漲到7500點（上漲了200多點），就表示一個新的上漲趨勢已經形成了，這時候執行停損，部位的損失也非常有限，一定會比在7300做空期指少虧損很多，若下跌，就準備獲利！

◢ 緩衝區的意義

從上面的例子可以發現，以不同履約價建立的合成部位雖然可以創造出一個緩衝區，但也犧牲了在這個緩衝區的利潤，因此，緩衝區只適合投資者對自己的判斷有疑慮時，以「試水溫」的方式建立，爭取較多的時間來觀察行情的變化，等到行情趨勢與自己原先判斷的一致後，就可考慮以期貨部位停利或加碼賣出7500Call或買進7100Put以擴大利潤；若行情趨勢逆向時，也可以使用買進期貨的方式，將部位停損或改變部位的方向。

第五章

選擇權

各種交易策略的運用

與**選擇權**有約

📖 5-1 選擇權理論價值的運用

在4-17節〈選擇權理論性勝算的探討〉中，討論到如何將B-S評價模型所計算出來的理論價值，運用到交易策略的制定與評估獲勝機率的方式上，但由於B-S評價模型受到波動率等參數取得的限制，因此是否可以利用理論價值與市場實際價格之間的落差來制定交易策略而獲利，就必須先假設：

01 輸入評價模型的未來價格波動率是正確的。

02 根本契約的價格分配是呈現對數常態分配的。

關於第一點，由於我們無法利用時光機回到未來，取得未來的價格波動率，因此所輸入評價模型的波動率都是以歷史波動率為主，這是以歷史將會重演的假設來著眼的。第二點也不盡然完全正確，因為根本契約的價格會受到波動率的影響而有不同程度的分配（這部分的討論請參考1-15〈選擇權契約到期價格的機率分配〉）。但若假設以上的問題都可以解決，那投資人要如何利用理論價格與市場價格之間的誤差來交易獲利呢？

假定台股指數在8280點，台股選擇權合約距離到期日還有9個交易日，由於價平到價外1檔履約價的買權最接近目前根本契約的價格，所以交易的情況應該最熱絡，因此選擇價外1檔履約價8400Call來舉例說明。

　　將經過適當挑選的參數輸入B－S模型，顯示8400Call的理論價值是40點，但實際的市場價格卻是53點，投資人該如何從中獲利？由於市場價格高於理論價值，所以應該賣出8400Call取得53點的權利金，等到合約到期結算或是市場價格等於或接近理論價值的時候，再買進平倉獲利；可是實際的市場運作有這麼容易嗎？

　　因為根本契約台股指數在合約到期之前仍然會不斷移動，投資人無法判斷台股指數將來會如何變動，因此也無從得知這些不確定性的變動，對於賣出8400Call的部位會造成傷害或變得更有利；因此若是根據理論訂價上的誤差所制定的交易策略，為了要規避根本契約變動對部位所產生的影響，最好的方式就是建立反向的部位，使整體部位的Delta值成為中性。

　　Delta值成為中性的部位，可使用小台指期貨或是以選擇權的部位來建立，以8400Call的例子而言，它的Delta值在建立部位的時候是0.298，假設投資人賣出10口8400Call，那麼部位的Delta值＝0.298×－10＝－2.98。

　　投資人可以：

01 買進3口小台指(期貨部位的Delta值永遠等於1)，使得整體部位的Delta值等於(1×3)－2.98＝0.02。

02 買進18口當時Delta值等於0.162的8500買權，讓整體部位的Delta值等於(0.162×18)－2.98＝－0.06。

這種為了將Delta值調整為中性所建立反方向部位的口數，稱之為避險比例，也是選擇權波動率交易策略的理論基礎之一。

繼續以這個例子來說明，由於要將Delta值調整為真正的中性（等於零），在實務上有困難，因此投資人仍可根據自己當時對市況的研判，使部位成為中性稍微偏多或偏空的狀態（正值的Delta代表部位方向偏多，負值的Delta代表部位方向偏空）。因此，以小台指加買進8400Call建立的部位是中性略微偏多的；以兩個選擇權8400Call、8500Call履約價建立的部位是中性略微偏空的。

部位的Delta成為中性之後，雖然部位是建立在理論價格的機率分配上，已經佔有機率的優勢，但是投資人仍需考慮機率出現的頻率。假設部位獲勝與虧損的機率是80%比20%，若在合約執行的過程中，先出現虧損的20%的機率——即使我們知道這個部位最後仍有80%的獲利機率——要如何處理這個虧損呢？

處理的方式就是定期評估部位發生虧損的風險。一旦那個20%的風險出現，就將部位再調整為中性，讓獲利的勝算更接近訂價模型所預測出來的結果。不論是使用小台指或是選擇權建立出來的中性部位，都有可以使用的調整方式，本書後續各章節將會提供各種調整的例子，以下使用小台指所建立的中性部位來討論。

原始部位

S8400Call@53×10口，Delta＝(0.298×－10)＝－2.98
B Mtx 8280×3口，Delta＝(1×3)＝3

經過一段時間(假設5天)的行情變動,小台指的價格變動為8190點,這個時候8400Call的Delta值為0.165,權利金是23點,假設波動率沒有改變,我們可以這樣調整:賣出2口小台指、買進4口8400Call使得部位成為:

S8400Call×6口,新的Delta值等於$(0.165 \times -6) = 0.99$

B Mtx×1口,新的Delta值等於$(1 \times 1) = 1$

整體部位的Delta值等於$1 - 0.99 = 0.01$,又恢復中性部位了。

調整部位的盈虧為:

小台指:$(8190 - 8280) \times 2 = -180$

選擇權:8400Call,$(53 - 23) \times 4 = 120$

已實現損失為:$(-180 + 120) = -60$

隱藏利潤為:$[(53 - 23) \times 6] - (8280 - 8190) = 90$點

以上所討論建立部位的方法與調整的過程,是運用選擇權理論價值來進行交易的正確方式,因此我們可以將選擇權理論價值的運用做成以下的結論:

01 買進價格低估的選擇權或賣出價格高估的選擇權。

02 同時將部位調整為中性。

03 定期檢查部位的風險,並將整體部位的Delta值維持在中性。

📖 5－2 Delta值中性(Delta－Neutral)的交易策略

　　大多數選擇權的操作者習慣以研判根本契約未來的走勢,做為制定選擇權交易策略的依據,但是在期貨自營商或法人的操作上,卻習慣使用Delta中性的方式來建立選擇權部位。

　　所謂Delta中性(Delta－Neutral)的交易策略就是在建立部位的時候,不去研判根本契約的未來走勢,將部位的方向維持在中性,即整體部位的Delta值等於零(實務操作上很難做到Delta等於零,因此只要接近於零即可),然後再定期檢視整體部位Delta值的情況,若發現有過度偏離零值的情況,再以動態調整的方式將Delta值重新調整到中性。動態調整的方式不限於將原始部位平倉,也可以在原始部位當中加入新的部位,但是因為每次的調整都必須支付交易費用,所以執行動態調整的頻率不宜過度,否則將會影響整體部位的獲利。

　　Delta值中性的交易可以透過下列的交易策略執行:

01 價格波動率的交易策略。

02 合成部位的交易策略。

　　先討論第2項,建立部位的原則是買進價格偏低的履約價,或賣出價格偏高的履約價,同時在小台指建立一個與選擇權相反的避險部位,並使整體部位的Delta值為中性。

實例：

　　2009年8月10日，台指期貨8月合約的報價為6815點，當時選擇權的隱含波動率為34.2%，高於20天的歷史波動率23.8%，研判在合約的到期日8月19日之前的隱含波動率應該會向20天的歷史波動率收斂，當天的價平履約價報價：

6800Call@140，Delta＝0.51
6800Put@121，Delta＝－0.49

　　由於考量交易成本的關係，投資者決定採用買進遮避賣權（Longing Protective Put）的方式來建立部位，買進價格偏低的選擇權6800Put，同時買進小台指，建立Delta中性的合成部位。當然，資金較充沛的投資人也可以採用賣出遮避買權（Writing Covered Call）的方式建立部位，賣出6800Call的選擇權（需支付保證金），同時買進小台指。

　　使用買進遮避賣權的方式建立Delta中性部位的損益情況：

B6800Put@121×10口，Delta＝－0.49×10＝－4.9
B FMTX（小台指）6815×5口，Delta＝1×5＝5 （期貨的Delta永遠＝1）
整體部位的Delta＝5－4.9＝0.1，已經接近於零的中性部位。

◬ 動態調整

8月14日，台指期貨上漲到7063點，履約價6800Put@11，Delta值＝－0.13，整體的Delta值為－0.13×10＝－1.3，隱含波動率雖下降為29.8%，但卻與20天的歷史波動率18.8%稍微擴大，變成11%（部位建立時是10.4%）。在波動率未收斂反而擴大的情況下，若要將整體部位的Delta值調整為中性，可以採用：

01 增加選擇權的負值部位，即再建立Delta值接近－4的新部位。

02 直接平倉4口小台指，將部位的Delta值減少4。

考量合約即將到期，因此不擬再增加部位，故以賣出4口小台指來調整部位，留下1口小台指，Delta＝1，將整體部位的Delta值調整為(1.3－1)＝－0.3。調整之後，小台指實現獲利(7063－6815)×4＝992點，另外在倉的1口有248點的隱含利潤，選擇權則有(121－11)×10＝1100點的隱含損失。

8月17日，距離8月19日結算日的前2天，投資者發現選擇權的隱含波動率已下降到27.2%，與20天的歷史波動率18.5%相較，已從8月10日建立部位時的10.4%收斂成8.7%，符合當初建立部位時的研判，且已接近到期日，因此將所有部位平倉。

8月17日，台指期貨報價6914點，將剩下的1口小台指平倉，獲利(6914－6815)＝99點，加上已實現的獲利992點，等於1091

點。選擇權6800Put報價27點，平倉10口，共損失$(121-27)\times10$ $=940$點。整體操作共獲利：$1091-940=151$點，約7550元(不計交易費用)。

比較使用賣出遮避買權的方式建立部位的損益情況：

S 6800Call@140×10口，Delta＝$-0.51\times10=-5.1$

B FMTX(小台指)6815×5口，Delta＝$1\times5=5$

整體部位的Delta＝$-5.1+5=-0.1$，接近中性部位。

相同的情況，8月14日的期指上漲到7063點，同時履約價6800Call@274，Delta值＝0.85，整體的Delta值為-0.85×10 $=-8.5$，在波動率擴大的情況下，要調整體部位的Delta值成為中性，可以採用：

01 增加台指Delta值的正值部位，買進3口小台指，使台指部位的Delta變成8，整體部位的Delta值＝$-8.5+8=-0.05$。

02 平倉4口6800Call，將部位的Delta值下降到(-0.85×6) $=-5.1$，整體部位的Delta值＝$-5.1+5=-0.1$。

假設投資者決定增加台指Delta值的正值部位，買進3口小台指7063點。

8月17日，選擇權的隱含波動率已下降到27.2％，與20天的歷史波動率18.5％相較，已從8月10日建立部位時的10.4％收斂到

8.7%，符合建立部位時的研判，且已接近到期日，因此將所有部位平倉。

6800Call報價141點，平倉10口，共損失(141－140)×10＝10點。小台指的報價6914點，損益情況為：(6914－7063)×3＋(6914－6815)×5＝48點。整體部位有48－10＝38點，約1900元的獲利(不計交易費用)。

提供這兩種不同的操作方式，讓有興趣操作Delta值中性交易策略的投資者參考。

(關於使用賣出遮避買權或買進遮避賣權建立部位的策略，將在5－42節〈台股指數期貨避險的4個選擇權避險策略〉中討論。)

🎣 5－3 波動率和波動幅度

討論價格波動率的交易策略之前，先釐清一下波動率與波動幅度的差別。選擇權的風險值Vega（ν），又稱為標的物價格波動的敏感度，代表波動率每變動1%對權利金的影響，但是選擇權的波動率下跌，股價指數的波動幅度和價位卻不一定跟著下跌。

以台灣加權指數股價期貨為例

隱含波動率在2009年11月27日台股跳空下跌的當天，到達近期的高點25.75％之後便開始下降，在12月11日來到最低18.87％，但是台灣加權指數期貨的收盤價卻從11月27日的低點7440點，上漲到12月11日收盤價的7792點，波動率下降了約7％，短期20天的歷史波動率則在21%上下不到2%的幅度中震盪，但指數卻上漲了352點，若以11月27日的高點7630點計算到12月11日的高點7793點，也有將近160點的漲幅（參考附表）。

日期	隱含波動率	台指期貨指數	20天歷史波動率
2009/11/27	25.75	7440	21.71
2009/11/30	23.67	7557	20.46
2009/12/01	22.44	7557	20.56
2009/12/02	21.79	7689	20.58
2009/12/03	22.96	7697	20.56
2009/12/40	23.63	7592	19.98
2009/12/07	22.04	7754	21.05
2009/12/08	20.97	7757	20.90
2009/12/09	20.56	7793	20.74
2009/12/10	20.38	7639	21.94
2009/12/11	18.87	7792	22.61
2009/12/14	19.18	7831	22.66
2009/12/15	19.83	7799	22.71
2009/12/16	19.54	7753	22.00
2009/12/17	21.06	7691	21.95
2009/12/18	20.33	7701	21.81
2009/12/21	19.87	7753	21.59

　　因此，如果要根據近期市場的波動率來建立或調整部位，就要注意「波動率下跌波動幅度不一定跟著下跌」這種情況了！

　　11月27日的P／C OI Ratio因台股跳空下跌而來到高點，隨後因為台股的反彈而逐步下降，直到台股12月合約結算的前2天（12月14日）來到近期的低點0.822之後才開始反彈，並且在12月17日台股元月合約開始的第一個交易日當天的賣權未平倉量，自9月

16日以來第一次高於買權，推升P／C Ratio的比值大於1(參考附圖)。

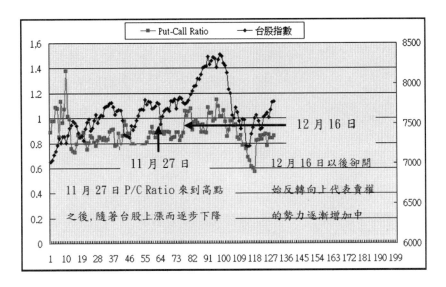

探討原因可能是外資因為聖誕假期為了避險的考量所做的布局，而且外資因為假期而離場，所以市場預期這段期間的行情波動幅度將不會太大，而隱含波動率反應市場的預期心理，因此在預期未來行情的波動幅度不會太大的情況下，雖然台股指數期貨沒有下跌，但波動率卻領先下跌。

5－4 利用歷史波動率推估未來可能的價位落點

常被使用到的公式

$$X = Se\hat{\ }(z\sigma D)$$

X＝未來的價位落點

S＝目前的價位

e＝自然指數

z＝標準差的個數

ˆ＝開平方

D＝距離未來目標的天數

　　而標準差的個數(z)，在不同的市場狀況之下會有不同的變數，所以估算出來的波動幅度會不一樣，大於1的標準差，會使波動幅度變大；小於1的標準差，會使波動幅度變小。但是在波動幅度變大或變小的過程中，波動率也可以維持不變；換言之，波動率相同，波動幅度不一定相同，這就是波動率和波動幅度不同之處。以台股指數為例，若隱含波動率開始逐日下降，代表行情已進入末升段的拉抬，即將進入盤整，因此在建立選擇權部位的時候，就要以賣方為主要考量的策略；反之，若隱含波動率開始逐日上升，代表行情已進入盤整期的末端，即將出現趨勢，這個時候建立選擇權的部位，就要以買方的策略為主要考量。

5－5 選擇權的波動率交易策略

選擇權波動率的交易策略可以在不考慮根本契約未來的走勢下，以部位的Delta值中性為標準來建立部位，而波動率的交易策略可分成：

01 價差交易策略：分為垂直價差策略與比例價差策略。

02 價和交易策略：所謂的跨式或勒式部位。

以上二種不同型態的策略，在建立部位之前，首先需要考慮的是要站在買方的立場或是賣方的立場。如果站在賣方的立場，選擇履約價的時候，儘量以價外為主，因為價外履約價的Delta值會逐漸變小，連帶的也會使Gamma值變小，符合賣方不希望行情大幅波動的期望；如果站在買方的立場，選擇履約價的時候，儘量以價內或價平為主，因為價內或價平履約價的Delta值會逐漸變大，連帶的也會使Gamma值變大，符合買方希望行情大幅波動的期望。

◢ 隱含波動率

所謂隱含波動率就是根據選擇權目前的市場價格，輸入訂價模型去反向推算出標的物價格變動的速度，也就是說，隱含波動率反映出目前個別履約價權利金的市場價格，而權利金越高，代表市場對該個別履約價進入價內的期望值也越高；反之則越低。

　　但是，隱含波動率所代表的市場價格與透過B－S訂價模型所計算出來的理論價格會有落差，而造成這種落差最主要的原因是在B－S訂價模型中所輸入的歷史價格波動率不一定就等於隱含波動率，這兩者之間所產生的落差，就是投資者進行價差交易的動機。

　　同樣的，不同履約價之間的隱含波動率也會因為對根本契約波動幅度的變動有不同的反映而有不同的隱含波動率。

◭ 價差交易的理論

01 Call的市場價格大於理論價格（即隱含波動率大於價格波動率），則建立買權空頭價差部位，同時將Delta調為中性。

02 Call的市場價格小於理論價格（即隱含波動率小於價格波動率），則建立買權多頭價差部位，同時將Delta調為中性。

　　以上在把部位Delta值調整為中性的過程中，會使得部位形成買權比例價差或買權逆比例價差（買方口數大於賣方口數就形成逆比例價差）。

01 Put的市場價格大於理論價格（即隱含波動率大於價格波動率），則建立賣權空頭價差部位，同時將Delta調為中性。

02 Put的市場價格小於理論價格（即隱含波動率小於價格波動率），則建立賣權多頭價差部位，同時將Delta調為中性。

同樣的，在調整部位Delta值為中性的過程中，會使得部位形成賣權比例價差或賣權逆比例價差(買方口數大於賣方口數就形成逆比例價差)。

◢ 價和交易的理論

01 若研判波動率在短期內不會有太大的變化，這時建立部位就要以賣方的立場來思考，選擇較價外的履約價建立部位(如賣出勒式部位)，並將整體部位的Delta值調整為中性。

02 若研判波動率在短期內即將有大的變化，這時建立部位就要以買方的立場來思考，選擇價內或價平的履約價建立部位(如買進跨式部位)，並將整體部位的Delta值調整為中性。

　　以上交易策略將陸續以實戰例子討論部位建立的方式與動態調整的過程。

5-6 不同隱含波動率的選擇權交易策略

不同的隱含波動率有各種不同的選擇權交易策略，但有時候在相同的情況下，可能會有許多種不同的交易策略可供挑選，現在把不同隱含波動率的選擇權交易策略整理如下表，提供投資者一些參考。

行情方向	隱含波動率		
	偏低	中性	偏高
偏空	買進買權	賣出期貨	賣出賣權
	看空垂直價差交易： 買進價平買權／賣出價內買權 買進價平賣權／賣出價外賣權		看空垂直價差： 買進價平買權／賣出價內買權 買進價平賣權／賣出價外賣權
	賣出價外買權，價內賣權的蝶式價差部位		賣出價內買權，價外買權的蝶式部位價差
	買進價內買權，價外買權的時間價差交易		買進價外買權，價內買權的時間價差交易
中性	逆比例價差交易： 買進跨(勒)式部位	不進場交易	比例價差交易： 賣出跨(勒)式部位
	賣出價平買權或賣權的蝶式價差交易		買進價平買權或賣權的蝶式價差交易
	買進價平買權或賣權的時間價差交易		賣出價平買權或賣權的時間價差交易
偏多	買進買權	買進期貨	賣出賣權
	看多垂直價差交易： 買進價平買權／賣出價外買權 買進價平賣權／賣出價內賣權		看多垂直價差交易： 買進價內買權／賣出價平買權 買進價外賣權／賣出價平賣權
	賣出價內買權，價外賣權的蝶式價差交易		買進價外買權，價內賣權的蝶式價差交易
	買進價外買權，價內賣權的時間價差交易		賣出價內買權，價外賣權的時間價差交易

　　由於各種策略的風險與報酬結構不同，因此投資者可以基於自己對風險與報酬的考量，採取不同的交易策略。

　　投資者對於隱含波動率到底是處於「偏低」、「中性」還是「偏高」的看法又各有不同，但無論解讀為何，如果對於波動率或行情的方向沒有自己特定的研判，就無法從各種選擇權策略中，挑選出最適合自己看法的交易策略，此時應該先退出市場，等到有自己特定的看法或市況明朗時，再進場交易。

✍ 5－7 價格波動率交易策略

◇ 價格波動率交易理論

01 Call的市場價格＞理論價格：建立買權的空頭部位，並維持Delta中性。

02 Call的市場價格＜理論價格：建立買權的多頭部位，並維持Delta中性。

03 Put的市場價格＞理論價格：建立賣權的空頭部位，並維持Delta中性。

04 Put的市場價格＜理論價格：建立賣權的多頭部位，並維持Delta中性。

◇ 隱含價格波動率偏低的交易策略

假設台股大盤上漲85點，收盤價為8057點，當時價平履約價的報價：

履約價	市價	理論價	Delta值	隱含波動率
8100 Call	122	150	0.46	17.35%
8100 Put	164	190	－0.54	17.91%

根據價格波動率交易理論的第2項以及第4項，應該要建立買進買權以及買進賣權的部位；同時，整體市場的隱含波動率從

18.44%上升到18.66%，短期20天的歷史波動率也從21.90%微幅上揚到21.92%，符合作多選擇權的條件。因此在隱含波動率偏低但已開始出現回升，且符合波動率交易理論第2項及第4項的情況下，建立買進跨式部位，並將Delta值維持在接近中性：

B 8100 Call@122×6口，部位的Delta值等於0.46×6＝2.76

B 8100 Put@164×5口，部位的Delta值等於－0.54×5＝－2.70

整體部位的Delta值為2.76－2.70＝0.06，接近中性。

後續情況：

01 假設Delta值在3～5個交易日之內，沒有如預期的上漲，就將所有部位停損出場。

02 假設Delta值如預期上升，且不論Put或Call，只要其中一個種類的隱含波動率接近20天的歷史波動率，就將所有部位獲利出場。

另一種建立部位的方式：

除了上文討論的，使用Delta值為中性的方式來建立部位外，Delta值中性代表在建立部位的當時，並不對未來的行情走勢做出研判。但若是投資人在波動率偏低的情況下，研判波動率即將上升，且對於未來的行情走勢有特定的看法，則可以不採用Delta值中性的方式建立部位，改使用逆比例價差的方式，可提高獲利的

幅度，但相對的風險也會略高於Delta值中性的部位。逆比例價差
交易有二種策略，一種是買權逆比率價差，一種是賣權逆比率價
差。

⇒ 逆比例價差交易——買權逆比率價差

◬ 研判未來行情將大幅上漲時使用

部位建立的方式：

　　賣出1個低履約價的買權，買進2個以上高履約價的買權，以
12月29日的台股為例子：

　　台指期貨1月合約收盤價8059，選擇權Call的報價數據如下：

履約價	市價	理論價	Delta值	隱含波動率
8000	173	199	0.57	17.56%
8100	120	149	0.48	17.29%

◬ 買權逆比例價差

S 8000 Call@173×1口
B 8100 Call@120×2口

　　整體部位的Delta值等於$(0.48×2)-(0.57×1)=0.39$，部位
方向偏多。

損平點的計算方法：

$$[(履低價＋權利金)－X]×口數$$
$$=[(履高價＋權利金)－X]×口數$$

因此部位的損平點(X)

$$(8000＋173)－X=[(8100＋120)－X]×2$$
$$X=8267點$$

損益分析：獲利無限，風險有限。

到期前出場：

01 獲利情況：買進買權的權利金總和，減去賣出買權的權利金之差，大於支出的權利金。

02 虧損情況：買進買權的權利金總和，減去賣出買權的權利金之差，小於支出的權利金。

到期結算：

結算價高於損平點則開始獲利，低於損平點為虧損，最大虧損為支出的權利金。

◢ 隱含價格波動率偏高的交易策略

假設投資者發現某個台指合約的報價如下，收盤價7450點，當時價平履約價的報價：

履約價	市價	理論價	Delta值	隱含波動率
7500 Call	190	160	0.48	24.6％
7500 Put	285	232	-0.52	29.5％

根據價格波動率交易理論的第1項以及第3項，應該要建立賣出買權或是賣出賣權的部位；同時，整體市場的隱含波動率正從27.14％下降到24.1％，短期20天的歷史波動率27.85％，高於長期歷史波動率25％的平均值。由於歷史波動率有回歸長期均值的特性，且7500履約價的隱含波動率也高於市場波動率，因此建立賣出跨式部位，作空波動率，並將Delta值維持於接近中性。

S 7500 Call@190×10口，部位的Delta值等於0.48×-10＝-4.8

S 8100 Put@164×9口，部位的Delta值等於-0.52×-9＝4.68

整體部位的Delta值為-4.8＋4.68＝-0.12，接近中性。

後續情況：

01 假設隱含波動率沒有如預期的下降，反而上升，若評估為短期的現象，就將部位再調整為中性；若發現波動率將再持續上升一段時間，應將所有部位先停損出場，等待適當時機再重新建立部位。

02 假設隱含波動率如預期下降，則不論Put或Call，只要其中一個種類的隱含波動率接近整體市場的隱含波動率或歷史波動率，就將所有部位獲利出場。

⇒ 逆比例價差交易──賣權逆比率價差

◭ 研判未來行情將大幅下跌時

使用部位建立的方式：

　　賣出1個高履約價的賣權，買進2個以上低履約價的賣權。

　　同樣的例子，收盤價7450點，選擇權Put的報價數據如下：

履約價	市價	理論價	Delta值	隱含波動率
7500	285	232	-0.52	29.50%
7400	235	181	-0.44	29.58%

◬ 賣權逆比例價差

S 7500Put@285×1口

B 7400Put@235×2口

整體部位的Delta值等於$(-0.52\times1)+(-0.44\times2)=-0.36$，部位方向偏空。

損平點的計算方法：

$$[(履高價-權利金)-X]\times口數$$
$$=[(履低價-權利金)-X]\times口數$$

因此部位的損平點(X)：

$$(7500-285)-X=[(7400-235)-X]\times2$$
$$X=7115$$

損益分析：獲利無限，風險有限。

到期前出場：

01 獲利情況：買進賣權的權利金總和，減去賣出賣權的權利金之差，大於支出的權利金。

02 虧損情況：買進賣權的權利金總和，減去賣出賣權的權利金之差，小於支出的權利金。

到期結算：

結算價低於損平點則開始獲利，高於損平點為虧損，最大虧損為支出的權利金。

以上交易策略提供對行情有特定看法的投資者另一個建立部位的參考。價格波動率的交易策略，除了以上所舉的例子之外，以垂直價差建立部位的方式也廣為投資人所使用。

5－8 買權逆比例價差的避險策略

買權逆比例價差策略的使用時機，是投資者研判行情可能會大漲，因此想要擴大行情上漲的利潤，但又要控制萬一行情下跌時的損失，所使用的選擇權交易策略。

假設投資者研判台指的結算行情將上漲，想要獲取上漲的利潤，但又擔心行情不如預期，因此當指數行情在7700點左右的時候，建立了一組買權逆比率價差部位：

S7600Call@147×1口，Delta＝0.698

B7700Call@83×2口，Delta＝0.494

部位損平點(X)＝(7600＋147)－X＝[(7700＋83)－X]×2

X＝7819點

Delta值＝(0.494×2)－0.698＝0.29，部位偏多。

若結算時行情上漲超過7819點就有獲利，最大有理論上的無限獲利；結算在7819點以下則會有虧損，最大損失是損平點7819點減去7700，等於119點；若結算在7600點以下，則只有最小損失19點。

若行情不如預期的上漲，仍然持續在7700點左右整理，部位將會有最大虧損產生，為了規避行情陷入整理而造成部位的最大

虧損，投資者可以在建立買權逆比例價差的同時再建立2組賣出賣權避險：S7600Put@52×2口，Delta＝0.30，將整體部位的損平點下降到7819－(52×2)＝7715點，接近建立部位時的指數位置，Delta值則提高為0.29＋(030×2)＝0.89，也接近一口期指的Delta值。

後續結果：

01 若行情結算在7715點以上，部位開始有獲利，理論上有無限大的獲利。

02 若結算在7685～7715點之間，會有虧損，最大損失15點。

03 結算在7558～7685點之間，也會有獲利，結算在7600點有最大獲利85點。

04 結算價在7557.5點，會有虧損，理論上有無限大的損失，這時候可加空1口小台指，做第2次避險。

到期損益分析圖：

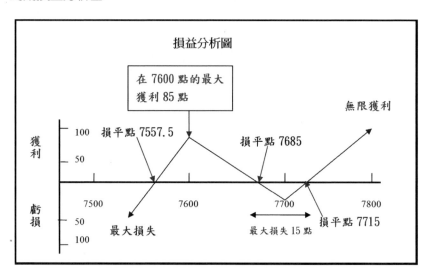

5-9 波動率交易策略——實戰的例子

　　12月台指期貨選擇權在2009年11月24日收盤前，價平附近買權的各項數據如下：

　　台指期貨＝7698點，距離12月16日到期日＝16個交易日，20天的歷史波動率＝17.43％，60天的歷史波動率＝19.73％，年度化歷史波動率＝33.4％。

Call：

履約價	Delta值	市價	隱含波動率	理論價
7700	0.52	169	22.03％	152
7800	0.41	122	21.72％	107
7900	0.32	86	21.64％	73

Put：

履約價	Delta值	市價	隱含波動率	理論價
7700	－0.48	168	22.67％	146
7600	－0.38	126	23.20％	101
7500	－0.28	89	23.21％	66

　　從以上的報價資訊發現，不論是買權或是賣權的市價都高於理論價，因此也可證明，價平附近履約價的隱含波動率有偏高的傾向。

　　從下圖中發現，不論是短期的(20天以及60天)歷史波動率或是隱含波動率，都是呈現下降的趨勢，且已經跌破長期(年度化)的波動率。

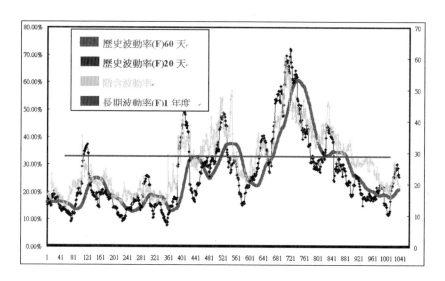

　　再從下表觀察從11月16日開始，一個星期的波動率數據，也發現整體的隱含波動率持穩在23％～24％之間，但短期的歷史波動率卻呈現下降的趨勢。

交易日期	隱波I.V	20天歷史波動率	60天歷史波動率
2009/11/16	24.44	17.91	20.26%
2009/11/17	23.99	18.20	20.19%
2009/11/18	23.16	18.16	20.11%
2009/11/19	23.76	18.58	20.04%
2009/11/20	23.13	18.51	19.97%
2009/11/23	23.40	17.45	19.88%
2009/11/24	23.21	17.43	19.73%

　　波動率在理論上雖然有回歸長期均值的特性，但需要長時間的走勢蘊釀，而短期的波動率有「叢聚效果」的特性(也就是波動率越高，就會帶動其它履約價的波動率也越高；波動率越低，則會帶動其它履約價的波動率向著低波動率的方向聚集)，台指期貨的交易合約每個月都會到期一次，因此在研判波動率的趨勢上，使用叢聚效果來做判斷，會比使用回歸長期均值的方法更具參考性。因此，根據以上判斷，在隱含波動率雖然偏高，但卻呈現持穩或下跌的趨勢且，短期歷史波動率也呈現下降的情況下，建立賣方部位有極高的理論性勝算。

　　11月24日收盤之前建立：

S7500Put@89×6口，Delta＝－0.28×－6＝1.68

S7900Call@86×5口，Delta＝0.32×－5＝－1.6

整體部位的Delta值等於1.68－1.6＝0.08，已接近中性。

部位將隨著波動率的變化調整，同時將整體部位的Delta值維持在中性。

到期損益圖：

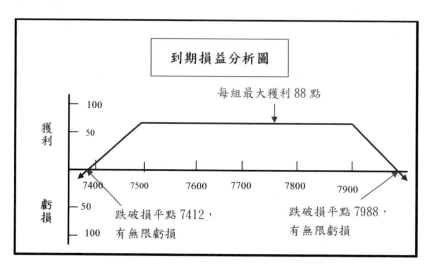

到期損益分析圖

每組最大穫利 88 點

獲利

100
50

7400　7500　7600　7700　7800　7900

虧損

50
100

跌破損平點 7412，
有無限虧損

跌破損平點 7988，
有無限虧損

✍5－10 價格波動率與實際價格變動的觀察

　　B－S評價模型所提供的各項風險值以及理論價格，是目前市場上最常被投資人用來制定選擇權波動率交易策略的依據，而策略能否成功獲利的主要因素，在於其所提供之數據的正確性，而影響此數據正確性的關鍵，便是所輸入的評價模型價格波動率是否正確。

　　由於無法直接觀察價格波動率的正確性，因此投資人需要藉由某種方法來判斷所使用的價格波動率，是否符合市場實際的價格變動，或接近市場的實際脈動。這也是選擇權波動率交易策略與一般方向性交易策略不同的地方，後者不需考慮到波動率，只要對未來的方向走勢研判正確，部位就可以成功，而選擇權的波動率交易策略則需借重波動率，因此投資人在制定波動率交易策略之前，必須先研判所輸入的評價模型價格波動率是否正確。

　　舉例來說，假設台股指數的價位是7600點，距離到期日還有20天，投資人以15％的價格波動率計算選擇權的理論價值與風險值，則每天價格變動的標準差大約是：

$$(15\% \div 20) \times 7600 = 57點（1個標準差）$$

　　經過5個交易日之後，投資人以收盤價對收盤價，計算台股指數的價格變動為－35、－19、46、36、－47，若以1個標準差57

點來看，則價格的變動至少每3個交易日，就要有1個交易日的價格變動超過57點，或在5個交易日之內，就要有1~2個交易日的價格變動超過57點。可是以上面實際變動的點數來觀察，並沒有任何1個交易日的價格變動超過57點，這代表投資人使用15%的價格波率顯然是高估，除非投資人認為這5個交易日因為受到某種特殊情況（比如連續價日或即將宣布重大政策）的影響，使得市場的交易冷清或陷入觀望的氣氛，並且相信在假期過後或重大政策宣布之後，市場將恢復15%的價格波動，否則應該重新計算新的波動率。

若將價格波動率修正為12%，則每天價格變動的標準差大約是：

$$(12\% \div 20) \times 7600 = 45.6 點（1個標準差）$$

對照上面5個交易日的價格變動，其中有2個交易日的價格變動高於45.6點，因此可以研判12%的價格波動率比較符合市場的實際價格變動。投資人輸入評價模型中的波動率就應該使用12%，這樣評價模型所提供的風險值與理論價值的數據會比較正確，根據這些數據所制定的波動率交易策略的成功機率也會跟著提高。

另外假設一種情況，若是以15%的價格波動率計算出來的價格變動為57點，但是經過5個交易日之後的價格變動為60、−35、78、−25、118，有3個交易日的價格變動超過57點，且其中有1天

的價格變動幅度為118點，大於2個標準差（57×2＝114點），這應該是20個交易日才會發生的情況，因此同樣的，除非投資人認為這5個交易日的情況特殊，不久市場將恢復15％的價格波動，否則15％的波動率為低估，投資人應重新計算並將波動率調高。

5－11 價格波動率交易策略的極限

由於B－S評價模型在先天上有不可避免的缺陷，所以不論投資人對風險值的取樣多麼周詳，也無法預測出準確的價格波動率，還可能與實際市場的波動率產生極大的誤差，使得有些投資人不再追求精確的價格波動率，轉而以比較目前市場上不同期間的歷史波動率與隱含波動率偏離的情況，來制定他們認為有最大獲勝機率的選擇權交易策略。

投資人在根據已知的波動率來制定交易策略之前，通常會評估以下幾個問題：

01 根本契約年度化的歷史波動率。

02 20天或60天的短期歷史波動率與目前隱含波動率的關係。

03 目前隱含波動率的趨勢是處在上升或下降的狀態。

04 目前短天期歷史波動率的趨勢如何。

05 選擇權的交易策略是要交易長期或短期的波動率。

06 波動率的穩定性如何。

以台股選擇權的波動率來舉例（如圖）：

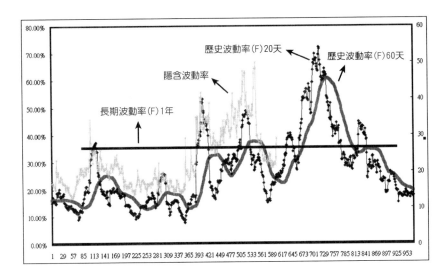

假設投資人想要建立一個還有25天到期的台指選擇權波動率交易策略，觀察圖表中20天期、60天期的短期歷史波動率，與隱含波動率和年度化波動率的關係，發現，目前不論20天期、60天期的歷史波動率或隱含波動率的趨勢，皆處在下降的狀態，而且不久之前才都剛跌破年度化的歷史波動率（長期的波動率），顯然目前台股選擇權的波動率正處於一個下跌趨勢的初期，因此在隱含波動率高於短天期的歷史波動率的情況下，應該要制定一個空頭的波動率交易策略，較符合市場目前的波動率現況。

當然，同樣是作空波動率的交易策略也有不同的選擇，若採取比較保守的空頭波動率交易策略有：買進蝶式價差、買進兀

鷹價差；採取比較高風險的空頭波動率交易策略有：買權比例價差、賣權比例價差。如果採用高風險的交易策略，則建議部位不宜太大；若是研判未來波動率的穩定性極高，在合約期間變動的百分比不大，則可採用更積極的高風險策略(價和交易策略)：賣出跨式或賣出勒式部位。

同樣的，在建立波動率交易部位的時候，仍然要在可能的範圍內，將整體部位的Delta值調整為中性。

5－12 比例價差部位的優缺點

比例價差部位的組成口數與逆比例價差相反，是賣出的口數大於買進的口數，又可分為：買權比例價差、賣權比例價差。而逆比例價差部位的組成口數，是買進的口數大於賣出的口數。

不論是比例價差或逆比例價差，投資人在建立部位的時候，都可以利用買賣口數的不同將部位調為中性。

◢ 比例價差部位的優點

延長獲利區間的功能：

假設台指期貨行情在4350點附近的時候，投資建立了看漲的垂直價差部位。

B4300Call @150×1口、S4400Call @100×1口，部位的損平點為4350點，或是單純的買進4400Call@100×1口，部位的損平點為4500點。而行情已上漲到前波的壓力4650點附近，研判再上漲的空間有限，投資人一方面希望可以獲取行情持續上漲的利潤，維持戰果，另一方面又不希望萬一行情回檔修正的時候，失去原先已獲得的利潤，此時便能多建立一口賣出履約價4400Call的部位(單純買進4400Call要建立2口賣出4500Call)，使得原始部位變成比例價差部位：

B4300Call@150×1口
S4400Call@100×1口
S4400Call@300×1口

使整體部 位的損平點調高為4750點，如此一來便可將利潤凝聚在上檔或接近價平區間的附近，不但可延長獲利的戰線，也不至於在行情回檔時，讓原有的利潤消失掉。

單純買進4400Call加上2口賣出4500Call所組成的比例價差部位，也具有同等的效果，但如果行情順利突破前波壓力4650點，持續上漲，則比例價差部位將有理論上的無限大損失，這是比例價差部位的最大缺點，在這種情況下，應將部位再做適當的調整，最快的方式是加入1組看多的小台指期貨，將部位再改成看多的方向。

修補虧損區間的優點：

由於多賣出一口選擇權，使得凝聚在價平附近的三角獲利區間，對於其它部位產生修補虧損的作用。繼續以上的例子，如果多賣出的一口選擇權不是價內履約價4400Call，而是更價外的履約價，如：B4300Call@150×1口、S4400Call@100×1口，加上S4700Call@70×1口，則這種將利潤凝聚在價平附近的效果就會降低，也就是盈虧比例下降，但卻可以將損平點延長到更遠的4820點 $[(4700+70)+(4400+100)]-(4300+150)=4820$ 點，以提高

部位的成功機率，或是在原始的看漲垂直價差部位，再加上一組
看跌的比例價差部位，如：

　　B4300Call@150×1口、S4400Call@100×1口，加上
S4700Put@170×1口、B4600Put@115×2口，這樣可以使整體部位
多出一個4600/4700的獲利區間，雖然限制了行情持續上漲時的利
潤，但卻可以達到修補虧損區間的效果。

　　以上的例子是以看漲的情況來舉例，若是看跌的情況，就反
向思考布局！

◢ 比例價差部位的缺點：

　　部位在理論上有無限大的風險。

　　投資人在行情趨勢尚未完全明朗化的階段，可以先採取保守
的垂直價差交易策略，將利潤與風險控制在一定的範圍，等行情
走出預期的趨勢之後，再透過將部位調整為比例價差的方式，鎖
住已經實現的利潤並延長戰線以擴大戰果，若行情不如預期，則
建議不做調整，直接將原來的垂直價差部位平倉即可。

📝 5-13 價差交易的敏感度與策略

透過本書1-13瞭解選擇權的風險值(Greeks)如何影響部位的運作之後,接下來討論風險值在價差交易裡的敏感度分析。

每一個選擇權的履約價都各有其Delta值(δ)、Gamma值(Γ)、Theta值(θ)以及Vega值(ν)值,與代表利率變動敏感度的Rho值(ρ),但由於指數選擇權與利率變動的關係極小,因此省略不討論。

交易者在市場建立部位(不論是期貨或是選擇權)的目的都是為了獲利,而選擇權可以透過部位的δ值、Γ值、θ值以及ν值,去研判行情變動對於部位的影響,所以如果對市況的研判正確,在期貨的Delta值等於1,而且不受Greeks變化的影響之下,操作期貨必定可以獲利;但操作選擇權就不一定可以獲利了。

因此,即使對行情方向的研判正確,但是卻因為部位風險值因子的Vega值為負值(或正值),受到隱含波動率的上升(或下降)的影響,而使得原本可以獲利的操作變成無利可圖甚至於虧損,是最讓選擇權的交易者心痛的一件事情。這意味著建立選擇權的部位,應該具有正值的理論性勝算,才會有較大的獲勝機率,而部位的理論性勝算是所有個別履約價理論性勝算的總和,也就是說,建立選擇權複式(組合)部位,雖然獲利受到限制,但理論性勝算會比單純的裸露部位來得高。

　　註：所謂選擇權複式部位的獲利受到限制，是指部位建立之後，即持有到結算而言，但投資者若在交易期間對行情的變動方向有一定程度的把握，也可以透過調整原來的複式部位，利用小小的風險去擴大部位的獲利。

　　以下是選擇權各種部位的理論性勝算與部位的風險值δ值、Γ值、θ值以及ν值，投資者在建立部位之前，應該仔細分析每個個別部位的風險值，瞭解需要承擔的風險；如果理論性的評估正確，部位是否可以獲利？部位會因為行情的變動而受惠或受到傷害？(參考附表)

部位的δ值(避險比例)	投資者希望根本契約
正值	上漲
負值	下跌

部位的Γ值(曲度)	投資者希望根本契約價格的變動速度
正值	加快，但不管價格變動方向
負值	減慢，但不管價格變動方向

部位的θ值(時間價值銷耗)	時間經過將使得部位的價值
正值	上升
負值	下降

部位的ν值(波動率)	投資者希望波動率
正值	上升
負值	下降

　　投資者建立波動率的價差交易時，主要考量的是根本契約的價格變動幅度，至於價格變動的方向則只佔有次要的地位（從曲度的特性可以看出），也就是說價差交易部位的 δ 值基本上是中性的，因此如果建立部位時的 δ 值過大，則投資者對方向的考量是大於對波動率的考量的，這種部位就不能被稱為是價格波動率的價差交易部位了。

　　在Delta值中性（接近於零）的情況下，價差交易的部位如果會因為根本契約的價格變動（不論是向上變動或向下變動）而獲利，它的Gamma（Γ）值一定是正值，這些部位包含：

01 逆比率價差交易。

02 買進跨式或勒式。

03 賣出蝶式或賣出兀應價差交易。

04 賣出時間價差交易。

　　以上部位又稱為作多權利金部位，它們希望行情劇烈波動，根本契約發生重大走勢，則部位就可以獲利，而這些部位風險值的表現是：

$$Γ 值 = 正值$$
$$θ 值 = 負值$$
$$ν 值 = 正值$$

同樣的，在Delta值中性(接近於零)的情況下，價差交易的部位如果會因為根本契約的價格的劇烈變動(不論是向上變動或向下變動)而受害，它的Gamma(Γ)值一定是負值，這些部位包含：

01 比率垂直價差交易。

02 賣出跨式或勒式。

03 買進蝶式或買進兀應價差交易。

04 買進時間價差交易。

以上部位又稱為作空權利金部位，它們希望行情穩定，根本契約在特定區間整理，則部位就可以獲利，而這些部位風險值的表現則是：

$$\Gamma\ 值 = 負值$$
$$\theta\ 值 = 正值$$
$$\nu\ 值 = 負值$$

5－14 建立價差部位的優點

　　選擇權的權利金價格大部分都是根據機率法則，透過B－S評價模型來計算的，假如投資者在建立部位之前，對於機率(也就是價格波動率)的預測完全正確，但是機率理論的有效性是必須經過長時間的不斷運作才能夠顯示出來的，也就是說，投資者建立的部位在某些情況下，需要經過長期的持有才能夠有機會從價格的偏離中獲利，但是若在持有部位期間，行情發生不利部位的變動，比如持有賣出買權的部位卻碰上行情大幅度的上漲，投資者若想要繼續擁有該部位，就必須增加保證金的額度，這可能讓投資者因為資金上的困難而無法繼續持有部位，被迫在合約到期之前結束部位(停損)。

　　因此，縱使在建立部位之前，對於輸入評價模型所需要的風險值(波動率)的研判完全正確，但因為短期的行情發生不利部位的變動而無法長時間持有，也未必能保證獲利，更何況在大多數投資者對於機率以及其它風險因子的研判並不一定正確的情況下，要獲利的難度就更高了。

　　價差交易正好可以幫助投資者降低這種依照機率法則，而建立的部位在短期內可能受到不利影響的因素，因為價差交易的特性不僅允許投資者長時間持有部位，讓機率法則有時間充分發揮作用，也可以防止評價模型因為輸入的風險因子不正確所帶來的傷害。

假定台指期貨7695點，投資者在台指選擇權合約中以價格波動率22.48％輸入B－S評價模型，發現履約價7700Call的價格有偏頗的現象，理論價值為96點，但市價為118點，若7700Call的Delta值等於0.507，投資者賣出2口7700Call@118並買進1口小台指7695點(註)，理論性勝算是(118－96)×2＝44點

(註) 7700Call的Delta＝0.507賣出 2口，Delta＝0.507×2＝1.04，等於1口小台指。

一組2×1的部位有44點的獲利，如果是100組就有4400點的獲利，但投資者是否應該在發現某個策略有理論上的獲利潛能時，就將所有的資金全部押進市場，藉以追求最大的利潤呢？

穩健明智的投資者不會只考慮獲利的潛能，他會將潛在的風險也一併考慮進去，因為22.48％的價格波動率只是預測的，萬一實際的波動率高於22.48％，則理論價值將不再是96點；若實際的波動率是30％，則理論價值就變成128點，那麼整體部位將從每組獲利44點，變成虧損(118－128)×2＝20點。

因此風險是投資者永遠必須考量的第一因素，以上面的例子而言，如果投資者可以忍受波動率與預估值22.48％有3％的幅度差距，即實際的價格波動率為25.48％，則7700Call的理論價值就

變成108點，在還有些許利潤(118－108＝10點)可圖之下，投資者也許願意投入較多的資金來建立部位，但實際的波動率真的可能只有25.48％嗎？任誰也無法給肯定的答案。

因此，好的方式就是建立看空的價差部位：

B7700Call@118

S7600Call@178

部位的風險(40點)與利潤(60點)已經固定，因此可以提供較大的安全空間，讓機率理論有充分的時間去運作，即使錯估了價格波動率，所承擔的風險也是有限的。

5-15 理論性勝算在價差交易上的應用

接下來討論如何使用理論性勝算來建立選擇權的價差部位。

假設台股選擇權理論價值的報價如下：

台指期貨＝6881，距離到期日＝19個交易日，無風險利率＝1.25％，波動率＝28.02％。

選擇權履約價	理論價值	Delta值
6800 Call	264.9	0.58
6900 Call	212.9	0.51
7000 Call	168.2	0.44
6800 Put	165.6	－0.42
6900 Put	213.3	－0.49
7000 Put	268.5	－0.56

若投資者看多未來行情，因此希望建立一個多頭價差的部位，以買權為例，他可以選擇建立：

01 B6800Call@264.9

S6900Call@212.9

02 B6900Call@212.9

S7000Call@168.2

這兩種價差交易的理論價值為：

價差部位	理論價值	Delta值
6800/6900Call	264.9－212.9＝52	0.58－0.51＝0.07
6900/7000Call	212.9－168.2＝44.7	0.51－0.44＝0.07

兩個價差部位的Delta值都是0.07，看起來6900/7000Call的部位似乎比較理想，因為它所支出的權利金較少，可是這是唯一的選擇嗎？投資者在市場交易選擇權時，都希望能建立一個理論性勝算為正值的部位以提高獲勝的機率，因此支付成本的高低似乎不是唯一的選擇，部位的勝算也需要考慮進去。而為了達成建立一個理論性勝算較高部位的目標，投資者還需要知道價差交易的市場實際價格。

以上面的例子而言，投資者是以波動率28.02%輸入評價模型所計算出來的理論價值，可是，如果市場實際的隱含波動率不等於28.02%，那價差交易的價格會如何改變呢？我們嘗試以不同的波動率30.16%以及26.08%輸入訂價模型計算出相關選擇權履約價的價值，並同時顯示波動率28.0%的選擇權價值。

價格波動率	6800Call	6800/6900Call 價差部位	6900Call	6900/7000Call 價差部位	7000Call
26.08%	238.9	238.9－188.5 ＝50.4	188.5	188.5－145.1 ＝43.4	145.1
28.02%	264.9	264.9－212.9 ＝52	212.9	212.9－168.2 ＝44.7	168.2
30.16%	270.1	270.1－219.1 ＝51	219.1	219.1－175.1 ＝44	175.1

價格波動率	6800Put	6800/6900 Put 價差部位	6900Put	6900/7000Put 價差部位	7000Put
26.08%	152.9	201.2－152.9 ＝48.3	201.2	257.5－201.2 ＝56.3	257.5
28.02%	165.5	213.3－165.5 ＝47.8	213.3	268.5－213.3 ＝55.2	268.5
30.16%	182.5	231.5－182.5 ＝49	231.5	287.6－231.5 ＝56.1	287.5

現在回頭觀察Call的買權看多價差交易，若波動率低於預估的28.02％，假設為26.08％，則6800/6900Call的價差為50.4點，而6900/7000Call的價差為43.4點，投資者有兩個選擇：

01 支付50.4點的權利金，買進理論價值為52點的6800/6900Call的部位，有理論性的勝算52－50.4＝1.6點。

02 支付43.4點的權利金，買進理論價值為44.7點的6900/7000Call的部位，有理論性的勝算44.7－43.4＝1.3點。

顯然在波動率低估約2%（28.02%－26.08%＝1.94%）的情況下，建立6900/7000Call的買權看多部位有較高的理論性勝算。

反之，若波動率高於預估的28.02%，假設為30.16%，則6800/6900Call的價差為50.4點，而6900/7000Call的價差為43.4點，投資者有兩個選擇：

01 支付51點的權利金，買進理論價值為52點的6800/6900Call的部位，有理論性的勝算52－51＝1點。

02 支付44點的權利金，買進理論價值為44.7點的6900/7000Call的部位，有理論性的勝算44.7－44＝0.7點。

顯然在波動率高估約2%（30.16%－28.02%＝2.14%）的情況下，建立6800/6900Call的買權看多部位有較高的理論性勝算

同樣的，若以賣權建立的看多部位，也可用相同的思考模式來評估如何建立理論性勝算較高的部位。

◢ 結論

　　不論投資者是以自己預估的波動率計算出來的理論價值，或是從資訊廠商所得到的理論價值，相對於市場實際的波動率，若市場波動率偏低，則垂直價差部位應買進價平履約價。以期指在6881的例子而言，價平履約價是6900Call，同時賣出價外履約價，即B6900/S7000Call，會有比較高的理論性勝算。反之，若市場波動率偏高，則垂直價差部位應賣出價平履約價，以期指在6881的例子而言，價平履約價是6900Call，同時買進價內履約價，即B6800/S6900Call，有比較高的理論性勝算。

5－16 再論選擇權價差交易的決策

　　一般初入選擇權交易市場的投資者，對於價差交易的概念就是要買進較低履約價、賣出較高履約價，但這種思維卻忽略了選擇權價差交易評估程序的宗旨——不僅要考慮價差策略的成本，同時還要比較策略的預期報酬。

　　繼續以7月23日台股選擇權理論價值的報價為例：

　　台指期貨＝6881點，距離到期日＝19個交易日，無風險利率＝1.25％，波動率＝28.02％

選擇權履約價	理論價值	Delta值
6800Call	264.9	0.58
6900Call	212.9	0.51
7000Call	168.2	0.44
6800Put	165.6	－0.42
6900Put	213.3	－0.49
7000Put	268.5	－0.56

　　投資者看多未來行情，使用買權建立了「B6800Call@264.9、S6900Call@212.9」或「B6900Call@212.9、S7000Call@168.2」這兩種買權看多的價差部位，這兩種價差交易的理論價值為：

價差部位	理論價值	Delta值
6800/6900Call	264.9－212.9＝52	0.58－0.51＝0.07
6900/7000Call	12.9－168.2＝44.7	0.5－－0.44＝0.07

6800/6900Call買進多頭價差的成本52點，高於6900/7000Call買進多頭價差的成本44.7點，且不論波動率是高估或低估，這個理論永遠成立。原因是價內履約價的權利金會大於價外履約價的權利金，所以價差交易的一隻腳若是採用價平履約價，另一隻腳採用價內履約價，則其部位成本一定高於採用價外履約價所建立的部位，這是建立價差交易要考慮的成本問題。

現在來比較策略的預期報酬，同樣以6800/6900Call買進多頭價差，與6900/7000Call買進多頭價差這兩個策略做比較。

雖然6800/6900Call買進多頭價差的成本高於6900/7000Call，但若是價格的隱含波動率偏高，則6800/6900Call買進多頭價差的預期報酬，會高於6900/7000Call買進多頭價差，為什麼會這樣？我們可以從下面三種情況來解釋：

01 交易者對行情的研判正確，台股結算的行情果然在7000點以上，則這兩個部位都有最大100點的利潤；但扣除成本之後，因為6900/7000Call買進多頭價差的成本較低，所以報酬會大於6800/6900Call。

02 交易者對行情的研判錯誤，台股結算的行情在6800點以下，

則這兩個部位都沒有價值，但6900/7000Call買進多頭價差所支付的權利金少於6800/6900Call，所以虧損會略小。

03 交易者對行情的研判錯誤，台股的結算行情沒有上漲，但也沒有下跌，而是維持在6900點附近整理，因此6900/7000Call買進多頭價差部位沒有價值，損失了所支付的權利金44.7點，而6800/6900Call買進多頭價差卻仍然有100點左右的價值。這是因為時間站在它這邊，6900/7000Call的買進多頭價差，需要台股上漲才會獲利，但6800/6900Call的買進多頭價差卻不需要台股真正上漲，只要它不跌就可以獲利了。這是因為6900/7000Call的Gamma為正值，相對的Theta就是負值，所以時間不站在它這邊；但6800/6900Call的Gamma為負值，相對的Theta就為正值，所以時間站在它這邊的緣故。

因此交易者在建立多頭垂直價差部位時，除了需要考慮行情上漲的可能性(行情是處於多頭的趨勢或是空頭的趨勢中)之外，同時還要有預測價格波動率高低變化的能力，波動率升高，代表即將或已經上漲；波動率下降，代表行情趨向盤整。如果交易者在多頭的趨勢中，研判波動率將升高，故建立6900/7000Call的多頭價差部位，就是一個合理的選擇；若投資者研判目前行情雖然是在多頭的趨勢中，但波動率上漲的機率不高，可能陷入高檔整理，就應該建立6800/6900的買權多頭價差，讓時間站在它這邊。

　　因為沒有任何一個交易者可以百分之百、完全掌握行情的方向，所以誤判行情總是難以避免，一旦發生這種情形，垂直價差交易的損失顯然會比單純的裸露部位或期貨部位來得低。建立部位之前，謹慎的評估波動率，然後決定讓時間站在它這邊，賣出價平履約價、買進價內履約價，使部位的Theta值為正，那麼當台股行情小跌或持平時，都可以獲利；或是讓時間成為它的敵人，買進價平履約價、賣出價外履約價，使部位的Theta值為負，若行情研判正確則獲利，若研判錯誤，則所受到的損失也會小於期貨部位或單純的裸露部位，其損失是有限的。

📝5－17 垂直價差部位履約價的選擇

　　垂直價差部位使用「價平履約價＋價外履約價」的組合，與使用「價平履約價＋價內履約價」的組合，在合約到期日執行履約程序上有很大的不同。

　　買進價平履約價加上賣出價外履約價，所形成的價差部位，在到期結算時，需要根本契約有發生預期的走勢才會獲利；但賣出價平履約價加上買進價內履約價，所形成的價差部位，在到期結算時，卻不需要根本契約發生預期的走勢，只要根本契約在選擇權到期結算當天，仍維持在建立部位時的價平履約價附近，就可以獲利了。

　　從以上的現象可以發現，建立垂直價差部位的關鍵在於價平履約價。而到底是要選擇以買進價平履約價建立部位，或是要選擇以賣出價平履約價來建立部位？我們可以根據隱含波動率來研判。

　　如果研判隱含波動率偏高，代表選擇權的權利金高估，此時價平履約價會有最被高估的權利金；反之，如果研判隱含波動率偏低，代表選擇權的權利金低估，此時價平履約價的權利金被低估的情況會最嚴重。根據隱含波動率的特性，可以在建立多頭或空頭價差部位時，歸納出一個簡單的法則：

　　如果價平履約價的隱含波動率偏高，建立垂直價差部位時，應該賣出價平履約價；如果價平履約價的隱含波動率偏低，建立垂直價差部位時，應該買進價平履約價。

　　當然，如果投資者對於行情的趨勢方向已經有非常明確的看法，在建立垂直價差部位的時候，就不一定要使用價平的履約價，也可以使用兩個深價外或深價內的履約價來建立垂直價差部位。

📝 5－18 垂直價差部位的時間耗損

接下來討論價內履約價＋價平履約價的價差部位，與價平履約價＋價外1檔履約價所組成的垂直價差部位，這兩種部位對時間價值耗損的差異性。

假設台股期貨指數在6693點，則6600Call為價內1檔履約價，6700Call為價平履約價，6800Call為價外1檔履約價。

看多未來行情的買權多頭價差部位可以這樣建立：

01 使用價外1檔履約價6800Call＋價平履約價6700Call

B6700Call/S6800Call

需要發生預期上漲的走勢，亦即結算時行情要上漲到6800點以上，部位才會有獲利。

02 使用價內1檔履約價6600Call＋價平履約價6700Call

B6600Call/S6700Call

因為台股期貨指數的行情已在6693點，非常接近6700履約價，所以只要結算時行情不跌，維持在目前的價位，部位就會有最大獲利。也就是說，雖然是因為研判行情上漲而建立的部位，但若預期上漲的走勢沒有發生，卻也沒有下跌，部位還是會獲利。

　　為什麼會這樣？這與垂直價差部位的時間耗損有相當的關係，說明如下：

　　選擇權垂直價差部位的損益結構非常單純，建立部位時，若有權利金的淨收入就是部位的最大獲利，而最大虧損則以部位的履約價差減去收到的權利金，若是建立部位時有權利金的淨支出，就是部位的最大損失；最大獲利則是以部位的履約價差減去所支出的權利金，垂直價差不論是看多的價差部位，或看空的價差部位，最初都是建立在價格波動率的曲線之上，因此權利金淨支出的垂直價差部位的價值與單純買進部位的價值，一樣會受到時間的經過而耗損，選擇權的訂價顯示有下列的性質：

履約價	價差型態（支出權利金）	時間價值的變化
履約價處於折價狀態 （價內）	Call的看多價差以及 Put的看空價差部位	合約到期前7天的價值 增加最快
履約價處於溢價狀態 （價外）	Call的看多價差以及 Put的看空價差部位	合約到期前7天的價值 損失最快

　　雖然在交易期間，淨支出權利金的垂直部位的價值會隨著時間的經過而耗損，但價差交易的價格波動曲線在合約到期時，會有收斂至建立部位時已經形成的最大損失或最大獲利折線的特性，這個過程稱為「時間耗損」的程序(如附圖)。

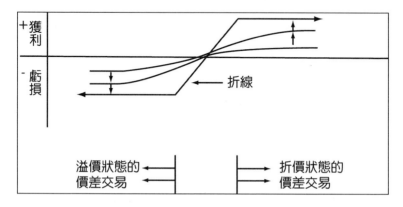

　　但如果預期中的價格走勢沒有提早發生，在價格維持不變的情況下，時間的耗損則有利於折價狀態的垂直價差部位。

5-19 垂直價差部位Gamma值的觀念

　　垂直價差部位是由同種類的選擇權與不同履約價一買一賣所組成的，最大特點是具有行情方向的研判，所以在建立部位之前，對未來的行情方向必須有精確的判斷，才可以提高獲勝的機率。整個垂直價差部位的利基是根據部位Delta值的正負來決定的，如果部位的Delta值是正的，則行情必須上漲，部位才能獲利；如果部位的Delta值是負的，則行情必須下跌，部位才能獲利。所以垂直價差部位可說是Delta值的買賣。

　　垂直價差部位除了可以單純的調整買腳或賣腳的口數，變成比例價差部位之外，還可以利用建立另外一個垂直價差部位與原始的價差部位組合變成兀鷹部位、蝶式部位或盒狀部位。

　　如台股指數在7750點左右的時候，某投資者在建立了：
B7700Put×1口，Delta＝－0.438
S7800Put×1口，Delta＝－0.512

　　部位的Delta值等於0.512－0.438＝0.074，賣權看多部位。若另外研判行情將在7900附近有壓力，則為了擴大利潤而在上檔建立了：
S7900Call×1口，Delta＝－0.387

　　整體部位的Delta值等於－0.387＋0.074＝－0.313，變成偏空的部位。

　　經過了幾個交易日，台股行情上漲到7850左右，這時部位的Delta值變成了：

B7700Put，Delta＝－0.355

S7800Put，Delta＝－0.439

賣權看多部位的Delta值等於0.439－0.355＝0.084

　　部位的Delta值上升了(0.084－0.074)＝0.01，有利賣權看多的部位。

　　但S7900Call部位的Delta也上升到0.478，對部位不利，此時若投資者改變原來的看法，認為行情將持續上漲，因此想要規避行情持續上漲的風險，除了將S7900Call的部位平倉之外，還可以建立一個新部位：

B8000Call×1口，Delta＝0.393

與Delta值為－0.478的S7900Call組成買權看空部位，部位的Delta值等於0.393－0.478＝－0.085

　　原來部位的Delta值：

B7700Put，Delta＝－0.355

S7800Put，Delta＝－0.439

0.439－0.355＝0.084

這兩個部位相加，則整體部位的Delta值＝0.084－0.085＝－0.001，接近中性。賣權看多部位便形成買進兀鷹部位，將風險及利潤控制在7700與8000之間。

從以上的組合可以看出兩個垂直價差部位的結合，幾乎就是兩個垂直價差部位相減，也就是一個看漲的垂差部位減去一個看跌的垂差部位，便可以有效的降低部位Delta的絕對值，使得整體部位的Delta值接近中性。而Delta接近中性之後，部位就再也不是Delta值的買賣了，那麼將來是以哪一個希臘字母做為整體部位的買賣依據呢？

我們可將整體部位履約價格的買權與賣權的權利金兩兩相減，所得到的差值會接近高履約價的Delta值，然後再把兩個履約價的Delta值相減，取其中間值，就會接近高履約價的Gamma值。

希臘字母的Gamma值就是標的物權利金價格變動的加速度，也就是說，若標的物的Delta值為0.35，Gamma值為0.0006，則標的物每變動100點，權利金就會變動100×Delta0.35＝35點，100×Gamma0.0006＝6％，35點×6％＝2.1點，也就是標的物變動100點，權利金會有35＋2.1＝37.1點的變動，其中的2.1點就是Gamma值對權利金變動的影響（加速權利金增加了2.1點）。因此若Delta值接近中性，那麼兩個垂直價差部位的買賣就是以Gamma值為主了，而Gamma值相對於Delta值的變動就顯得非常小，因此若

行情沒有大幅度的變化，則Gamma值對整體部位的影響就不會那麼明顯了，幾乎要等到結算日才可以看到損益的結果，因此若是建立了兩個垂直價差的組合部位之後，就不建議再做調整，最好將部位持有到結算，以免因過度調整而壓縮了原有的利潤或增加部位的虧損。

所以若將垂直價差部位的Delta值調整為中性，那部位的盈虧將不再以Delta值為主導，亦即捨棄了對方向的研判，單純的以買賣Gamma值為主。

接著討論價差組合部位該如何調整。

若Gamma值為正值（部位損益型態是買方），調整的方式是買低賣高，但是正的Gamma值必會有負的Theta值，負的Theta值對部位產生時間價值的耗損，減低部位的獲利，所以必須控制時間價值耗損的速度。若Gamma值是負值（部位損益型態是賣方），調整的方式是追高殺低，負的Gamma值會有正的Theta值，正的theta值對部位產生了時間價值的增值，但必須注意波動幅度擴大的風險。

5－20 垂直價差部位的動態調整

　　當投資者對於市場未來的行情走勢有特定看法時，建立垂直價差部位可能是最典型的一種交易策略了，因為垂差部位是以Delta值進行買賣的策略，所以基本上需要對行情的趨勢先行研判，但是因為沒有任何人可以保證對行情趨勢的研判是100%的正確，所以為了控制風險，投資者在預測的行情走勢尚未明朗化之前，習慣先建立垂直價差部位。因此，價差交易同時也是一種風險管理的工具。

　　以台灣加權指數的大盤為例，通常一年之中只會有幾次在短時間內出現大漲或大跌的噴出趨勢，這就是所謂的大行情。若是碰到大行情，選擇權直接使用單一部位的買方策略就會有非常大的超額利潤了，但是這種大行情在一年內難得碰上幾次，因此有經驗的投資者雖然已經對未來的趨勢做出研判，但仍寧可選擇先建立垂直價差部位來因應，雖然獲利有限，但相對的，風險也比單一部位的買方要來得低。

　　然而垂直價差部位的獲利非常緩慢，通常要等到結算日才會看到完全的利潤，所以若是在合約期間，原本所研判的趨勢已經快結束了，但距結算日還有一段時間，雖然此時垂直價差的部位有獲利，利潤卻可能不令人滿意，甚至有可能在原先研判的趨勢結束之後，使得原來所獲取的利潤因為行情反轉而消耗殆盡，因

此為了保護獲利、規避風險，執行部位的動態調整就有其必要性
了。

◬ 垂直價差部位的種類

◉ 看多價差交易：

買進低履約價的選擇權，同時賣出相同口數高履約價的選擇
權，分為：

01 建立部位時，有淨支出權利金的買權看多。

02 建立部位時，有淨收入權利金的賣權看多。

◉ 看空價差交易：

買進高履約價的選擇權，同時賣出相同口數低履約價的選擇
權，分為：

01 建立部位時，有淨收入權利金的買權看空。

02 建立部位時，有淨支出權利金的賣權看空。

為了方便動態調整，建立部位的原始口數最好以偶數為主。

◢ 動態調整的實例

投資者在台股指數大約在7000點左右的時候看多行情，建立了買權看多的垂直價差部位：

B 6900 Call×2口
S 7000 Call×2口

假設幾天之後，行情上漲到了7200點，研判這波上漲了200點的趨勢行情即將結束，但因距離結算日還有一段時間，所以部位的獲利情況不如理想，投資者想要保留部位，擴大利潤，可是又擔心行情回檔修正，使原有的利潤消失，這時候可以執行動態調整來因應：

新賣出2口7200Call，使得買權看多的部位變成「多頭聖誕樹」。這個經過調整後的新部位，可以彌補行情若是進入回檔修正時，原先買權看多價差部位的獲利縮水的損失。

若是在幾天之後，發現行情可能還會繼續上漲，為了擴大獲利，這個時候可以把「多頭聖誕樹」部位的賣方部位先平倉，只留下買進Call的部位迎接可能到來的大行情，以賺取超額的利潤。

但若是行情研判錯誤，原本是看漲行情，但實際卻是下跌的，怎麼辦？最簡單的辦法是將部位平倉，重新建立一個看跌的部位；也可以先將買進的部位平倉，然後再買進更高履約價的

Call，(如B7100Call)與原來的賣出部位組成買權看空部位。

以上是以看多的買權做例子，至於看多的賣權或看空趨勢的部位思維邏輯也是一樣的。

◢ 結論

很多的組合部位都是以垂直價差的觀念為基礎，可以透過各種方式的組合與轉換，取得符合期望的損益報酬率；但每一次的調整都必須付出一些成本，而且不能絕對保證所做的調整是正確的。因此動態調整若做得不好，不僅有可能減損原有的利潤，還有可能造成虧損，因此要非常謹慎的使用動態調整。

5-21 垂直價差部位套利與鎖單交易的邏輯

由於垂直價差是利用不同履約價、相同種類的Call或Put來建立的部位，因此彼此的獲利空間與虧損空間會呈現損益互補的狀態，所以投資者可以利用垂直價差部位損益有互補的特性來進行套利與鎖單的交易。

舉例說明：假設以Call建立1組台指選擇權看多的垂直價差部位。

B7300Call@213
S7400Call@166

這個部位淨支出47點的權利金，損平點為7347點，結算在7347點以上，部位開始獲利，在7400點以上有最大利潤(100-47)=53點；結算在7347點以下，部位開始產生虧損，最大損失是支出的權利金47點。

同樣的履約價，但以Put建立1組台指選擇權看多的垂直價差部位：

S7400Put@230
B7300Put@179

這個部位收取51點的權利金，損平點為7349點，結算在7349點以上，部位開始獲利，在7400點以上有最大利潤51點(收到的權利金)，結算在7349點以下，部位開始產生虧損，最大損失(100-51)=49點。

從例子發現，以Call建立的垂直價差部位開始產生虧損的7347點，正好跟以Put建立的垂直價差部位開使產生獲利的7349點相當接近，整體的損益結構上，兩者幾乎相同。投資人可以利用「相同履約價使用不同種類的Call和Put所組成的垂直價差部位，彼此的損益有互補作用」的特性，進行套利或鎖單的交易。

⇒ 套利邏輯

假設某個100點間距的的垂直價差部位，淨支出權利金為x點，則最大獲利空間為$100-x=y$點，如果交易一組垂直價差部位的手續費及交易稅來回需要4點，建立套利部位關係需要2組垂直價差，則共需要8點的交易費用，這8點的交易費用再與y點相加之後，才能與另一個部位的最大獲利相比較，研判是否有套利的空間產生

◢ 如何進行套利

01 以建立看漲的淨收入部位，套取看跌的淨收入部位。
條件：必須看跌部位淨收入的權利金，大於看漲部位淨收入的權利金加上交易費用。

02 以建立看漲的淨支出部位，套取看跌的淨支出部位。
條件：必須看漲部位的淨支出權利金，大於看空部位的淨支出權利金加上交易費用。

◢ 如何鎖單

　　利用建立垂直價差部位的兩個履約價的Delta值會有正負相抵的特性，配合垂直價差部位損益互補觀念來進行鎖單的交易。

　　垂直價差部位各種套利模式的執行過程：

價差交易模式

　　建立看漲的淨收入部位，套取看跌的淨收入部位：

　　假使從市場的報價中，發現一組看跌垂直價差部位的權利金淨收入，大於另一組互補看漲垂直價差部位的權利金淨收入加上交易費用的總和，這時候可以建立看漲的賣權看多的權利金淨收入部位，與看跌的買權看空的權利金淨收入部位去進行套利。

舉例說明：假設從報價中發現賣權看多價差的報價。

S7400Put@230

B7300Put@181

部位淨收入權利金49點，最大損失51點，損平點7351點。

另外發現買權看空的報價：

B7400Call@158

S7300Call@223

部位淨收入權利金65點，最大損失35點，損平點7365點。

　　看空部位的最大獲利為65點，大於看多部位的淨收入49點，加上所需的交易費用8點，等於57點，符合互補垂直價差看跌的權利金淨收入，大於看漲部位淨收入權利金加上交易費用的套利模式。

後續情況

01 若結算價在7400點以上，則賣權看多部位可獲利49點，但買權看空部位卻有最大損失35點。兩組部位可套利：賣權看多的最大獲利49點，減去兩組價差部位的交易費用8點，再減去賣權看空部位的最大損失35點，等於有6點的套利利潤。

02 若結算價在7300點以下，則買權看空部位有65點的獲利，但賣權看多部位卻有51點的最大損失。兩組部位仍可套利：買權看空的最大獲利65點，減去兩組價差部位的交易費用8點，再減去買權看多部位的最大損失51點，等於6點的套利利潤。

03 若結算價介於7300～7400之間，看多部位的損平點為7351點，看空部位的損平點為7365點，無論結算在那個價位，獲利都是7365點減去7351點等於14點，再減去交易費用8點，仍是有6點的套利空間。

建立看漲的淨支出部位，套取看跌的淨支出部位：

假使從市場的報價中發現一組看漲垂直價差部位的權利金淨支出小於另一組互補看跌垂直價差部位的權利金淨支出加上交易費用的總和，這時候可以建立看漲的買權看多的權利金淨支出部位，與看跌的賣權看空的權利金淨支出部位去進行套利。

舉例說明：假設從報價中發現買權看多價差的報價。

S7500Call@126
B7400Call@166

部位淨支出權利金40點，最大獲利60點，損平點7440點。

另外發現賣權看空的報價為：

B7500Put@287
S7400Put@241

部位淨支出權利金46點，最大獲利54點，損平點7454點。

看漲部位的買權看多權利金淨支出為40點，小於看跌部位賣權看空權利金淨支出的46點，加上兩組價差交易的成本8點，等於54點，符合互補垂直價差看跌的權利金淨支出加上交易費用，大於看漲部位淨支出的套利模式。

後續情況：

01 若結算價在7500點以上，則買權看多價差部位可獲利60點，但賣權看空部位卻有最大損失46點。兩組部位可套利：買權看多的最大獲利60點，減去兩組價差部位的交易費用8點，再減去賣權看空部位的最大損失46點，等於有6點的套利利潤。

02 若結算價在7400點以下，則賣權看空部位有54點的最大獲利，但買權看多部位卻有40點的最大損失。兩組部位仍可套利：賣權看空的最大獲利54點，減去兩組價差部位的交易費用8點，再減去買權看多部位的最大損失40點，等於有6點的套利利潤。

03 若結算價介於7400～7500之間，看多部位的損平點為7440點，看空部位的損平點為7452點，無論結算在那個價位，獲利都是7454點減去7440點等於14點，再減去交易費用8點，仍是有6點的套利空間。

　　以上是套利關係的執行過程，但因為台指選擇權目前處於效率市場，因此除非市場行情短期間發生大幅度的變動，否則要產生套利的機率已相當的低。

◢ 如何利用鎖單的方式來套利

鎖單交易模式：

由於垂直價差交易是在交易Delta值的變化，因此可利用「建立垂直價差部位的同時，Delta值會因為正負相抵」的特性，配合垂直價差部位損益互補觀念來做鎖單的交易。

舉例說明：假設某投資人在大盤指數7000點左右的時候，看好近期內台股將上探7200點的價位，因此先以Call建立一組買權看多部位。

B6900Call@265，Delta＝58%
S7000Call@210，Delta＝50%

部位支出55點的權利金，最大獲利45點，損平點6955點，Delta值為58%－50%＝8%。

以8%的Delta值來看，大盤上漲200點，整體部位的權利金大約有200×8%＝16點的利潤，假設行情如預期在9月初上漲來到7200點，這時如果距離最後交易日還有一段時間，而投資人研判行情短線的滿足點已來到，接下來有可能進入回檔修正，使得已產生的16點利潤縮水，則可用Put建立賣權看空的垂直價差部位做鎖單交易，鎖住這16點的利潤。

假設行情上漲200點之後，6900Put及7000Put的報價如下：

B7000Put@108

S6900Put@95

部位淨支出權利金13點，最大獲利87點，損平點6987點。將這兩個部位結合之後，帳面上會出現32點的淨值。

計算方式：

以買權看多的最大獲利45點，減去賣權看空的最大損失13點，或是以賣權看空的最大獲利87點，減去買權看多的最大損失55點。

以帳面淨值32點減去交易兩組垂直價差所需的交易費用8點，還有24點的套利空間，因此可以鎖住行情上漲200點時，部位的16點獲利。

後續情況：

01 若行情持續在7000點以上直到結算，則買權看多部位有最大獲利45點，但賣權看空部位有13點的損失，因此整體操作有32點的獲利，扣除8點的交易費用，還有24點的獲利。

02 若結算時，行情回檔到6900點以下，則買權看多部位有最大損失55點，但賣權看空部位有87點的獲利，因此整體操作還是有32點的獲利，扣除8點的交易費用，還有24點的獲利。

03 若行情結算在6900～7000之間,則獲利都是以賣權看空的損
平點6987,減去買權看多的損平點6955,等於32點,再減去
交易費用8點,仍有24點的獲利空間。

註　關於交易費用是採用兩組價差部位來計算的,事實上,若將所
建立的兩組價差部位都持有到結算,其中會有一組價差部位因
處於價外,已經沒有價值而不用參加結算,因此不再需要支付
交易費用,所以實際支出的交易費用會少於8點。

🖋 5−22 選擇權價差部位的應用

　　選擇權在行情急漲或急跌時最具槓桿作用，也是最能夠獲利的時機，若不好好利用這個工具，是非常可惜的。勇於追買價外選擇權跟勇於追買（追殺）期貨是完全不同的，因為期貨有停損的困擾，風險控管不易，但買進選擇權只有最大的損失，而且還可藉由部位的調整，改變部位的損益以及部位的方向。

🔺 追買選擇權的要訣

　　行情快速下跌時，追買價外一檔的Put；行情快速上漲時，追買價外一檔的Call。

　　追買Put之後，部位調整的情境分析：

情境一：

　　若不幸追買到最高價的賣權權利金，且行情開始反彈回升，就迅速賣出更價外（更低履約價）的賣權組成賣權看空價差部位，等行情不再上漲時，再將這個更價外的賣權買回來，保留原來買進的價外賣權。

舉例說明：假設行情從7960點快速下跌到7820點，追買價外一檔的Put，建立原始部位B7700Put@75；但行情在碰觸到7820點

以後開始反彈，因此迅速賣出更價外的Put：S7600Put@35，與B7700Put@75組成賣權看空價差部位。

等研判行情不再上漲且進入整理的時候（這也許需要幾天的觀察），再將S7600Put@35平倉回來，留下原始部位B7700Put@75。

假設：

01 再觀察1～2天，發現行情仍然繼續整理或持續開始反彈，就把原始部位B7700Put@75平倉，所損失的權利金可以從之前平倉的S7600Put@35部位獲得一些補償。

02 若行情在整理之後，繼續原來下跌的趨勢，則將原始部位B7700Put留倉，以尋求最大可能的獲利機會。

情境二：

若買到最高價的賣權權利金，且行情反彈回升並突破短期壓力的關卡，就賣出價平的賣權，組成賣權看多價差部位，等行情不再上漲時再買回該價平的賣權。

情境三：

買到價外一檔的賣權之後，行情跌勢趨緩，則不用考慮，再賣出更價外的賣權，減低買進7700Put原始部位所受到的時間價值耗損。

情境四：

買到價外一檔的賣權之後，行情跌勢加快，恭喜！再追買更價外一檔的賣權，以擴大獲利。

情境五：

買到價外一檔的賣權之後，行情急跌並已接近支撐關卡，便賣出價外一檔的賣權組成免費價差部位。

以上是行情急跌的時候，追買價外一檔的賣權的情境分析。綜合來看，追買價外賣權若再配合部位的調整，其實風險是相當有限的，因此若能克服心理的恐懼，抱著試單的心情，勇於嘗試，就可體會到交易選擇權的樂趣及奧妙了。

如果研判行情在急跌之後，將會出現反彈的話，還是先耐心等待反彈，再建立買進的看空部位比較好（台股的趨勢若是處在空頭的型態下，最常出現這種情況）。而在行情急跌時，因判斷可能會出現反彈，不願意追買價外賣權的投資人，則可參考下列要訣：

01 耐心等反彈之後，再買進價外一檔的賣權：

假設行情從7960點急跌到7820點並反彈到7920點，就建立B7800Put。

02 如果是下跌到7820點之後，再等待一段時間（至少30分鐘
至1小時），若沒有出現反彈反而陷入整理，就有可能在經
過整理之後再續跌，因此可追買價平或價外一檔的賣權：
B7800Put或B7700Put。

03 把漲不上去的賣壓高價位註記為R（假設為7920），把跌不下
去的低點註記為S（假設為7820）。

04 若碰觸到S點多次而不跌破，就賣出更價外一檔的賣權
S7700Put，組成賣權看空價差部位B7800Put／S7700Put；
若行情持續盤整或開始反彈，則可以降低部位的損失。

05 若反彈突破R點，就賣出更價內一檔的賣權S7900Put，組成
賣權看多價差部位B7800Put／S7900Put。

06 如果一直在R與S之間盤整，就等待收盤時再賣出更價外一
檔的賣權S7700Put，組成賣權看空價差部位B7800Put／
S7700Put，以降低部位的損失。

07 若跌破S點，則表示行情將續跌，便可再追買更價外一檔的
賣權B7700Put。

08 若跌破S點的時候，已有賣權看空價差部位B7800Put／
S7700Put，仍可再買進價外一檔的賣權B7700Put，使得
整體部位成為（B7800Put／S7700Put）＋B7700Put。若行
情持續下跌，也可以考慮拆開看空價差部位（B7800Put／

S7700Put)，與B7700Put沖銷，只留下B7800Put的部位，以擴大獲利。

09 若下跌已接近支撐關卡（假設為7720），可考慮賣出更價外一檔的賣權S7600Put，組成賣權看空價差部位B7800Put／S7600Put。若碰觸到支撐關卡開始反彈，就將原始的買進賣權部位B7800Put獲利平倉，留下後來建立的賣出更價外一檔的賣權的部位S7600Put，將部位損益調整成小幅看多，繼續持有獲利。若跌破支撐關卡，則已建立的賣權看空價差部位不調整，繼續持有擴大部位的利潤。

同樣的思考及操作模式也適用在急漲的情形。整個操作要訣的意義，在於規劃出R點的壓力關卡與S點的支撐關卡，跌勢就用Puts，漲勢就用Calls。買進價外一檔的選擇權之後，可以藉由部位調整成為看多或看空價差部位；建立價差部位之後，還是可以追買價外一檔選擇權。如此重複使用，不會在選擇權的交易上吃大虧的。

5－23 使用關鍵日建立淨收入的垂直價差部位

建立垂直價差淨收入權利金部位的目的，是以支付保證金的方式，換取勝率較高的垂直價差部位。從這點來看，建立淨收入垂直價差部位與單純賣出選擇權的做法是一樣的，差別在於淨收入的垂直價差部位的損失是有限的，而單純賣出選擇權的損失，在理論上是無限的。

淨收入價差部位的好處是損平點會偏向價內，有極高的獲勝機會，因此如果能確定行情的趨勢方向，則高的獲勝機率可以抵消虧損的額度。但這其中所牽涉到的行情趨勢，卻是淨收入垂直價差部位獲勝與否的關鍵，若太早建立部位，而行情趨勢在到期日之前改變方向，則部位發生虧損的機率就會變大，為了克服這個時間上的不確定性，選擇建立淨收入垂直價差部位的時間點就很重要了。

我們都知道行情的趨勢方向要形成反轉需要比較長的時間，因為已形成的趨勢不容易在短時間內改變，因此若要再提高淨收入垂直價差部位的獲勝機率，就是要盡可能將部位建立的時間安排在接近合約到期日的時候。

◢ 如何安排部位建立的時間

這其中牽涉到波動率的問題，因為波動率下降或Vega值下降，都會增加淨收入權利金部位的獲利速度，但Vega值會隨著到期日的接近而下降，波動率（σ）卻不一定了，因此必須從Vega值與Theta值的關係，來討探建立淨收入垂直價差部位的時機。

Vega值會隨著到期日的接近，而逐漸下降，而波動率（σ）因為需要足夠的時間才能發揮作用，所以越接近到期日，Vega對波動率的影響力就越小。但時間價值（Theta值）卻會隨著到期日的接近而逐漸變大，也就是說，時間價值消失的速度會隨著到期日的接近而加快。因此，在接近到期日的時候，會形成Vega值下降，Theta值上升的現象，這兩個風險值會在某個時間點交會，而在這個交會的時間點，下降的Vega值會等於上升的Theta值，市場稱為建立淨收入垂直價差部位的「關鍵日」。

關鍵日的計算：

Theta值的公式：$-\dfrac{S\cdot N'(d_1)\cdot\sigma}{2\sqrt{T}}$

Vega值的公式：$S\cdot\sqrt{T}\cdot N'(d_1)$

Theta除以Vega $=\dfrac{Theta}{Vega}=-\dfrac{\sigma}{2T}$

從這個關係式顯示出當波動率（σ）的數值除以2，所得到的天數就是Vega值等於Theta值的時間點。從這天開始，Vega值會逐日

下降，Theta值會逐日上升，這天就是建立淨收入垂直價差部位的「關鍵日」。例如假設波動率為28%，則關鍵日為負的14天，即合約到期日之前的14天。

波動率的計算因為牽涉到設定參數的不同而有所不同，因此建議使用一般市場上所計算出來的隱含波動率做為基礎去計算關鍵日，然後再根據行情趨勢方向建立淨收入垂直價差部位。

舉例：

2009年8月6日距離台指期貨8月合約結算日8月19日，還剩下9個交易日，假設當日收盤之後的選擇權波動率（σ）：買權為26.1%，賣權為24.4%。以買權波動率26.1%為例，除以2等於13.05，因此以買權建立淨收入垂直價差部位的關鍵日，為距離最後交易日8月19日的前13天。以賣權波動率24.4%為例，除以2等於12.2，因此以賣權建立淨收入垂直價差部位的關鍵日，為距離後交易日8月19日的前12天。

若以前13天來反推，則建立淨收入垂直價差部位的關鍵日為8月7日；若以第前13個交易日來反推，則建立淨收入垂直價差部位的關鍵日為更早的8月3日。若看空到最後交易日前的行情，則應建立買權看空垂直價差部位；若看多到最後交易日前的行情，則應建立賣權看多垂直價差部位。

5-24 簡單交易選擇權的垂直價差部位

　　從期交所每天下午提供的大額交易人的未平倉資料之中，可以發現大額交易人的多空留倉部位，和台股大盤指數的漲跌有密切關係，市場上許多的交易策略也都是根據這些資料而衍生，就是所謂的「聰明跟隨大額法人(Smart Money)」的交易策略。

　　期交所每日下午3點之後，會在下列網址公布「大額交易人未沖銷部位結構」：http://www.taifex.com.tw/chinese/home.htm。

　　點選「交易資訊」，再點選「大額交易人未沖銷部位結構」(附圖)。

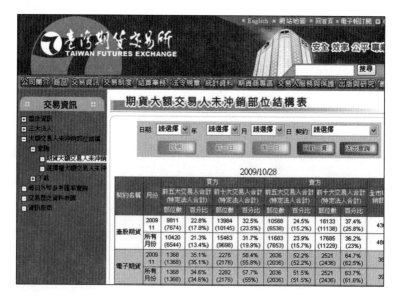

　　從10月28日公布的大額交易人未沖銷部位結構的資料中，可以看到台指期貨11月的買方前十大交易人的留倉部位為13984口，前十大特定交易人的留倉部位為10145口，賣方前十大交易人的留倉部位為16133口，前十大特定交易人的留倉部位為11138口，十大交易人的賣方留倉口數減去買方留倉口數為2149口，前十大特定交易人的賣方留倉口數減去買方留倉口數為993口，全市場未沖銷部位有43091口，由前十大交易人或前十大特定交易人在台指期貨11月合約的留倉情況來看，顯然大額交易人都站在賣方，因此可以根據以下交易邏輯建立價差部位：

○ 當十大交易人未平倉多單多於空單時，隔日開盤建立買權看多部位。

○ 當十大交易人未平倉空單多於多單時，隔日開盤建立賣權看空部位。

　　若已經持有的部位與十大交易人的多空留倉部位是同方向的，則隔天開盤將部位繼續持有。假設當天建立的是賣權看空，且當日期交所公布的十大交易人未平倉空單多於多單，則賣權看空部位續留；若當日期交所公布的十大交易人未平倉空單小於多單，則賣權看空部位平倉，並建立買權看多部位，如此交替操作。

　　建立部位以價平＋價外1檔的履約價為主，且建議若有60%以上的獲利，即可將部位平倉，並將履約價滾動到新的價平或價外1檔的位置，重新建立新部位。

　　本策略以選擇權多頭價差作多，空頭價差作空為主，採取選擇權價差組合策略有鎖定風險，提高勝率的優點。

5－25 垂直價差的延伸(1)──兀鷹部位

討論了垂直價差部位的組成與運用以及調整的方式之後，垂直價差部位還可以組成蝶式價差策略及兀鷹價差策略。

先討論兀鷹交易，兀鷹價差交易由4個履約價及相同種類的買權或賣權所組成，又可分成買進兀鷹價差交易(盤整時使用)及賣出兀鷹價差交易(研判將脫離盤整時使用)。

◇ 買進兀鷹

研判行情將在區間盤整時使用。

買進兀鷹價差交易的組成：

買進一組履約價較低的多頭價差，同時買進一組履約價較高的空頭價差。

例子：

若研判結算價將在9000～9200點之間，則部位建立如下：

B8800Call@275／S9000Call@135，

支出權利金(275－135)＝140點。

S9200Call@55／B9400Call@15，

收到權利金(55－15)＝40點。

部位組成共支出權利金100點，是部位的最大損失。

最大獲利：

履約價差200點減去最大損失100點，等於100點，即結算價在9000～9200點之間有最大獲利。

部位損平點：

○ 上方：部位的最高履約價9400點，減去部位的最大損失100點，等於9300點。

○ 下方：部位的最低履約價8800點，加上部位的最大損失100點，等於8900點。

若台股指數於到期時介於8900～9300點之間，則部位可獲利；若更進一步收在9000～9200點之間則有最大獲利。反之，若高於9300點或低於8900點，則開始有虧損，若結算價在9400點以上或8800點以下，有最大損失100點。

買進兀鷹價差交易和買進蝶式價差交易非常相似，都是風險有限，報酬也有限的策略，不像賣出跨式或賣出勒式策略會有無限的風險，因而受到投資人的喜愛。買進兀鷹價差交易除了可全部以買權組成之外，也可以全部以賣權組成，組成的原理與買權相同。

實務上，基於價外選擇權的交易量較大且考量買賣價差較小，所以在執行買進兀鷹策略時，常以賣權來組成較低履約價的

多頭價差，而以買權來組成較高履約價之空頭價差，此即形成所謂的「買進鐵兀鷹策略」。

若研判結算價將在9000～9200點之間：

B8800Put@43／S9000Put@105，收到權利金(105－43)＝62點。

S9200Call@55／B9400Call@15，收到權利金(55－15)＝40點。

部位組成共收到權利金102點，為部位的最大獲利，即結算價在9000～9200點之間有最大獲利。

最大損失：

履約價差200點減去最大獲利102點，等於98點。

部位損平點：

- 上方：部位的最高履約價9400點，減去部位的最大損失98點，等於9302點。

- 下方：部位的最低履約價8800點，加上部位的最大損失98點，等於8898點。

若台股指數於到期時介於8898～9302點之間，則部位可獲利；若更進一步收在9000～9200點之間，則有最大獲利。反之，若高於9302點或低於8898點，則開始產生虧損；若結算價在9400點以上或8800點以下，則有最大損失98點。

◈ 賣出兀鷹

研判行情將脫離盤整時使用。

賣出兀鷹價差交易的組成：

買進一組履約價較低的空頭價差與一組較高履約價的多頭價差部位。

例子：

若研判結算價將突破9000～9200點的區間向上或向下變動：

B9000Call@135／S8800Call@275，

收到權利金(275－135)＝140點。

B9200Call@55／S9400Call@15，

支出權利金(55－15)＝40點。

部位組成共支出權利金100點，若結算價介於9000～9200點，有最大損失。

最大獲利：

履約價差200點減去最大損失100點，等於100點，即結算價在上方損平點9300點以上或下方損平點8900點以下，會開始獲利，若突破9400點以上或跌破8800點以下，則有最大獲利100點。

損平點：

◎ 上方：部位的最高履約價9400點，減去部位的最大獲利100
點，等於9300點。

◎ 下方：部位的最低履約價8800點：加上部位的最大獲利100
點，等於8900點。

　　賣出兀鷹的使用時機在於研判標的物在選擇權到期日時，會
有較大的變動的時候採用。賣出兀鷹價差交易除了可全部以買權
組成之外，也可全部以賣權組成，組成的原理與買權相同。以買
權及賣權所組成的兀鷹部位，稱之為「賣出鐵兀鷹策略」。部位
組成以賣權來組成較低履約價的空頭價差，而由買權來組成較高
履約價之多頭價差。

例子：

B9000Put@105／S8800Put@43，支出權利金（105－43）＝62點。
B9200Call@55／S9400Call@15，支出權利金（55－15）＝40點。

　　部位組成共支付權利金102點，若結算價介於9000～9200點之
間，有最大損失102點。

最大獲利：

　　履約價差200點減去最大損失102點，等於98點，即結算價在上方損平點9302點以上或下方損平點8898點以下，會開始獲利；若突破9400點以上或跌破8800點以下，則有最大獲利98點。

損平點：

- 上方：部位的最高履約價9400點，減去部位的最大獲利98點，等於9302點。

- 下方：部位的最低履約價8800點，加上部位的最大獲利98點，等於8898點。

5－26 垂直價差的延伸(2)──蝶式部位

蝶式價差交易由3個履約價及相同種類的買權或賣權所組成，其中的中間履約價為相同的履約價，又可分成買進蝶式價差交易(盤整時使用)及賣出蝶式價差交易(研判將脫離盤整時使用)。

◢ 買進蝶式

研判行情將在區間盤整時使用。

買進蝶式價差交易的組成：

買進一組履約價較低的多頭價差，同時買進一組履約價較高的空頭價差。

若研判結算價將在9000點附近：

B8900Call@110／S9000Call@70，

　　　　　　　　支出權利金(110－70)＝40點。

B9100Call@40／S9000Call@70，

　　　　　　　　收到權利金(70－40)＝30點。

部位組成共支出權利金10點，是部位的最大損失。

最大獲利：

　　履約價差100點減去最大損失10點，等於90點，結算價在9000點，有最大獲利。

部位損平點：

◉ 上方：部位的最高履約價9100點，減去部位的最大損失10點，等於9090點。

◉ 下方：部位的最低履約價8900點，加上部位的最大損失10點，等於8910點。

　　若台股指數於到期時，介於8910～9090點之間，則部位可獲利；若更進一步收在9000點，有最大獲利。反之，若高於9090點或低於8910點，開始有損失，若在8900點以下或9100點以上，有最大損失。

　　買進蝶式價差交易的風險有限，與賣出跨式及賣出勒式不同，對於想在盤整格局中獲利又不想冒太大風險的投資人而言，買進蝶式價差策略是一個很好的選擇。買進蝶式價差交易除了可全部以買權組成之外，也可以全部以賣權組成，組成的原理與買權相同。

　　以買權及賣權所組成的蝶式部位，稱為「買進鐵蝴蝶策略」。部位以賣權來組成較低履約價的多頭價差，而由買權來組成較高履約價之空頭價差。

例子：

若研判將在9000點附近整理：

B9100Call@40／S9000Call@70，

收到權利金（70－40）＝30點。

B8900Put@145／S9000Put@205，

收到權利金（205－145）＝60點。

部位組成共收到權利金90點，是部位的最大獲利，結算價在
9000點，有最大獲利。

最大損失：

履約價差100點減去最大獲利90點，等於10點。

部位損平點：

- 上方：部位的最高履約價9100點，減去部位的最大損失10
  點，等於9090點。

- 下方：部位的最低履約價8900點，加上部位的最大損失10
  點，等於8910點。

若台股指數於到期時介於8910～9090之間，則部位可獲利；
若更進一步收在9000點，有最大獲利。反之，若結算價高於上方
損平點9090點或低於下方損平點8910點，開始有虧損；若結算價
低於8900點或高於9100點，有最大損失。

◢ 賣出蝶式

研判行情將脫離盤整時使用。

賣出蝶式價差交易的組成：

買進一組履約價較低的空頭價差與一組履約價較高的多頭價差部位

例子：

若研判結算價將突破8900點向上或向下變動：

B8900Call@110／S8800Call@165，

收到權利金$(165-110)=55$點。

B8900Call@110／S9000Call@70，

支出權利金$(110-70)=40$點。

部位組成共收到權利金15點，是部位的最大獲利，若結算價在上方損平點8985點之上或下方損平點8915之下，有最大獲利。

最大損失：

履約價差100點減去最大獲利15點，等於85點，若結算價正好落在8900點，有最大損失。

部位損平點：

● 上方：部位最高履約價9000點，減去最大獲利15點，等於 8985點。

● 下方：部位最低履約價8900點，加上最大獲利15點等於8915 點。

賣出蝶式的使用時機，在於研判標的物在選擇權到期日時，會有較大變動的時候採用。賣出蝶式價差交易除了可全部以買權組成之外，也可以全部以賣權組成，組成的原理與買權相同。

以買權及賣權所組成的蝶式部位，稱為「賣出鐵蝴蝶策略」，部位以賣權來組成較低履約價的空頭價差，而由買權來組成較高履約價之多頭價差。

例子：

B8900Put@148／S8800Put@103，
　　　　　　　　支出權利金（148－103）＝45點。

B8900Call@109／S9000Call@70，
　　　　　　　　支出權利金（109－70）＝39點。

部位組成共支出權利金84點，是部位的最大損失，若結算價正好落在8900點，有最大損失。

部位最大獲利為履約價差100點減去最大損失84點，等於16

點，若結算價在損平點8984點之上或損平點8916點之下，部位開始獲利，若結算價在9000點以上或8900點以下，有最大獲利16點。

部位損平點：

- 上方：部位最高履約價9000點，減去最大獲利16點，等於8984點。

- 下方：部位最低履約價8900點，加上最大獲利16點，等於8916點。

5－27 買進鐵兀鷹策略的實例操作

買進鐵兀鷹策略是預期在某一段交易期間內，根本契約將在某個行情區間震盪時所採用的交易策略，其中採樣期間是可以由投資者自行設定的，比如說，投資者選擇從2010年1月台股合約開始之前的第5天，到1月台股合約的結算日，1月20日，假設總共有28個交易日，投資者可以使用歷史波動率來計算在這段期間內台股指數的高低落，然後將這個高低落點做為建立買進鐵兀鷹策略的上方看空部位，以及下方看多部位的依據，由於建立部位的同時，損益皆已固定，是以持有到合約的結算日為前提的操作策略，因此適合沒有時間看盤的投資者使用。

首先計算年度化的歷史波動率：

公式：$\sigma = \ln \sqrt{\dfrac{H}{L}}$

H＝年度高價

L＝年度低價

以1月台指合約開始交易前的第5天（2009年12月10日），當做計算年度化歷史波動率取樣的截止期間。

取樣期間：2008年12月9日～2009年12月10日

$\quad\quad\quad$ H＝7818（2009年11月26日）

$\quad\quad\quad$ L＝4164（2009年1月21日）

$$\sigma = \ln\sqrt{7818/4164} = 0.315$$

再根據公式計算特定天數（D）的年度化標準差的波動率：

$$\sigma_D = \sigma \cdot \sqrt{t}$$

D＝距離1月20日台股1月合約最後交易日剩餘的交易天數，假設為28天。

則28天的年度化標準差的波動率為：

$$\sigma_{28} = 0.315 \times \sqrt{\frac{28}{252}} = 0.105$$

再代入計算高低落點的公式：$X = S \cdot e^{Z \cdot \sigma_D}$

Z＝波動率標準差，使用0.5個標準差

S＝台指大盤指數在12月10日的收盤價7678點

計算預估到1月20日結算日的高低點，代入計算公式$X = S \cdot e^{Z \cdot \sigma_D}$，取得預估的最高落點：

$$X = S \cdot e^{0.5 \times 0.1042} = 8091$$

代入計算公式$X = S \cdot e^{-Z \cdot \sigma_D}$，取得預估的最低落點：

$$X = S \cdot e^{-0.5 \times 0.1042} = 7285$$

取得預估的高低落點之後，在隔天2009年12月11日，台股開盤時，將上方買權看空的部位建立在預估的高點之上：

B1月合約8200Call@32

S1月合約8100Call@46

將下方賣權看多的部位建立在預估的低點之下：

B1月合約7200Put@59

S1月合約7300Put@88

組成買進鐵兀鷹的交易策略，共收到權利金$(46-32)+(88-59)$ $=43$點。

最大獲利$=43$點

最大損失$=100-43=57$點

2010年1月台股指數結算價為8214點，已經高於部位的上方履約價8200，因此有最大損失57點。

✒ 5－28 變形的交易策略──聖誕樹交易策略

聖誕樹交易策略與蝶式交易策略以及兀鷹交易策略,一樣都是屬於價格波動率價差交易的變形策略。

聖誕樹策略(Christmas Tree)也稱為梯子策略(Ladder),部位的建構是以種類與到期日相同的三種不同的履約價來完成,部位建立的方式如下:

⚜ 多頭聖誕樹策略

以Call組成

在最低履約價買進Call,在次高履約價以及最高履約價,各賣出相同口數的Call。

舉例:

　　B7700Call@83×1口,Delta＝0.496

　　S7800Call@44×1口,Delta＝0.316

　　S7900Call@20×1口,Delta＝0.173

整體部位的Delta＝(0.496)－(0.316＋0.173)＝0.007,接近中性。

以Put組成

在最高履約價買進Put，在次高履約價以及最低履約價，各賣出相同口數的Put。

舉例：

B7700Put@90×1口，Delta＝－0.503

S7600Put@52×1口，Delta＝－0.320

S7500Put@28×1口，Delta＝－0.171

整體部位的Delta＝（－0.503）＋（0.320＋0.171）＝－0.012，接近中性。

以上是Delta值接近中性的多頭聖誕樹策略，這種策略通常也被視為特殊型態的比例垂直價差策略，若行情維持在區間整理的話，這種策略就可以獲利。

若投資者研判台股未來的走勢將趨向於在7700～7900點之間盤整時，就可以採用Call來建立多頭聖誕樹策略；若研判將在7500～7700點之間盤整時，可以採用Put來建立多頭聖誕樹策略。

◿ 空頭聖誕樹策略

以Call組成

在最低履約價賣出Call，在次高履約價以及最高履約價，各買進相同口數的Call。

舉例：

> S7700Call@83×1口，Delta＝0.496
> B7800Call@44×1口，Delta＝0.316
> B7900Call@20×1口，Delta＝0.173

整體部位的Delta＝（－0.496）＋（0.316＋0.173）＝－0.007，接近中性。

以Put組成

在最高履約價賣出Put，在次高履約價以及最低履約價，各買進相同口數的Put。

舉例：

> S7700Put@90×1口，Delta＝－0.503
> B7600Put@52×1口，Delta＝－0.320
> B7500Put@28×1口，Delta＝－0.171

整體部位的Delta＝（0.503）－（0.320＋0.171）＝0.012，接近中性。

以上是Delta值接近中性的空頭聖誕樹策略，這種策略通常被視為特殊型態的逆比例垂直價差策略，若台股的行情發生重大的變化，這種策略就可以獲利。

若投資者研判台股未來的走勢將突破7900點以上時，就可以採用Call來建立空頭聖誕樹策略；若研判將下跌到7500點以下時，可以採用Put來建立空頭聖誕樹策略。

5-29 選擇權「滾動式攤平成本」的操作方式

　　所謂「滾動式攤平成本」（Rolling），是一種變形的價差交易，又可分為「下滾式攤平成本」與「上滾式攤平成本」，兩種不同的操作方式。這種操作方式對於選擇權裸露的買方部位有減少風險、增加部位成功率的優點。其中，「下滾式攤平成本」的策略適用在買權的部位，而「上滾式攤平成本」的策略較適用在賣權的部位。

　　首先討論「下滾式攤平成本」，例如買進7500Call，若行情下跌，就賣出7500Call認賠，同時買進2倍口數的7400Call，移動損益平衡點，提高獲勝機率，實際上付出的成本只有兩個履約價格之間的權利金價差，這種操作方式，應用在搶反彈時很有效率。

　　接下來，使用台股指數2009年9月選擇權合約的實例來討論
「上滾式攤平成本」的操作方式。（附圖為9月8日台指期貨的漲跌
幅度）

昨收	上漲		下跌		日期
7219	0.5%	7255	0.5%	7183	9月8日
	1.0%	7291	1.0%	7147	
	1.5%	7327	1.5%	7111	
	2.0%	7363	2.0%	7075	
	2.5%	7399	2.5%	7039	
	3.0%	7436	3.0%	7002	
	3.5%	7472	3.5%	6966	
	4.0%	7508	4.0%	6930	
	4.5%	7544	4.5%	6894	
	5.0%	7580	5.0%	6858	
	5.5%	7616	5.5%	6822	
	6.0%	7652	6.0%	6786	
	6.5%	7688	6.5%	6750	
	7.0%	7724	7.0%	6714	

　　9月8日，台指9月期貨開盤最高來到7251點，正好接近上漲
0.5%、7255點的位置附近，隨後回擋到7181點，約下跌0.5%的位
置。上午9點40分左右，反彈最高來到7239點，由於反彈的高點
7239點並未高過今天的高點7251點，且再經過10分鐘後，2根5分
黑K棒的整理，仍然沒有突破7239點，因此研判台指期貨在經過整
理之後，可能繼續回檔修正，故進場買進價外1檔7100Put@61點
×1口。

　　但在10點15分的時候，這根5分K棒卻突破了盤整區的高點7239點，操作者研判行情將會上漲突破早盤的高點7251點，並且有機會測試上漲1%的價位7291點，於是將B7100Put使用市價平倉，平倉價位57點，損失4點。

　　上午10點55分，台指期貨上漲來到7366點，接近上漲2%、7363點的位置，再經過5分鐘，於11點的時候，5分鐘的K棒收黑，操作者認為台指期貨已來到當天的滿足點，因此再度嘗試進場買進價外1檔7200Put@54點×2口（採用上滾式攤平成本的策略），並將當天的高點7366點，預設為執行停損的位置。

　　上午11點55分的5分K棒收盤之後，操作者發現該5分K棒的低點7306點與11點15分的5分K棒的低點一樣，因此決定先獲利出場。

　　S7200Put@66×2口，部位獲利(66－54)×2＝16點，扣除起始的虧損4點，尚有12點的獲利(交易費用未計)。

　　現在來比較一下未執行「上滾式攤平成本」與有執行「上滾式攤平成本」的操作績效：

◢ 未執行「上滾式攤平成本」

　　即原來買進7100Put支付權利金61點的部位繼續持有，當天7100Put的收盤價40點，如未平倉，則已有21點的隱含損失。若行情續漲或進行整理，則權利金將日益減少，最後增加了變成「龜

零膏」的機率。這也是許多選擇權買方的通病——忽略小損失而不處理，期待行情會與自己預期的方向一樣，結果往往是部位的履約價距離標的物的價格越來越遠，縱使有一天行情再回到自己所預期的方向，部位的權利金也會因為時間價值的消耗而無法獲利。

◢ 有執行「下滾式攤平成本」

即認賠7100Put損失4點，買進2倍口數7200Put支付權利金54點×2口，交易結果有12點的利潤。

◢ 結論

這種操作策略的優點是，雖然是逆勢策略，但可以使用一套資金與非常小的風險，不斷的做攤平成本的動作以提高獲勝的機率，這是與期貨或股票的攤平策略最大的不同點；缺點則因為是搶回檔或反彈的性質，所以無法看得比較長線。其實這也符合選擇權買方的特性，因此只要行情回檔或反彈，部位有獲利就要馬上出場，但若連續調整攤平幾次之後，仍無法有效獲利，所累計的損失加上交易費用，即使每次的損失都不大，但若累積多次，也是相當可觀的損失。因此建議使用這種策略，一天的操作不宜超過3次，且時間也不宜太長，以免時間價值的消耗而使獲利縮水。

操作買進的「滾動式攤平成本」交易策略建議：

01 觀察期指的漲跌幅度：台指期貨的整數（1%、2%、3%、……）漲跌幅度，幾乎可以用來當做短線暫時的滿足點或支撐，適用於搶短線操作的進場點或停損點（不論期指或選擇權）。

02 使用5分K做為進出場的依據。

03 履約價的選擇應以價平或價外1檔為主。

賣方（包括組合部位）也可以採用「滾動式攤平成本」的操作方式，但過程略有不同。

買方注重行情發展的幅度，賣方注重行情發展的速度，因此裸露的賣方當發現行情上漲或下跌的速度遠超過預期，且快速朝賣方的執行履約價靠近，形成威脅的時候，除了停損之外，還可以進行滾動式攤平成本的操作方式，但是因為賣方受到最大獲利的限制，所以執行的方式應以較長線的操作為主，滾動的履約價因為賣方需要支付保證金的考量，也應以滾動到價外2檔為主。

舉例：

假設投資者在距離合約到期日尚有20個交易日，台股指數7450點左右的時候，研判行情將回檔修正，而建立了1組賣出7700Call的部位：S7700Call@105點。經過幾個交易日之後，投資者發現行情不但未能如預期的下跌，反而上漲到7650點，已經對部位的安全形成威脅時，假設選擇權的報價：

7700Call@185

7800Call@150

7900Call@115

投資者執行滾動式攤平成本的交易策略,將賣出7700Call部位平倉,損失(185-105)=85點,同時將執行履約價滾動到價外2檔的7900Call,賣出7900Call@115×1口。

後續情況:

01 若行情不再續漲,且結算在7900點之下,則部位可獲利(115-85)=30點。

02 若行情續漲到7850點,就再停損7900Call的部位,並將執行價再向上滾動200點,到8100Call。若前2次停損的額度已經大於最新執行價8100Call所可以收到的權利金,則建立的新執行價8100Call需要增加1倍的口數,S8100Call×2口。若行情繼續不如預期,則執行滾動的操作方式可依照這種策略持續進行。

03 由於這種賣方滾動式攤平成本的操作方式,需要龐大的保證金當做後盾,且最終的獲利情況也可能會與投入的資金成本不成比例,因此只能在對於研判的行情趨勢有相當的把握,認為目前的行情趨勢與研判的方向不同,只是短期的現象時,才可以執行這種策略。

5－30 如何利用未平倉量建立賣出勒式部位

　　從本書第二章，2－5小節討論的「選擇權成交量與未平倉量是如何累積的」，我們瞭解到，巨額累積未平倉量的履約價格，就是多空雙方爭戰激烈的重要關卡 。

　　如果Call有某個履約價格的累積未平倉量特別顯著，則那個履約價格就是市場認定的壓力關卡。如果Put有某個履約價格的累積未平倉量特別顯著，則那個履約價格就是市場認定的支撐關卡。

　　因此，在距離結算日還有5～7個交易日的時候，投資者可以找尋未平倉量最大的2個履約價（Put及Call各1個），去建立一組賣出勒式的組合，雖然獲利有限，但因為剩下的交易日不多，所以對未來行情的走勢也較容易掌握，安全性也相對較高。但若所選擇的履約價格因為處於深價外，權利金太少，也可考慮選擇未平倉量次高的履約價格來建立賣出勒式部位。

5－31 建立賣出勒式部位時機的探討

　　選擇權勒式部位的賣方所賺取的利潤是權利金時間價值的消耗，時間價值的消失又與風險系數的Theta值有關，Theta值的特性是會隨著接近到期日而變大，使得權利金的時間價值消耗的速度加快，因此建立賣出勒式部位的時機有兩點是需要考慮的：

第一個需要考慮的是交易期間的長短

　　假設在波動率不變或下跌的情況下，持有部位的時間越長，獲利的額度就越大，但行情隨時在變動，因此波動率也會跟著變化；持有部位的時間越長，面臨波動率變動的風險就越大，所以建立部位之前，首先要考慮的是部位要持有多久的期間。

第二個需要考慮的是交易期間波動率的大小

　　假設一個履約價相同的賣出勒式部位，持有的期間一樣是10天，但A部位在新合約剛開始的時候就進場交易，並在10天之後平倉出場，距離合約的最後交易日還有10天；而B部位在合約開始的第10天進場交易，並將部位一直放到最後交易日，持有部位的期間也同樣是10天。由於B部位是持有到最後交易日，所以能享受到接近到期日Theta值變大，而使權利金的時間價值快速消失的好處，但因慢了10天才進場，所以收到的權利金也會較A部位少；而

A部位雖然提早10天進場,可收到較多的權利金,但也因為提早出場而無法享受到接近到期日Theta值變大使得權利金的時間價值快速消失的好處。因此,若以相同的交易期間而言,其實A部位與B部位的操作績效是相差不多的,但若加上交易期間波動率的變化,則兩者的操作績效就會出現差異了。

在選擇權的風險系數之中,Theta值與Gamma值都會隨著合約到期日的接近而變大,但波動率上升,也會使得Theta的絕對值增加,使得Gamma的絕對值減少;反之,若波動率下降,會使得Theta的絕對值減少,使得Gamma的絕對值增加。因此,假使一個部位在交易期間的波動率偏高,另一個部位在交易期間的波動率偏低,則碰上高波動率的操作績效就會比另一個部位差。高波動率對於賣出勒式部位不利,與波動率升高會干擾垂直價差部位的獲利速度的道理是一樣的。

結論:

建立賣出勒式部位之前,除了要先審慎選擇執行的履約價之外,建立部位之後,還要再評估波動率在部位持有期間內是否有升高的跡象,若波動率有上升的跡象,則應該再觀察幾天,不要貿然進場;若發現波動率處在穩定的狀態或有下降的趨勢,才可以進場建立部位。

　　檢查波動率最快速的方式可至期交所網址：http://www.
taifex.com.tw/chinese/home.asp，點選「統計資料」，再進入
「台指選擇權波動率指數下載」選項，下載當天的波動率，並將
每天的波動率使用Excel繪製圖形，以觀察波動率的趨勢(附圖是
作者每天必做的資料，提供參考)。

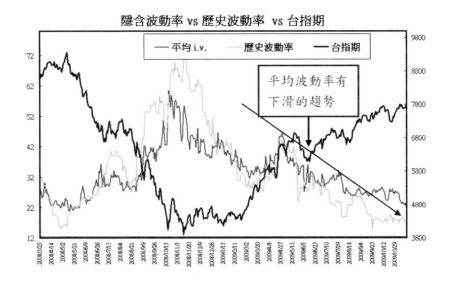

5-32 跨(勒)式部位的成功機率

選擇權跨(勒)式的賣方與買方對於未來行情的看法不同，賣方認為行情在某一段時間之內，價位將分布在某個特定的範圍，如果行情上漲到上檔價位就會回跌，下跌到下檔價位就會反彈；買方卻認為行情在某一段時間之內，價位不會固定分布在某個特定的範圍內，如果行情上漲到上檔價位，就會產生突破現象而持續上漲，下跌到下檔價位就會發生跌破現象而持續下跌，研判行情將會走一個波段的趨勢。

垂直價差是交易Delta值的變化，也就是在交易行情的趨勢，選擇權跨(勒)式的買方也是研判行情將會有趨勢的漲跌，但由於建立部位的成本太高，因此成功的機率相對降低，所以若是研判行情未來將發生趨勢，買方通常不會建立買進跨(勒)式的部位，會先建立垂直價差部位，等到趨勢明朗之後再進行部位的調整，擴大獲利或鎖住獲利，若行情不如預期，則所蒙受的損失也會比買進跨(勒)式部位少許多。

選擇權跨(勒)式的賣方，因為認為市場的趨勢有大部分的時間會在某個固定的區間來回循環，也就是在固定的幅度之間跳動，因此對先收取權利金的賣方而言，時間價值的消失有利部位的獲利，這也是賣方獲勝機率較高的原因；但賣方卻會面臨一個無限空間的虧損，所以在建立賣出跨(勒)式部位之前，必須先研

判目前行情的位置與所要建立的履約價之間的距離，市場波動率
的結構以及在合約到期之前行情去觸及並突破上下兩個履約價的
機率，計算行情觸及上下兩檔履約價機率的公式。

觸及上檔履約價的機率的公式：

1－(價外的 Delta_Put)＋(價外的 Delta_Call)×先漲後跌的機率

先漲後跌的機率的公式：

$$\frac{N \times \left[\ln(\frac{S}{H}) + (\frac{\sigma^2}{2}) \times T\right]}{\sigma \cdot \sqrt{T}}$$

觸及下檔履約價的機率的公式：

1－(價外的 Delta_Call)＋(價外的 Delta_Put)×先跌後漲的機率

先跌後漲的機率的公式：

$$\frac{N \times \left[\ln(\frac{L}{S}) + (\frac{\sigma^2}{2}) \times T\right]}{\sigma \cdot \sqrt{T}}$$

其中，

　　　　S：標的物價格

　　　　H：上檔履約價格

　　　　L：下檔履約價格

　　　　σ：波動率

　　　　T：距離到期日的時間

　　　　N：標準差

　　　如果無法以上述公式計算觸及上檔及下檔的機率，也可以使用最簡單的方法研判，以上檔的Call的Delta值做為突破上檔壓力的機率，以下檔的Put的Delta值做為穿越下檔壓力的機率，用1減去上面兩個Delta值的絕對值的總合，就是市場在上下2檔之間盤整的機率。

公式：

1－(價外的 Delta_Call)＋(價外的 Delta_Put)

舉例說明：

　　　假設某個交易合約月分台指期貨的成交價7295點，歷史波動率為19.20%，投資人以歷史波動率推估該合約到期日的台指期貨結算的預期高低落點。

計算公式：

$$X = S \cdot e^{Z \cdot \sigma_D}$$

S：台指期貨＝7295點

σ_D：特定天數年度化標準差的波動率＝$\sigma \cdot \sqrt{t}$

距離到期日還有19天，則：

$$\sigma_{19} = 0.192 \times \sqrt{19/252} = 0.0527$$

z ：標準差，假設使用1個標準差。

代入公式，推估的高點：

$$X = 7295 \times e^{1 \times 0.0527} = 7690$$

推估的低點：

$$X = 7295 \times e^{-1 \times 0.0527} = 6921$$

使用B－S評價模型去計算：

履約價7700Call的Delta值為11.6%

履約價6900Put的Delta值為－9.6%

那麼觸及7700及6900履約價而不穿越的機率就是：

$$1 - (11.6\% + 9.6\%) = 78.8\%$$

也就是說，以目前的台指期貨行情建立賣出7700Call／6900Put勒式部位，有78.8%的安全性，大約79%的獲勝機會。

而以先漲後跌的機率公式以及先跌後漲的機率公式，計算觸及上下兩檔履約價的機率為，先漲後跌的機率的公式：

$$\frac{N \times \left[\ln(\frac{S}{H}) + (\frac{\sigma^2}{2}) \times T\right]}{\sigma \cdot \sqrt{T}}$$

$$\frac{1 \times \left[\ln(\frac{7295}{7700}) + (\frac{0.192^2}{2}) \times \frac{19}{252}\right]}{0.192 \times \sqrt{\frac{19}{252}}} = -1.00$$

觸及上檔履約價的機率：

$1-$（價外的Delta_Put）$+$（價外的Delta_Call）$\times$先漲後跌的機率

$(1+0.096+0.116) \times (-1.2100) = -1.4721$

先跌後漲的機率的公式：

$$\frac{N \times \left[\ln(\frac{L}{S}) + (\frac{\sigma^2}{2}) \times T\right]}{\sigma \cdot \sqrt{T}}$$

$$\frac{1 \times \left[\ln(\frac{7295}{6900}) + (\frac{0.192^2}{2}) \times \frac{19}{252}\right]}{0.192 \times \sqrt{\frac{19}{252}}} = 1.08$$

觸及下檔履約價的機率的公式：

1－(價外的Delta_Call)＋(價外的Delta_Put)×先跌後漲的機率

(1－0.116－0.096)×1.0829＝1.020.85

　　觸及上檔履約價7700的機率為－1.4721，觸及下檔履約價6900的機率為1.082，代表行情在上下檔履約價信賴區間的累積常態分配，但因為常態分配的頭部以及尾部容易產生扭曲的現象，所以必須再將這兩個數值使用Excel的累積機率密度函數(Normsdist)計算出真正的機率值：

　　　　Normsdist(－1.2147)＝0.07081131
　　　　Normsdist(1.082)＝0.84618599

然後再計算真正在7700～6900之間盤整的機率：

　　　　1－0.07081131－0.84618599＝0.0831027

將0.0831027百分比化＝8.312.7%

也就是預估在6900～7700之間盤整的機率為8.312.7%，賣出6900／7700的勒式部位約有9297%(100%－8.31%＝91.69%)的成功機率。

5－33 評估賣出勒式部位持有期間的工具

　　既然可透過歷史波動率推估台股指數結算時預期的高低落點，來建立賣出勒式部位，而且經過觸及機率的演算，也證明賣出勒式部位有極高的成功機率，那麼投資者在建立部位之後，就可以高枕無憂的將部位持有到結算日，以賺取最大的利潤嗎？答案是否定的，因為行情的移動有90%是隨機的，在到期結算之前，誰也無法100%的保證行情一定會落在兩個執行價之間，因此基於穩健獲利的原則，投資者應該還要評估未來可能的漲跌幅度與時間，當做持有部位期間的參考。

◆ 如何反推未來盤整的幅度與時間

反推的公式

$$\frac{H}{L} = e^{\frac{波動率}{0.600561 \times \sqrt{T}}}$$

H：未來盤整期間的高點

L：未來盤整期間的低點

0.600561：將時間經過年度化處理所需要的數值，其計算公式為：

$$\frac{1}{2\sqrt{\ln 2}}$$

exp：代表自然對數(e)的次方值，即 x^y

這個反推公式的三個變數：

01 預期的最高價。

02 預期的最低價。

03 預期盤整的天數。

亦即，已知盤整時間，就可以大略推估盤整的幅度；已知盤整幅度，就可以大略推估盤整的時間。

舉例說明：假設台指大盤的短期歷史波動率是20%。

01 假設已知盤整天數：

假設研判台股的行情在合約結算之前將陷入整理，若距離結算假設日還有10個交易日(T)，則：

$$\frac{H}{L} = e^{\frac{0.20}{0.600561 \times \sqrt{10}}}$$

$$\frac{H}{L} = e^{\frac{0.20}{1.8991}}$$

$$\frac{H}{L} = 1.11 (盤整期間高低價的比值)$$

02 假設合約期間，台股大盤的低點6566點，是這段期間預期的最低價，則預期盤整期間的高價為6566點×1.11＝7288點。

假設已知高點是7950點，則反推低點的方式：7950÷1.11＝7162點。

03 假設投資人透過歷史波動率,推估到結算日可能的高低落點,或從技術圖形中研判未來的盤整區間,將落在6550點～7350點之間整理,那麼就可以反推出大約會整理多久的時間(假設波動率仍為20%不變),則:

$$\frac{7350}{6550} = e^{\frac{0.20}{0.600561 \times \sqrt{T}}}$$

$$1.122 = e^{\frac{0.20}{0.600561 \times \sqrt{T}}}$$

T＝8.3天(約等於8天)。

也就是在6550點～7350點之間整理的時間大約有8天左右,投資人可以利用這種現象建立6500／7400的賣出勒式部位,賺取8天的時間價值。

5－34 賣出勒式部位的出場時機

除了使用反推未來盤整的幅度與時間的方式，評估建立賣出勒式部位之後的持有期間，以當做出場依據之外，還可以透過以下的方法來研判部位的出場時機：

◢ 伯朗寧比例反射運動

通常行情在某一個區間來回震盪的時候，我們會發現這個盤整區間會存在幾個中心的對稱點，比較單純的情況是只有一個對稱點，整個盤整區間的極高價與極低價之間，彼此對稱於這個中心點，若行情脫離這個對稱區間，才有機會擺脫盤整區，展開另一波段的走勢。這種現象稱為「伯朗寧比例反射運動」。

以台股2009年9月期貨為例：

8月20日，台股9月合約開始交易，當天的收盤價6691點，以這個收盤價6691為中心點，對稱距離的上檔為8月24日的高點6835，有144點的幅度；對稱距離的下檔為8月21日的低點6553，有138點的幅度。8月20日～24日之間的極高價與極低價，幾乎以相同的幅度對稱於中心點6691點。

9月1日，台指8月期貨的收盤價7024點，反射距離為（7024－6691）＝333點，出現了單邊異常比例的反射距離，大約是上檔高

點對稱於中心點距離144點的(333÷144)=2.3倍,由於反射距離的中心點出現異常延長的現象,這種異常價位延伸出現的時間點就是所謂的「時間窗口」,行情將有可能透過時間窗口延伸出新波段的行情。

此外,若9月合約是以6700點或6600點為中心建立的賣出勒式的部位,則以6700點為中心建立的S7100Call、S6300Put,或以履約價6600點為中心點建立的S7000Call、S6200Put,在9月1日收盤價出現反射距離異常延長現象的時候,就要考慮將部位平倉出場了。

◢ 價位旋轉(Rotation)的次數

賣出勒式部位的獲利來自於權利金時間價值的消失,當合約越接近到期日,選擇權履約價格的Gamma值會越大,連帶Theta值也會快速變大,所以越接近到期日,時間價值耗損的速度就會加快。若行情持續在兩個履約價的中間或兩個損益兩平點之間整理,會使賣出勒式部位的獲利增加,但當行情接近履約價的上檔或下檔,或是損益兩平點的邊緣時,獲利額度就會開始縮減,甚至於產生虧損。

賣出勒式部位的獲利需要時間價值的消耗,也就是行情要維持在兩個履約價格中間,或在兩個損平點中間來回循環震盪,每循環震盪一次就稱為一個旋轉(Rotation),旋轉的次數越多,突

破盤整區間的機率越大，產生另一個新的波段行情的機率越大。

在交易的實務中發現，行情每經過一次的旋轉，再回到兩個履約價格或損平點中央的時候，賣出勒式部位的利潤就會增加，此時便是賣出勒式部位最佳的獲利時機，因此我們可以藉著計算這個盤整已經旋轉幾次，研判部位出場的時間點。

當然，旋轉次數越多，可增加部位的獲利也越大，但面臨行情脫離盤整區的機會也會越大，賣方的部位安全性也會越低。若發現行情已經旋轉多次的時候，賣方便要盡早平倉離開市場，雖然在研判旋轉的次數上可能出現失誤，使部位少了一些利潤，但安全平倉出場會比為了多賺一些利潤，而將手上已有的獲利拿去冒險更有意義。此時也不適合做動態調整，因為任何調整都必須花費交易成本，且會牽涉到行情看法這種不確定的因素，所以調整的結果可能反而傷害了原有的利潤。

但若投資者對技術分析有十足的把握，也可以利用技術分析配合時間窗口理論，來研判行情脫離盤整區間的時間點，也許可以多獲得幾次的旋轉而增加部位的獲利額度。

🖋 5－35 賣出跨(勒)式部位的動態調整

　　投資者建立了賣出跨(勒)式部位之後,若依照前二節所討論的出場方式準備出場,而部位已經建立了一段時間,在盤整行情結束之前,由於時間的經過使得部位有了時間價值的利潤,因此有機會從容的離開市場,但若是建立部位的時間太短,沒有足夠的空間去獲取時間價值的利潤,這是投資者的惡夢才剛要開始的時候,解決惡夢的方法,除了將部位停損出場之外,也可以透過動態調整的方式來改善部位的盈虧狀況。

　　事實上,前二節所討論的出場的觀念,與技術分析的角度不謀而合,行情盤整的時間越長,價位轉折的次數越多,則行情脫離盤整區間向著某一個方向形成趨勢的機會越大,幅度也會越大;但唯一的缺點是,目前市場上所使用的技術分析,幾乎無法精確的計算出行情將會在那個時間點脫離盤整區間,並出現一個波段的走勢,這種脫離盤整區間的時間窗口的不固定性,稱為「伯朗寧的滲透運動」。

　　一般調整部位的方法及調整後的損益變化,大致上可分成三種:

01 加入垂直價差部位,使原來部位的損益結構呈現水平移動。

02 加入跨(勒)式部位,使原來部位的損益結構呈現垂直移動。

03 加入轉換／逆轉部位，使原來部位的損益結構呈現旋轉移動。

首先討論加入垂直價差部位，使原來部位的損益結構呈現水平移動。

若2個交易日之前，建立的賣出勒式部位：

> S7400Put@53×1口
> S8400Call@74×1口

假設在第4個交易日，行情出現「伯朗寧比例反射運動」，突破盤整區間，開始上漲，對部位上檔履約價8400Call產生威脅，這時候可以加上1組垂直價差部位：

> B8300Call@180×1口
> S8500Call@52×1口

然後再將部位重組成，

1組看多買權垂直價差：

> B8300Call@180×1口
> S8400Call@74×1口

1組賣出勒式：

> S7400Put@53×1口
> S8500Call@52×1口

這樣不但可以將原來對部位安全產生威脅的看空S8400Call部位，改變成看多買權價差，且可將原先賣出勒式上檔履約價8400上移到更遠的8500，若行情上漲到下個壓力8300點～8400點附近時，可以改變原來賣出勒部位的虧損成為獲利的狀況。

再來討論使用跨(勒)式來做賣出跨(勒)式部位的動態調整。調整原則：若原來的部位是賣出跨式，則要以跨式部位調整；若原來的部位是賣出勒式，則要以勒式部位調整。

使用加入跨(勒)式部位做調整，並不會改變原來部位的Delta值，但可以改善價平的獲利區間，不過虧損空間也會跟著變大，尤其是當行情突破損平點進入虧損區間的時候，部位的虧損速度會更加快速。

舉例：

原來的賣出勒式部位：

S7400Put@53×1口
S8400Call@74×1口

收到權利金127點。

上方損平點為8527點，下方損平點為7273點，結算在7400～8400之間，有最大獲利127點。

若在行情上漲到8300點的時候，加入1組賣出勒式做動態調

整，假設部位是：

S7800Put@60×1口

S8800Call@42×1口

收到權利金102點。

這時候，整體部位上方的損平點會上移到8629點，下方的損平點會下移到7171點，若結算行情在8629點～7171點之間，部位會有獲利。這個調整改善了獲利的區間，但若行情向上突破8629點或向下突破7171點，部位的虧損將會加速，若再向上或向下突破最上檔履約價8800或最下檔履約價7400，則部位的損失將會迅速擴大。

最後討論加入轉換／逆轉部位，使原來部位的損益結構呈現旋轉移動。

賣出跨(勒)式部位，加入轉換／逆轉部位之後，整體部位的損益會從損平點開始逐漸擴大，由於轉換／逆轉部位的上下兩檔履約價，一個是買方，另一個是賣方的緣故，所以會形成輻射狀擴大損益區間的特性，對賣出跨(勒)式部位的損益結構產生旋轉運動。

舉例：

原始的賣出勒式部位：

S7800Put@156×1口

S8400Call@74×1口

收到權利金230點。

上方損平點為8630點，下方損平點為7570點，結算在7800～7400之間有最大獲利230點。

幾個交易日之後，行情下跌到7900點左右，使得S7800Put看漲的部位受到威脅，進而影響整體部位的安全性，加入1組轉換部位的方式來做調整。

轉換部位為：

B7900Put@209×1口

S7900Call@232×1口

若行情如預期的持續下跌，則結算價在7691點以下，整體部位將開始獲利，若下跌到原來賣出勒式下方的損平點7570點之下，則有最大獲利232＋(7691－7570)＝353點。但若行情不跌反漲，則結算價在8153點以上，整體部位會開始產生虧損，最大損失——理論上無限。

5－36 跨(勒)式損平點與賣出部位的勝率關係

跨式損平點的距離，是指相同履約價格Call的損平點，減去Put的損平點之間的距離，因為：

Call的損平點＝履約價格＋Call權利金

Put的損平點＝履約價格－Put權利金

以台指選擇權2009年2月合約為例子，台股大盤指數8337點，2月台指期貨8323點，價平履約價8300：

8300Call@176，買進8300Call，損平點＝(8300＋176)＝8476點

8300Put@151，買進8300Put，損平點＝(8300－151)＝8149點

因此，損平點的距離＝(8476－8149)＝327點

由以上的例子可知：

Call的損平點－Put的損平點

＝履約價格＋Call權利金－(履約價格－Put權利金)

＝Call權利金＋Put權利金

＝跨式部位成本

所以，損平點的最短距離就是最小的跨式部位成本，也就是真實價平跨式部位的成本，即327點。

跨式部位的上檔損平點＝履約價格＋Call權利金＋Put權利金
即：$8300 + 176 + 151 = 8627$

跨式部位的下檔損平點＝履約價格－Call權利金－Put權利金
即：$8300 - 176 - 151 = 7973$

所以，跨式部位上下檔損平點的差距＝履約價格＋Call權利金＋Put權利金－（履約價格－Call權利金－Put權利金）
＝$2 \times$（Call權利金＋Put權利金）
＝兩倍真實價平跨式部位成本

　　因此可證明：

跨式部位上下檔損平點的差距＝$8627 - 7973 = 654$點
＝兩倍真實價平跨式部位成本
＝$2 \times 327 = 654$點

至於，

勒式部位損平點損平差距
$$= (K2 + C) - (K1 - P) = (C + P) + (K2 - K1)$$

勒式部位損平點支撐壓力差距
$$= (K2 + C + P) - (K1 - C - P) = K2 - K1$$

其中，

K1＝下方履約價

K2＝上方履約價

C＝買權權利金

P＝賣權權利金

　　同樣以台指選擇權2月合約為例子，台股大盤指數8337點，2月台指期貨8323點：

$$7900Put@36$$

$$8700Call@40$$

勒式部位損平點損平差距＝

$$(8700+40)-(7900-36)=(40+36)+(8700-7900)=876$$

勒式部位損平點支撐壓力差距＝

$$(8700+40+36)-(7900-40-36)=8700-7900=800$$

　　勒式部位損平點最短的距離等於兩個履約價的價格之差。

結論：

　　這裡出現一個現象：損平點的最短距離等於跨式部位成本，以計算隱含波動率的程式來估算這個距離幅度，約需要0.4個標準差(機率＝78.81%)。跨式損平距離等於兩倍的跨式成本，以計算隱含波動率的程式來估算這個距離幅度，約需要0.8個(2×0.4)＝0.8個標準差(機率＝65.54%)。

　　N值的標準差也是兩倍，這種關係在理論上，完全不受目前價格、波動率以及時間的影響，而其應用說明了：Short Option(賣出選擇權)在理論上有65%的勝算機率；Short Straddle(賣出跨式)在理論上有79%的勝算機率。

✏ 5－37 趨勢對於中性跨（勒）式部位的影響

不論是選擇權的買方或賣方，在建立跨（勒）式部位之前，首先必須考量的是部位中性的問題，所謂的中性部位就是整體部位的Delta值要接近於零，使用2010年1月台股選擇權的履約價來說明。

假設20天歷史波動率為12.5%，距離到期日還有6個交易日：

履約價	Call_Delta	Put Delta
8100	0.92	－0.08
8200	0.77	－0.23
8300	0.53	－0.47
8400	0.28	－0.72
8500	0.11	－0.89

建立中性的買進8400跨式部位：

B8400Call×5口，Delta值＝0.28×5＝1.4

B8400 Put×2口，Delta值＝－0.72×2＝－1.44

整體部位的Delta值等於－1.44＋1.4＝－0.04，接近中性。

建立中性的賣出8500／8100勒式部位：

S8100Put×14口，Delta值＝－0.08×－14＝1.12

S8500Call×10口，Delta值＝0.11×－10＝－1.10

整體部位的Delta值等於1.12－1.1＝0.02，接近中性。

中性部位所存在的時間是短暫的，因為行情不斷的變動，會改變履約價的Put跟Call與根本契約之間的距離，進而改變它們的Delta值，使得部位變成是有趨勢的。買方會希望這個趨勢可以引發強烈的波動，使得行情大幅度改變方向(不論是上漲或下跌)，如此便有利買方所建立的跨(勒)式部位，但若希望落空，最好的善後處理方式就是趕快停損離開市場，以免時間價值繼續消耗所投入的權利金。

相反的，賣方希望中性部位保持的時間越久越好，也就是說行情最好在預期的整理區間來回震盪，甚至永遠不要碰觸到上下兩端損平點的邊界，但如果行情不如預期，就必須做一些部位的調整。如果行情向著下方損平點的邊界接近，就可能需要買進某些部位的Put來規避部位的風險；若是行情是向著上方損平點的邊界接近，就可能需要買進某些部位的Call來規避部位的風險，或進行其它的部位調整，將整體部位的Delta值調回中性或調整到與行情趨勢一致的方向。

賣方與買方不同的是，賣方有權利金的收入，因此可以挪出一些收到的權利金做部位的調整，但若調整不當，反而會降低整個部位的獲利額度，甚至吃力不討好，最後造成虧損。

5－38 如何規劃跨（勒）式部位的損益

　　在選擇權的交易策略中，不論是跨式或勒式部位，買方在理論上都是獲利無限，損失有限；賣方在理論上都是獲利有限，損失無限。但以成功機率而言，市場的隱含波動率大部分的時間都會維持在一個固定的區間。以附表的10月台指選擇權為例子，從9月17日新合約開始到10月15日為止，隱含波動率都維持在26%～28%之間整理。

交易日期		交易日期	
2009/9/17	26.73	2009/10/2	27.54
2009/9/18	26.55	2009/10/5	27.9
2009/9/21	27.11	2009/10/6	27.63
2009/9/22	26.67	2009/10/7	26.74
2009/9/23	26.54	2009/10/8	27.61
2009/9/24	25.94	2009/10/9	27.06
2009/9/25	25.66	2009/10/12	27.66
2009/9/28	26.66	2009/10/13	27.91
2009/9/29	26.21	2009/10/14	27.56
2009/9/30	26.07	2009/10/15	28.3
2009/9/31	26.54		

　　隱含波動率升高的時間通常只佔少部分，而波動率升高有利於買方，因此若以波動率結構的特性而言，賣方的成功率會大於買方。

　　另外，在價位分布機率的理論上，距離價平越遠，價位分布機率越低，或越接近到期日，價位分布離開價平區的機率也會越來越小。因此，勒式部位的賣方若以比較價外的履約價格來建立部位，雖然會因為價位分布的機率較低而影響獲利的速度，但卻有較高的成功率；可是因為時間的經過，賣出勒式兩個價外履約價，其中之一的履約價有可能因為行情的變動而逐漸接近價平，使得整體部位的風險增加，所以如果投資者不想讓時間的因素成為賣出勒式部位的風險，只想賺取部位兩個履約價短期的時間價值的話，就要選擇接近價平的履約價來建立部位，因為價平履約價有較大價格分布，也會有較大的時間價值消耗。

　　反觀勒式或跨式部位的買方，若研判波動率即將上升，而且要有比較高的成功率，就要以接近價平的履約價來建立部位，但為了提高成功率，也必須支付更多的部位成本。至於跨式部位的賣方，除非對於未來行情的變動有特別的看法，否則執行履約價仍建議以價平附近為準。

　　假設台股價目前行情是7700點，若投資者研判未來行情將下跌，就可以建立賣出7500的跨式；若投資者研判未來行情將上漲，就可以建立賣出7900的跨式。

現在來討論損失無限（賣方）及獲利無限（買方）部位損益的規劃：

我們知道不論是損失無限或獲利無限都是理論性的，實務上可以透過交易計劃，將理論轉換成實際的操作績效。一般而言，損益的規劃必須透過波動率的變動來執行，跨（勒）式部位的買方，雖有無限獲利的想像空間，但無限獲利的機率永遠小於有限獲利的機率，所以應該根據機率分布及波動率的變化，做好適當的停利規劃。而有限虧損的部分，若開始產生虧損，則不建議持有到結算，應該規劃一定比例的停損額度，比如當損失到達所支付的權利金的一半時，就是停損的出場點，以降低損失。

跨（勒）式部位的賣方，除了使用5－33節〈評估賣出勒式部位持有期間的工具〉所討論的評估賣出勒式部位持有期間的方法，決定部位持有的期間之外，也必須對理論上的無限損失做些實務上的限制，比如說波動率已上升某種程度，或損失達到固定獲利額度的多少百分比時，就要停損出場；假使設定損失到達固定獲利的50%就執行停損，若固定獲利是150點，則當部位權利金的總和達到150＋（150÷2）＝225點的時候，就要將整個賣出跨（勒）式部位平倉出場，或者是設定波動率已比原來建立部位時的波動率上升了5%，假設建立部位的時候，波動率是25%，則波動率上升到30%時就該停損。

　　當然，其它還有許多賣出跨（勒）式部位的調整方法，本節所討論的只是原則，至於有限獲利的部分，因為達成率非常緩慢，所以是否要冒著波動率突然升高的風險而持有到結算以致完全獲利，也是需要評估的問題。通常建議當跨（勒）式部位的其中一個履約價的權利金在10點以下，已經失去保護另一個履約價的作用時，就是考慮將這個賣出部位停利（或停損）出場的時機了，或是也可以規劃當獲利到達固定獲利一半以上就停利出場，如固定獲利150點，當2個履約價的權利金總和來到75點以下就獲利出場。

　　為了使交易帳戶內的資金水位能穩定的成長，以上跨（勒）式部位的損益規劃都是投資人擬定交易計劃時需要考慮進去的。

5－39 跨(勒)式部位的損益結構分析

◢ 關於跨(勒)式部位討論的結論

　　跨(勒)式部位的買方在損益結構上，具有「損失有限、獲利無限」的特性，賣方則相反，只有有限的獲利，卻需要承擔無限的風險。賣方部位雖然獲勝的機率比較高，但獲利的速度卻非常緩慢，這個特性與垂直價差是一樣的。而不論是買方有固定的虧損或賣方有固定的獲利，因為最大的虧損與獲利，在部位組成的時候就已經固定了，所以在實務操作上，對於這部分的報酬分配率是可以暫時不必去費心的；但是對於有無限獲利以及無限虧損的部分，投資人必須事先規劃，以免買方最後只是一場紙上富貴，或者賣方造成重大的資金虧損。

◢ 盈虧比分析

　　買方在規劃無限獲利這部分時，需要考慮到無限獲利的機率，永遠小於有限獲利，所以應該根據行情的發展以及機率的分布，設定一個停利點，使部位在理論上的無限獲利變成有限的獲利，才可以避免行情在到達某一個滿足點之後，產生修正走勢的同時，部位的獲利也縮水，甚至到最後只是一場紙上富貴而已。另一方面，買方的虧損雖然是固定的，但若發現行情持續整理，

明顯對部位不利的時候，也不一定要等到結算，可以規劃一個停損的機制或比例額度，如損失已到達所支付權利金的二分之一，或部位建立之後，行情連續在狹幅的區間整理5天以上，就將部位停損出場以減少虧損。

賣方在處理無限虧損這部分尤其需要謹慎，市場上有很多對選擇權一知半解的投資者，以為當賣方很好賺，於是貿然進場當莊家，剛開始也許會有些獲利，但若對選擇權部位調整的技巧不熟悉，以及沒有風險的觀念，結果往往在經過一段時間的交易之後，便將以前當賣方所賺到的利潤損失殆盡，而且可能連老本也一起陪葬。因此若要當賣方，不論是單式部位或複式部位，都要嚴設停損，沒有部位調整的技巧以及風險值觀念的投資者，最好不要輕易進場當賣方，但若仍想當賣方，建議最簡單的停損方式，就是當整體部位的虧損已達到最大獲利點數時，就停損出場。比如賣出勒式部位，最大獲利是100點，當部位損失達到100點的時候，便將整個部位停損，因為會產生這種情況，就表示部位的某個履約價已接近價平或已進入價內了；當然也可以根據部位風險值的變化，加入其它的部位做動態調整。

至於賣方在處理固定獲利的時候，是否要等到結算後有完全獲利才出場？這也是需要規劃的。若接近結算日，因為產生變數的機率已大為降低，所以是可以考慮的；若距離結算日還有一段時間，則建議在固定獲利的二分之一以上時，就考慮出場了。關

於這點，見仁見智，投資人如果覺得對趨勢有把握，或發現隱含波動率持續下降的話，還是可以再多看一些時間，多賺一些時間價值。

◢▷ 成功機率分析

如何分析部位到底有多大的成功機率呢？這要從部位的履約價與目前標的物的價位空間來進行機率分析了。距離價平越遠，價位分布的機率越小，距離到期日越近，價位分布離開價平區的機率也越來越小。有利賣方部位，而當市場的隱含波動率逐漸升高時，行情突破價平區間的機率也就跟著升高，不利賣方部位，因此當跨(勒)式賣方所執行履約價的其中之一的波動率有越來越高的跡象時，就表示整體部位的成功機率將越來越低，此時賣方應不可戀戰，應迅速將部位撤出市場。

5－40 跨式策略的進階運用

　　跨式的交易策略分為買進跨式與賣出跨式。買進跨式需要隱含波動率上升才會有獲利的機會，在理論上風險有限，利潤無限，但成功的機率不高；賣出跨式需要隱含波動率持穩或下降才會有獲利，在理論上獲利有限，但有無限風險，可是成功的機率極高。若能利用這兩種策略在交易理論上有優缺點互補的特性，將它們重新組合成一套新的交易策略，則可大大的提高操作的績效。

◢ 部位組合

　　買進價平履約價的跨式部位，同時賣出高檔履約價或低檔履約價的跨式部位。我們知道，相同履約價格的Call和Put，其中一個是價內，另一個是價外，所以其中一個履約價有內涵價值，另一個則只有時間價值；相同履約價格的Call和Put，其權利金正好相差一個內涵價值，因為權利金＝內涵價值＋時間價值，所以價平附近的履約價有最大的時間價值。如果正好是價平，則Call的時間價值＝Put的時間價值，這時候跨式部位的權利金最小，但隨著愈接近價內或愈接近價外，內涵價值會不斷增加，所以價內或價外的跨式部位的權利金會愈來愈貴。

◢ 如何擬定交易策略

01 如果看漲未來走勢，就買進價平跨式部位，同時賣出高檔跨
式部位，這時候部位的損益型態（Payoff）會類似看多的垂直
價差部位，即上漲獲利有限，但若看錯行情（下跌），則虧損
也有限。

02 如果看跌未來走勢，就買進價平跨式部位，同時賣出低檔跨
式部位，這時候部位的損益型態（Payoff）會類似看空的垂直
價差部位，即下跌獲利有限，但若看錯行情（上漲），則虧損
也有限。

03 如果判斷行情將在某個區間盤整，就買進價平跨式部位，同
時賣出高檔跨式部位，再賣出低檔跨式部位，結果會形成中
間凹陷、兩邊凸出，類似M頭的部位，超出的兩邊則類似賣
出勒式部位。

　以11月23日，台指12月期貨收盤7691點為例子：

01 如果判斷未來台指將上漲，則：

　　　　B7700Put@179
　　　　B7700Call@172
　　同時建立：
　　　　S8000Put@369
　　　　S8000Call@ 63

建立部位時，已將時間價值的耗損鎖住了，收到81點的權利金，經過保證金最佳化重組後，變成1組賣權看多與1組買權看多的垂直價差部位，則只要支付15000元的保證金（賣權看多的履約價差300點×50＝15000元）＋支付權利金5450元（買權看多的權利金價差（172－63）×50＝5450元）。

02 如果判斷未來台指將下跌，則：

> B7700Pu@179
>
> B7700Call@172

同時建立：

> S7400Put@69
>
> S7400Call@361

建立部位時，已將時間價值的耗損鎖住了，收到79點的權利金，經過保證金最佳化重組後，變成1組賣權看空與1組買權看空的垂直價差部位，則只要支付15000元的保證金（買權看空的履約價差300點×50＝15000元）＋權利金5500元（賣權看空的權利金價差（179－69）×50＝5500元）。

03 如果判斷未來台指大盤將盤整，則：

> B7700Put@179
>
> B7700Call@172

同時建立：

　　　S 8000Put@369

　　　S 8000Call@63

　　　　　及

　　　S7400Put@69

　　　S7400Call@361

部位建立共收到511點的權利金，但除了垂直價差的保證金15000元之外，還需要多支付1組賣出跨式部位的保證金，損益型態類似賣出勒式部位S7400Put、S8000Call，但部位的損平點卻比單純賣出7400Put／賣出8000Call要高出或低出許多，因此也相對的可以提高部位的成功機率。

　　玩不同履約價的跨式部位，因為時間價值已經被鎖住了，因此是在玩內涵價值的消長，而且利潤與風險都已固定，這種策略時間可長可短，因為時間價值的消耗已經被鎖住，所以只要判斷的方向正確，很快就會看到利潤。而玩單一履約價的跨式部位或勒式部位，玩的是波動率的變化或時間價值的耗損率，因此所需的時間較長；買進的策略雖有較大的利潤，可是同時也需承擔部位有較大失敗的風險。反之，對賣方策略而言，雖說有較大的成功機率，但承擔的風險與利潤有時候卻會不成比例。

📝 5－41 跨(勒)式部位的鎖單交易

　　建立跨(勒)式部位之後，若行情的趨勢發展有利於原始跨(勒)式部位的時候，應該如何交易來保持戰果？除了將部位平倉之外，對於追求更大利潤有企圖心的投資人，還可以使用鎖單的交易策略，一方面保持目前已有的獲利，一方面可依照行情的發展調整鎖單的部位，尋求更好的利潤。當然在進行這類交易的同時，也必須有承擔萬一對行情的未來趨勢研判錯誤時，可能造成原有獲利縮水或反勝為敗的心理準備。

　　以下分別使用買進跨式與賣出勒式部位來討論：

01 買進跨式部位鎖單交易適用在部位處於獲利的狀態，但是行情趨勢的強度有減弱的情況。

　　假設台股指數7920點，建立原始的買進跨式部位：

B7900Call@130

B7900Put@115

　　假設經過一段時間的交易之後，台股指數上漲400點，來到8370點附近，研判行情再上漲的空間有限，且原先買進的跨式部位已有獲利的狀態，這個時候有幾種鎖單的策略可以考慮：

A.　若研判行情上漲趨勢的強度雖有減弱，但在合約結算之前仍然會在高檔盤整，可利用高檔的賣出跨式部位做鎖

單交易，把部位轉換成看漲的垂直價差部位：

S8400Call@50

S8400Put @80

部位經過鎖單交易之後，會變成：

B7900Call@130

S8400Call@50

買權看多價差部位，支出權利金80點，為最大損失，最大獲利為420點，損益兩平點7980點。

B7900Put@115

S8400Put@80

賣權看多價差部位，鎖住了原始部位B7900Put的可能最大損失115點，部位支出的35點權利金成為最大損失，若行情如預期的結算在8400點，則整體部位的獲利：420－35＝405點；若是行情持續上漲，則會犧牲8400點以上的獲利空間；若是行情結算在8400點以下，則整體的獲利空間將開始縮水；若跌破整體部位的損平點8207.5點，就會開始產虧損。（損平點的計算如下：（買權看多的最大獲利420點＋賣權看多預期的最大損失35點）÷2＝227.5點，再加上買權看多的損平點7980等於8207.5點。）結算價跌破7900點會有最大虧損615點（買權看多的最大虧損80點＋賣權看多的最大虧損535點＝615點）。

部位經過鎖單交易之後，將整體部位的損平點控制在8207.5點左右，雖然最大獲利受到了限制，可是因為判斷行情的強度已有減弱的現象，所以也不期望買進跨式部位理論上的無限利潤；但若是行情失控，反向大幅修正，則結算價在7900點以下就會有最大損失，因此採用這種賣出高檔跨式鎖單的策略，除非在快要接近合約的結算日且對行情的整理趨勢有相當把握的情況下，才可以執行。

B. 若研判行情可能還有200點左右的上漲空間，但又不確定是否將如預期上漲時，可以單純賣出預期台股指數再上漲200點、8570點(8370＋200)的價平履約價8600Call，收到權利金10點來鎖單，部位變成：

B7900Call@130

S8600Call@10

買權多頭價差，支出權利金120點，最大獲利為580點。B7900Put最大損失為115點，整體部位有580－115＝465點的最大獲利。

但若是行情持續大漲，則會因為受到上方部位7900／8600Call買權看多的影響，而犧牲了8600點以上的利潤，補救的方法是直接加入看多的小台指期貨。

以上的討論是使用上漲的情況來模擬，若是下跌的情況，反向思考即可

02 賣出勒式部位鎖單交易適用於部位處於獲利的狀態，但是行
情的方向已明確的情況下：

A. 假設：台股指數4920點，建立原始的賣出勒式部位：

　　　　S5100Call@125

　　　　S4900Put@115

假設經過一段時間之後，台股指數上漲100點，來到
5020點，此時研判行情將轉為下跌，且原先賣出勒式部
位已有獲利的情況，則可利用高檔的買進跨式部位做鎖
單交易，把部位轉換成看跌的垂直價差部位：

　　　　B5200Call@86

　　　　B5200Put@164

部位經過鎖單交易之後，變成：

　　　　B5200Call@86

　　　　S5100Call@125

買權看空價差部位，收到權利金39點，為最大獲利，最
大損失61點，損益兩平點5139點。

　　　　S4900Put@115

　　　　B5200Put@164

賣權看空價差部位，支出權利金49點，為最大損失，最
大獲利251點，損益兩平點5151點。若結算在5200點以
上，有最大損失61＋49＝110點，結算在4900點以下，
有最大獲利251＋39＝290點，高於原來的賣出勒式部位

的最大獲利125＋115＝240點。但若誤判行情，台股指數仍然在4900～5100點之間盤整，則經過鎖單的部位：5200／5100買權看空部位有39點的獲利，4900／5200賣權看空部位的最大獲利將會達不到原先預估251點的最大獲利，整體部位的獲利會因結算價的位置，而有可能小於原來的賣出勒式部位的最大獲利125＋115＝240點，形成獲利縮水的現象。

B. 若是在上漲到5020點的時候，研判行情持續上漲的方向相當明確，這時候的賣出勒式部位雖然有獲利，但行情將持續往上漲的方向前進，則部位就會面臨獲利縮水，甚至是理論上無限虧損的風險。此時為了鎖住獲利或控制風險，最常被使用的策略就是迅速建立看多的小台指部位，或是買進2倍口數的價外2檔5200買權，將部位改變為1個S4900Put×1口的部位及1組買權逆比例價差：

B5200Call×2口

S5100Call×1口

以上是以賣出勒式部位面臨行情方向是先漲後跌，以及持續上漲的情況來討論的，若是面臨行情方向是先跌後漲以及持續下跌的情況，則鎖單交易就要反向執行。

選擇權鎖單交易與一般的期貨鎖單交易不同，最常看到的期

貨鎖單交易，都是投資人在交易發生虧損的情況下進行的動作，其實這是不正確的交易行為，而選擇權的鎖單交易需要在部位已有獲利的情況下進行，並且可以透過不同的交易策略來鎖單，以保護獲利或降低風險，這是與期貨的鎖單交易最大不同點。選擇權的鎖單交易可以討論的策略還有許多種，這也是交易選擇權的迷人之處。

🖋5－42 台股指數期貨避險的 4 個選擇權避險策略

以下四種選擇權策略除了可以使用在指數期貨的避險或套利之外，也可以使用在股票期貨的避險或套利之上：

△ 買進保護賣權（Longing protective puts）

部位是由買進賣權＋買進期指所組成，損益型態類似買進買權。當投者者買進期貨指數或個股期貨的同時，買進賣權，以規避期貨指數或個股期貨下跌時的損失；或當買進的期貨指數或個股期貨如預期上漲時，再買進賣權來鎖住已有的利潤或進行套利。

△ 反向保護賣權（Reverse protective puts）

部位是由賣出賣權＋賣出期指所組成，損益型態類似賣出買權，當投者者賣出期貨指數或個股期貨的同時，賣出賣權，以規避期貨指數或個股期貨小幅上漲時的損失；或當買進的期貨指數或個股期貨如預期下跌時，再賣出賣權來鎖住已有的利潤或進行套利。這種交易策略只能規避期貨指數或個股期貨小幅上漲的風險，無法規避大幅上漲時的風險。

◢ 賣出遮蔽買權（Writing covered calls）

部位是由賣出買權＋買進期指所組成，損益型態類似賣出賣權，這種交易策略同樣只能規避貨指數或個股期貨小幅下跌的風險，無法規避大幅下跌時的風險。

◢ 反向遮蔽買權（Reverse covered calls）

部位是由買進買權＋賣出期指所組成，損益型態類似買進賣權。

以上是台指期貨與個股期貨的四個選擇權的避險策略，但如果是個股選擇權與股票期貨之間的避險，則因為有股利與股息的問題，所以雖然損益型態相同，移動的曲線卻有些不同。

當預期中央銀行將調高利率的時候，要執行反向遮蔽買權的策略，買進個股選擇權買權；同時放空股票期貨。當在合約期間。

當在合約期間，預期某個上市交易的公司將發放高於以往的股利或股息的時候，要執行買進保護賣權的策略，買進個股選擇權賣權，同時買進股票期貨，取得參加配股配息的權利。

🖊 5－43 合成部位結構的轉換與運用

　　由於選擇權的履約價不論價內或價外的Delta值，在合約未到期之前都是小於1(即使是深價內的履約價最多也是接近1而已)，而期貨部位的Delta值永遠等於1，所以一定會大於選擇權的Delta值，因此單純的選擇權部位加入相同口數的反向期貨部位所形成合成部位的方向，一定是以期貨的方向為主導，如原來的選擇權部位是1口看多的買進買權，若加上1口賣出小台指期貨，則原先看多的部位會變成看空的部位，即

　　　　1口B Call加上1口看空的小台指＝B／Put＋S／Call

組合之後就成為B／Put的看跌部位。

　　但合成部位只會改變選擇權部位原來的方向，並不會改變原來是當買方或賣方的立場，也就是原來的選擇權部位是1口B Call，若加上1口看空的小台指＝B Put＋S Call，組合之後的部位成為B／Put。原先的買方立場沒有改變，只是改變了部位的方向而已。

　　相同履約價的Call和Put，其中有一個一定是價內，另一個一定是價外，且Call＋Put的Delta絕對值一定等於1，相當於一個小台指期貨，所以單純的選擇權部位加上反向的期貨部位，不但會改變原來部位損益結構的方向，又因為是相同履約價的關係，所

以價內履約價的結構會變成價外履約價的結構，價外履約價的結構會變成價內履約價的結構，同時也會改變部位獲利的機率與獲利的額度。

由於價內履約價的成本較高，因此買方需支付較高的成本，但獲勝機率也相對較高；加入反向的期貨部位之後，會改變原來的價內買方結構，成為價外的買方。如期指7770點，買進7700履約價的Call加上放空小期指7770點，則選擇權部位會變成B7700Put，不但改變部位結構的方向，也將部位從7700買權的價內履約價，改變為價外履約價的7700賣權，這樣雖然可以降低成本，但因為是價外，且部位方向有可能與行情趨勢相反，所以獲勝機率也相對降低。

相反的，由於價外履約價的成本較低，因此買方支付的成本較低，但獲勝機率也相對較低；加入反向的期貨部位之後，會改變原來的價外買方履約價，成為價內的買方，雖然成本增加，但相對的也有較高的獲勝機率。

同樣的，也可以使用合成部位結構轉換的原理，將小台指期貨部位改變成選擇權的部位，比如原始部位是買進1口小台指7820點，再買進1口7800履約價的Put，則部位的損益結構會變成B7800Call。若行情繼續上漲，則買進小台指的獲利可持續增加，但買進7800Put的損失卻有限，因此整體部位理論上仍會有利潤；

若行情不漲反跌，則買進小台指的損失，可透過買進7800Put的獲利得到補償，因此整體部位理論上的損失會縮小；若行情就在7820點附近整理，則買進的選擇權將損失權利金，整體部位會呈現小幅盈虧的狀態。

假設買進7820的小台指已經獲利，若投資人想繼續持有部位，擴大利潤，但又擔心行情回檔，可以買進價平或價外1檔的履約價，讓部位形成鎖單的狀態；如行情上漲到7900點附近，投資人可以買進價平的7900Put，先將獲利鎖住；若行情續漲，則小台指持續擴大利潤，買進7900Put的部位會損失權利金，這損失的權利金就類似部位的保險費，只要行情上漲的幅度大於損失的權利金，對投資人就有利，若行情回落，則因為獲利已經透過買進7900Put鎖住，所以基本上仍可維持在有利潤的狀況。

投資人若能熟悉合成部位轉換的運用，那麼在選擇權的操作上，不論是新建立部位，或進行避險與套利，都將無往不利。

5－44　賣出保護性買權與買進跨式策略上的差異

投資人在制定賣出保護性買權(Writing Covered Call)與買進跨式(Buy Straddle)交易策略的時候，對未來行情趨勢的研判正好相反。

賣出保護性買權部位是由賣出買權＋買進小台指所組成，損益型態類似賣出賣權。這種策略的優點是，收取賣出Call的權利金可以有限度的保護期貨小跌的風險，但是不能完全保護期貨大跌的風險。而賣出Call在行情大漲的情況下，會有理論上的無限風險，因而抵消了期貨大漲的利潤，部位的最大獲利區間落在賣出買權的履約價附近。因此如果投資者在預期行情波動幅度不大的情況下，可以賣出保護性買權的部位來提高買進期貨的利潤。

假設投資者在台股指數8200點左右的時候，研判未來幾天的行情將在8200～8400點之間震盪整理，為了擴大買進小台指的利潤，決定使用賣出保護性買權的策略建立部位B MTX 8205，同時S8400Call@50，經過幾個交易日之後，行情如預期的在200點的區間小幅震盪，假設當時的報價小台指(MTX)＝8230，8400Call＝25，投資者若在此時將部位平倉，就會有(8230－8205)＋(50－25)＝50點的利潤，若只交易小台指或賣出選擇權都只有25點的利潤。

這種部位尤其適合在接近結算日之前10天左右，且預期行情將在區間震盪整理的時候使用，因為接近結算日，價平附近選擇權的時間價值消耗的速度會加快，但若是判斷錯誤，行情成為趨勢，則：

01 若是向上的趨勢：

賣出買權因行情上漲所遭受的損失，可以藉著小台指的多單來獲得補償，因此基本上仍然會是處在有小獲利的情況。

02 若是向下的趨勢：

則賣出買權只能提供小台指下檔50點的保護，若行情結算的下跌幅度超過8205－50＝8175點，則部位將面臨理論上的無限風險。

買進跨式(Buy Straddle)是同時買進相同履約價的買權與賣權，這種策略的最大風險是在建立部位的履約價附近，但若行情有大幅度的波動(無論是大漲或大跌)，則部位在理論上都會有無限大的利潤。因此買進跨式適合在預期行情將有大幅波動的情況下使用。

假設投資人在台股指數8200點左右，研判未來幾天的行情將有機會突破目前區間震盪整理的趨勢，但未能研判到底是向上突破或向下跌破，因此使用買進價平履約價的方式建立跨式部位：

B8200Put@100

B8200Call@105

　　經過幾個交易日之後，台股指數果然如預期的走出一波300點的行情，則不論是向上的**趨勢**或向下的**趨勢**，買進跨式部位都可獲利。但若經過幾個交易之後，台股行情沒有如預期的發生**趨勢**，仍然在8200點左右盤整，則賣出跨式部位將損失2個履約價的權利金。建立這種部位在接近到期日之前尤其要特別小心，因為價平履約價在接近到期日之前，有最大的時間價值耗損。

◢ 結論

01 行情呈現小幅度波動時，賣出保護性買權的最大獲利區，在建立部位的履約價，但買進跨式的最大風險卻是在建立部位的履約價。

02 行情出現大幅度波動時，賣出保護性買權的上檔風險有限，下檔風險無限，但買進跨式無論在上檔或下檔的利潤都無限。

5－45 轉換／逆轉部位的進場時機

　　轉換／逆轉部位的功能在於投資人執行買進或賣出標的物之前，若對於所研判的行情有疑慮時，可以延緩進場，先建立轉換／逆轉部位測試自己研判的正確性，或是執行買賣的標的物已經處在虧損或獲利的狀態下時，使用轉換／逆轉部位來避險或套利。

　　轉換／逆轉部位可分別由買進與賣出不同種類的相同履約價，或不同種類與不同履約價來組成，而部位可以同時建立，也可以分別建立，差別在於同時建立的轉換／逆轉部位與分開建立的轉換／逆轉部位的部位成本不一樣。

　　首先討論分開建立轉換／逆轉部位的時機，買方部位的進場時機決定在投資人對於「未來趨勢的肯定性」，賣方部位的進場時機則決定在投資人對於「高度的支撐與壓力的確定性」。傾向於對「未來趨勢的肯定性」的投資人，可先建立買方部位，然後再建立賣方部位；而傾向於「高度的支撐與壓力的確定性」的投資人，可先建立賣方部位，然後再建立買方部位。

◬ 如何選擇執行的履約價

　　基本原則是不論買方或賣方，一般都以價外1～2檔的履約價來建立部位。若是屬於「未來趨勢的肯定性」的投資人，則要考慮突破盤整的加速點，買方部位的履約價必須放在這個突破點之前。

　　假設目前台股行情在7250點附近，研判行情若跌破7200點，就會形成向下的趨勢，那麼就要先買進7100賣權，然後再建立賣出7100買權，或是以不同種類與不同履約價來組成部位，先買進7100賣權，等跌破7200點的時候，再建立賣出7200買權。

　　若是屬於「高度的支撐與壓力的確定性」的投資人，則要在確定不會被突穿(或跌破)的位置，才可以建立賣出部位。

　　同樣假設台股行情在7250點附近，若研判行情將不會跌破7100點，則可以先建立賣出7100賣權，然後再買進7100買權，或是以不同種類與不同履約價來組成部位，先賣出7100賣權，再建立買進7200買權。

◆ 若是選擇同時建立轉換／逆轉部位

假設台股行情在7330點附近,若研判行情將下跌,可在上檔區建立「買進賣權＋賣出買權」的看空部位,同時建立S7400Call／B7400Put的看空部位,或是使用不同種類與不同履約價來組成部位,同時建立S7400Call／B7300Put。

若研判行情將上漲,在下檔區建立「買進買權＋賣出賣權」的看多部位,同時建立B7200Call／S7200Put的看多部位,或是使用不同種類與不同履約價來組成部位,同時建立B7200Call／S7100Put的看多部位。

5－46 如何建立轉換／逆轉的免成本部位

◎ 轉換部位：買進賣權同時賣出買權，等於一個看空的部位。

◎ 逆轉部位：買進買權同時賣出賣權，等於一個看多的部位。

部位的損益結構都是有無限的風險與利潤。

一般而言，除非市場價位扭曲(Skew)的狀態相當嚴重，否則歐式選擇權的買權與賣權的權利金，都會向著價平履約價做對稱性的分布，也就是說，買權價外2檔或3檔履約價的權利金，與賣權價外2檔或3檔履約價的權利金相接近。

以某個交易日的台指期貨合約，收盤價7793點而言，價平履約價為7800，價外2檔履約價8000買權權利金24，價外2檔履約價7600賣權權利金32；價外3檔履約價8100買權權利金12.5，價外3檔履約價7500賣權權利金19。

建立轉換／逆轉部位的時候，可以利用賣方部位收取的權利金來支付買方部位的權利金，也就是可以使用不同的履約價來建立轉換／逆轉部位，利用履約價的對稱性組成免成本的部位，甚至產生權利金淨收入的部位。只要是賣方部位的權利金收入，大於或等於買方部位的權利金支出，就可以獲得權利金淨收入或免成本的轉換／逆轉部位。

利用上面例子的報價來建立逆轉部位：

S7600Put1@32×1口

B8000Call@24×1口

就可以獲得一個權利金淨收入為8點的逆轉部位。

在某些情況下，也可以利用不同口數的比例，建立不同履約價的轉換／逆轉部位。假設某位投資人研判台股的行情短期間將在7600～8000之間整理，但跌破7600的機率不大，可是有漲過8000的機會，在研判行情將盤整偏多的情況下，可以建立：

S7600Put@32×2口

B8000Call@24×1口

建立部位時，有(32×2)－(24×1)＝40點的權利金淨收入，若結算在7600～8000之間，還有40點的獲利；若結算在8000點以上，則有理論上的無限利潤；但若行情跌落到7600點以下，也會有無限的風險。

由此可知，不同口數的轉換／逆轉部位並不會改變履約價的間距，只會改變部位價值變化的速度，但若是部位面臨風險時（以上述例子而言，就是行情有跌破7600點時），則建議直接使用反向的期貨部位，放空小台指，把部位的Delta值調整為中性或負值。

建立這種免成本的轉換或逆轉部位的時機，通常建議在接近合約結算日的前一週，因為這段期間，投資人對於未來幾天的行情變化會有較高的掌握度，若行情對部位不利，經過調整後的部位也比較容易看到立竿見影的效果。

5－47 不同履約價的轉換／逆轉部位

　　大多數的投資者建立選擇權的轉換／逆轉部位，都會使用相同的履約價格來執行，比如說看跌未來行情，就建立S7900Call＋B7900Put，等於建立1個7900看空的台指期貨；若看漲未來行情，就建立B7900Call＋S7900Put，等於建立1個7900看漲的小台指期貨。但若在市場不確定的情況下，投資者對於未來行情趨勢的看法也會產生較大的分歧，因此選擇的履約價也不盡相同。為了取得較好的流動性以及利潤，一般而言，不論是買方或是賣方都會選擇以價平或價外1～2檔的履約價做為執行標的，因此某些看漲的投資者會建立不同履約價的逆轉部位，如B7900Call／S7800Put，某些看跌的投資者則會建立不同履約價的轉換部位，如B7900Put／S8000Call。如此一來，轉換／逆轉部位便會產生不同履約價格的缺口（Gap）。

　　以這個例子而言，7800～8000便形成了不同履約價格的缺口，這也意味著在7800點～8000點之間，產生了一道不確定性的裂口，因為行情會隨著價位的變動速度，振幅的大小，波動率的變化以及成交量的大小，而產生支撐與壓力，而投資者在支撐與壓力之間的缺口，會因為對行情未來走勢的看法不同產生不同的意見，假設投資人認為8000點是上方壓力的關卡，7900點是下方堅強支撐，對於大盤在7900點~8000點之間這個不同履約價格間的裂口將會出現以下幾種不同的判斷：

● 當行情在這個裂口整理完成之後,將繼續向原來的趨勢前進,比如說原來是上漲的趨勢,當在7900點~8000點之間整理之後,會繼續上漲的趨勢,但是價位移動的速度會改變,變得更快或變慢,這種現象在物理學上稱之為折射(即行情將持續向上攻堅)。

● 當行情在這個裂口整理完成之後,將改變原來的方向,比如說原來是上漲的趨勢,當在7900點~8000點之間整理之後,會變成下跌的趨勢,這種現象在物理學上稱之為反射(即行情將向下回擋修正或下跌)。

● 或者是行情將持續在這個裂口整理,出現整理型態的擴張三角形或收斂三角形,這種現象在物理學上稱之為繞射(即行情形成區間整理)。

因此在這個不確定的區間，市場上會有以上三種不同的看法，所以投資者也免不了因為對行情未來看法的不同，而建立看漲的逆轉部位或看跌的轉換部，其中的區別只在於部位建立的過程中，進場時機以及採用的履約價的不同而已。

◢ 進場的時機

對於行情的未來趨勢抱持肯定態度(也就是對於多空已有定見)的投資者，可進場當買方，而對於未來行情的支撐與壓力有明確看法的投資者，就可進場當賣方，但建議採用分批進場的方式建立部位。假使對未來趨勢是肯定的，就可以先建立買方部位，然後再建立賣方部位；對於支撐壓力的區間持肯定態度的投資者，可以先建立賣方部位，然後再建立買方部位，甚至可在壓力區建立轉換部位，然後在支撐區建立逆轉部位。而分別進場建立部位的成本與一次進場建立部位的成本並不同，投資者可選擇自己認為最理想的方式建立部位。

◢ 履約價格的選擇

以流動性而言，不論買方或賣方，一般都應以價外1～2檔的履約價做為建立部位的選擇，但是對未來趨勢肯定的投資者必須考慮突破盤整的加速點，因此買方選定的履約價必須在這個突破點之上，如認為突破8000點之後，多頭的速度將加快，那建立買

方部位就必須選擇8000Call或8100Call；相反的，若是對於支撐壓力有確定看法的投資者，則必須注重支撐壓力的停損性質，要先確定不會被突破的支撐與壓力的價位，才可以用來當做建立賣方部位的履約價，如研判7800點將有強大的支撐，就可以賣出7800Put或7700Put。

◭ 部位成本

一般歐式選擇權在市場價位扭曲狀態不嚴重的情況下，買權與賣權的權利金會對價平履約價呈現對稱性的分布，也就是說，價外2~3檔的買權權利金會與價外2~3檔的賣權權利金相接近，因此可以利用這種特性來建立不同履約價的轉換／逆轉部位，以賣方收到的權利金來抵銷買方支付的權利金，形成免成本的部位或是產生淨收入的部位(請參考章節5－46)，或是在某些情況下也可以利用權利金與口數的關係在不改變履約間距的情況下增加某一邊的口數改變整體部位價值變化的速度。

◭ 停損與停利

轉換與逆轉部位其實就等於一口小台指，因此與現貨大盤的買賣相關，不同的履約價只是增加了部位的緩衝區而已，所以不同履約價的轉換／逆轉部位的停損與停利的方法可以直接使用期貨的反向部位進行停損與停利。

🖋 5－48　如何建立中性的逆轉／轉換部位

　　歐式選擇權的不同履約價格之間，有一種對稱性，稱之為履約價格對稱性(put－call symmetry)，現在來討論如何利用履約價格的對稱性，來建立中性的逆轉／轉換部位。這種履約價格對稱性只與期貨有關，跟現貨就沒有關係，而且這種對稱性只出現在各履約價之間沒有隱含波動率偏離(volatility skew)的情況下。

◇ 履約價格之間的對稱性

01 第一個對稱性

$$\log(\frac{K}{F}) = \log(\frac{F}{K'})$$

其中，F代表期貨價位，若K代表Call的履約價，則代表Put的履約價，或者K代表Put的履約價，K′是代表Call的履約價。因此，$K \times K' = F^2$，即兩個履約價格的幾何平均就是期貨價格。

這種對稱性是以價平為中心，且履約價格與價平的距離相等，則兩個履約價格的幾何平均，就是期貨價格。

舉例如下：

期貨價格：7390點，履約價：7100、7200、7300、7400，

則$\log(\frac{K}{F})$為：

$$\log\left(\frac{7100}{7390}\right) = -0.017$$

$$\log\left(\frac{7200}{7390}\right) = -0.011$$

$$\log\left(\frac{7300}{7390}\right) = -0.005$$

$$\log\left(\frac{7400}{7390}\right) = 4.341$$

履約價：7700、7600、7500、7400，則$\log(\frac{F}{K'})$為：

$$\log\left(\frac{7390}{7700}\right) = -0.017$$

$$\log\left(\frac{7390}{7600}\right) = -0.012$$

$$\log\left(\frac{7390}{7500}\right) = -0.006$$

$$\log\left(\frac{7390}{7400}\right) = -6.084$$

02 第二個對稱性：

$$\frac{\text{Put}(K')}{\text{Call}(K)} = \sqrt{\frac{K'}{K}}$$

在沒有隱含波動率偏離(volatility skew)的情況下,Put
和Call的權利金比值正好等於Put和Call履約價格比值的
平方根,也就是採用兩個履約價格的比值平方根 $\sqrt{K'/K}$,
做為Put和Call之間的買賣比值,所組合的不同價格的轉換
／逆轉就是一個Gamma與Vega值為中性的部位。例如使用第
一個對稱性所計算出來與期貨呈現對稱性的兩個履約價,
7700Call與7100Put(都是負的0.017)來計算,10月期貨價
格7390點,距離到期日還有16天,波動率23.2%:

○ 7000Call權利金＝68點,Delta＝0.218,Gamma＝0.000798,
   Vega＝4.53,Theta＝－3.411

○ 7100Put權利金＝67點,Delta＝－0.198,Gamma＝0.000759,
   Vega＝4.31,Theta＝－3.142

履約價格比值平方根:

$$\sqrt{7100/7700} = 0.96$$

$$\sqrt{7700/7100} = 1.04$$

驗算:

Call權利金×[履約價格比值平方根＝r]＝Put權利金

Call(7700)×r＝68×0.96＝65,與7100Put權利金67相差2點。

○ Delta:0.218×0.96＝0.209,與7100Put的Delta0.198
   相差0.011。

- Gamma：$0.000798 \times 0.96 = 0.000766$，與7100Put的 Gamma0.000759相接近。

- Vega：$4.53 \times 0.96 = 4.35$，與7100Put的Vega4.31相差 0.04。

- Theta：$-3.411 \times 0.96 = -3.275$，與7100Put的Theta3.142 相差0.133。

根據以上驗算，可以證明使用對稱的不同履約價格所組合的逆轉或轉換部位，就等於是一個Gamma與Vega值中性的部位，同時也會接近Delta值中性，因此投資者直接使用對稱性的2個履約價，就可以建立口數相同的中性轉換或逆轉部位。

◆ 結論：

[01] 可以利用履約價格對於價平的對稱性組合中性部位。

[02] 利用履約價格比值平方根比率，除了做為不同價格的轉換與逆轉部位外，也可應用在建立價差交易的部位。

[03] 這是Gamma與Vega中性的部位，因此部位的Delta值在行情波動不大的情況下，其方向性與面值(face value)在短期內是不容易改變的。

04 這種對稱性只存在於隱含波動率沒有偏離(skew)的情況下，因此只要市場因為行情的快速變動，引發隱含波動率發生偏離的現象時，上述的組合部位就不再是中性部位。

05 行情極端大漲或大跌，都會將履約價格的價平對稱性扭曲，並且會把上述的組合部位帶入風險反轉(risk reversal)的情況，亦即Gamma和Vega的正負值會顛倒。

06 Put-call parity(買權賣權平價理論)是相同履約價格與標的物期貨價格之間的價值關係，Put-call Symmetry(買權賣權對稱理論)是不同履約價格對於標的物期貨價格的對稱性；前者稱為履約價格的水平關係，後者稱為履約價格的垂直關係。

5－49 兩種合成部位在交易上的比較

　　免成本的轉換／逆轉部位是以不同履約價的買權與賣權所組成，而轉換／逆轉部位還有另外一種組成方式，是利用相同履約價的買權和賣權的Delta絕對值相加等於100%的特性來組合的，但無論是以哪一種方式組成的轉換／逆轉部位統稱為「合成的期貨部位」，因此損益結構也跟期貨一樣，有無限的風險與利潤。

　　但是以相同履約價不同種類的買權和賣權所組成的轉換／逆轉部位，因為是相同履約價的買權與賣權，所以權利金包含了相同的時間價值，因此不論以上檔履約價或下檔履約價所建立的合成期貨部位的損平點，都會因為與期貨相接近而缺乏緩衝的區間。

　　以12月10日台指期貨的收盤為例，期貨收盤價7640點，使用下檔履約價建立逆轉部位：

　　　　　　　　B7600Call@100×1口
　　　　　　　　S7600Put @65×1口

　　部位組成支出35點權利金，因此相當於買進1口7635點的小台指。

　　使用上檔履約價建立轉換部位：

　　　　　　　　S7700Call@50×1口
　　　　　　　　B7700Put@110×1口

部位組成支出60點權利金，因此相當於放空1口7640點的小台指。

從以上的計算可以看出，不論是使用上檔履約價7700或下檔履約價7600所組成的合成部位，無論看多或看空，其合成價位與期貨的現價都相當接近，因此可以利用的緩衝區間就非常有限了。這點與使用不同履約價不同種類的買權與賣權組成的轉換／逆轉部位，具有比較大的緩衝區間的特性有所不同。

以不同履約價的逆轉組合為例：

S7600Put1@32×1口
B8000Call@24×1口

這個逆轉部位有8點的權利金收入，因此損平點為7592點，且有400點的緩衝區間。而使用下檔履約價建立的逆轉部位，支出權利金35點，因此損平點為7635點，與期貨相接近。

現在來比較這兩種部位的後續情況：

01 若行情不如預期上漲，而在7600～8000之間整理，則使用不同履約價不同種類的買權和賣權所組成的逆轉部位，還有8點的利潤。使用相同的下檔履約價建立的逆轉部位由於與期貨相接近，因此只要期貨價位在7635點之下，就會有虧損，且因為損平點7635點高於使用使用不同履約價不同種類的買權與賣權所組成的逆轉部位的7592點，所以在行情不如預期的情況下，比較容易產生虧損。

02 若行情如預期的上漲，則使用相同的下檔履約價所建立的逆轉部位的獲利，就會優於使用不同履約價不同種類的買權與賣權所組成的逆轉部位；需要上漲超過8000點以上才會有獲利的情況。

▲ 結論

使用下檔履約價建立的逆轉合成部位，雖然比使用不同履約價所組成的逆轉合成部位高出了(7635－7592)＝43點的風險，但卻在上檔多出了(8000－7600－35)＝365點的獲利空間，等於是以多承擔了43點的風險去換取365點的利潤，因此適合在對行情未來趨勢有相當把握的時候建立這種部位。

使用不同履約價所組成的合成部位，雖然擴大了部位的緩衝區間，但也犧牲了在緩衝區間的利潤，因此在對行情未來的多空趨勢尚有疑慮之前，比較適合建立這種部位，讓操作者爭取到較多的時間來觀察行情的變化，等行情趨勢順向的時候，再考慮加入期貨部位或順勢加碼履約價8000Call的口數以擴大利潤，若行情趨勢逆向，就可以使用期貨將部位停損。同樣的，合成看空的轉換部位的操作及思維模式與逆轉部位也是相同的。

5－50 時間價差交易的方向性

「時間價差交易」又稱為行曆價差交易或水平價差交易，建立部位的方法是在不同的到期月分，以相同的履約價建立反向的部位。

選擇權相同履約價的Delta值，在距離到期日越遠或波動率越大的時候，會向著價平履約價格收斂，即價平履約價的Delta值會比較小，價外履約價的Delta值會比較大，當接近到期日或波動率變小的時候，價平履約價的Delta值會逐漸變大，價外履約價的Delta值會逐漸縮小。因此從Delta值的特性，可以知道相同履約價的時間價差部位，不論是Call或是Put，只要是以高檔履約價建立的部位，買遠月、賣近月就是多頭時間價差交易，買近月、賣遠月就是空頭時間價差交易。若是以低檔履約價建立的部位，買遠月、賣近月就是看跌，買近月、賣遠月就是看漲。買遠月賣近月時，不論部位的方向是看漲或看跌，遠月的部位一定是「買方」，若部位是以Call來組成，稱為看漲的買方，若是以Put來組成，則稱為看跌的買方。

以2009年11月台指選擇權為例，10月23日，台指11月期貨收盤價7596點。

01 以高履約價的Call建立買遠月賣近月的時間價差，波動率21.5%：

B 12月7700Call@237×1口，Delta＝0.460

S 11月7700Call@140×1口，Delta＝0.423

部位支付權利金97點，等於是一個看多的買權時間價差部位。

02 以高履約價的Put建立買遠月賣近月的時間價差，波動率21.5%：

B 12月7700Put@358×1口，Delta＝－0.540

S 11月7700Put@238×1口，Delta＝－0.576

部位支付權利金120點，等於是一個看多的賣權時間價差部位。

03 以低履約價的Call，建立買遠月賣近月的時間價差，波動率21.5%：

B 12月7400Call@388×1口，Delta＝0.648

S 11月7400Call@302×1口，Delta＝0.691

部位支付權利金86點，等於是一個看跌的買權時間價差部位。

04 以低履約價的Put，建立買遠月賣近月的時間價差，波動率21.5%：

B 12月7400Put@210×1口，Delta＝－0.352

S 11月7400Put@101×1口，Delta＝－0.308

部位支付權利金109點，等於是一個看跌的賣權時間價差部位。

以上四個部位在建立的時候都是支出權利金，符合多頭價差交易的定義——建立部位需支出權利金。

多頭時間價差交易部位的損益與一般的價差交易不同，一般買進的價差交易希望波動率變大，也就是行情有較大的變動才可以獲利，但買進的時間價差交易，除了希望行情維持穩定外，也不希望行情有太大的波動，才會有獲利。這是因為若行情維持穩定，則越接近到期日，近月履約價的Theta值會大於遠月履約價的Theta值，即近月履約價權利金時間價值消耗的速度會大於遠月履約價，所以賣方的近月履約價時間價值消耗的幅度會大於買方的遠月履約價。如接近到期日的時候，在行情維持穩定的情況下，賣出11月7700Call權利金每天消耗1.5點，因此賣方會有1.5點的權利金收入；買進12月7700Call權利金每天消耗0.7點，因此買方會有0.7點的權利金損失。兩方相抵，部位每天會增加0.8點的權利金收入。但一方面也希望波動率變大，因為遠月履約價的Vega值大於近月履約價，所以若波動率變大，買方的遠月履約價的權利金，增加的幅度一定大於賣方的近月履約價權利金增加的幅度，兩者相抵，整體部位會因為價差擴大而獲利。

　　買近月賣遠月，不論部位的方向是看漲或看跌，遠月的部位一定是「賣方」，若部位是以Call來組成，稱為看跌的賣方，若是以Put來組成，則稱為看漲的賣方。

　　同樣以以2009年11月台指選擇權為例，10月23日，台指11月期貨收盤價7596點。

01 以高履約價的Call，建立賣遠月買近月的時間價差，波動率21.5%：

　　　　S　12月7700Call@237×1口，Delta＝0.460
　　　　B　11月7700Call@140×1口，Delta＝0.423

部位收到權利金97點，等於是一個看跌的買權時間價差部位。

02 以高履約價的Put，建立賣遠月買近月的時間價差，波動率21.5%：

　　　　S　12月7700Put@358×1口，Delta＝－0.540
　　　　B　11月7700Put@238×1口，Delta＝－0.576

部位收到權利金120點，等於是一個看跌的賣權時間價差部位。

03 以低履約價的Call，建立賣遠月買近月的時間價差，波動率21.5%：

　　　　S　12月7400Call@388×1口，Delta＝0.648
　　　　B　11月7400Call@302×1口，Delta＝0.691

部位收到權利金86點，等於是一個看跌的買權時間價差部位。

04 以低履約價的Put，建立賣遠月買近月的時間價差，波動率21.5%：

S 12月7400Put@210×1口，Delta＝－0.352

B 11月7400Put@101×1口，Delta＝－0.308

部位收到權利金109點，等於是一個看跌的賣權時間價差部位。

以上四個部位，在建立的時候都是收到權利金，符合空頭價差交易的定義——建立部位有權利金的收入。

這種賣出型態的時間價差部位，希望在近月合約到期之前，行情有有較大的走勢，也就是行情要有大的變動，部位才會有獲利，但若是在近月合約結束之後，行情才開始有大的波動，而此時遠月合約沒有跟著一起平倉，則遠月分合約會變成近月合約並主導部位的損益。波動率變大，對於賣方的遠月不利，所以是否留下遠月合約，應該事先評估行情的趨勢是否與遠月合約的方向一致，若發現未來的行情走勢不利遠月的部位，則應當將遠月合約在近月合約到期的時候一起平倉。

◢ 結論

　　水平的時間價差交易與一般的價差交易不同，實際的損益情況與隱含價格波率呈現反向的關係。根本契約(台股期貨)發生重大的價格變化，或隱含價格波動率下跌，有助於空頭的時間價差交易(買進近月合約，同時賣出同履約價的遠月合約)；根本契約(台股期貨)的行情維持整理，或隱含價格波動率上升，有助於多頭的時間價差交易(賣出近月合約，同時買進同履約價的遠月合約)。

🖊5－51 對角時間價差

對角時間價差部位的組成與水平的時間價差不同，對角時間價差是由不同交易月分，不同履約價但相同的買權或賣權所組成，又稱為垂直的時間價差，也可分成買遠月賣近月、買近月賣遠月。

對角時間價差的損益型態與垂直價差相同，不論是以Call或以Put所組成的部位，由價外履約價組成的話，部位的損益比例會比較大，由價內履約價所組成的部位損益比例比較小，且同樣是買低履約價賣高履約價為多頭價差，買高履約價賣低履約價為空頭價差。下面以2009年11月台指選擇權為例，台指11月期指收盤價7595點。

⦿ 以Put組成買遠月賣近月的多頭對角時間價差

使用價外履約價的Put組成的看多對角時間價差部位：

> B12月7400Put@210
> S11月7500Put@137

支出權利金73點。

使用價內履約價的Put組成的看多對角時間價差部位：

B12月7700Put@358

S11月7800Put@302

支出權利金56點。

從以上例子發現，以價內履約價組成的看多對角價差部位，所支出的權利金56點，小於以價外履約價組成的看多對角價差部位所支出的權利金73點，因此可以證明，以價外履約價組成的部位的損益比例會比較大的論述。

○ 以Call組成買遠月賣近月的空頭對角時間價差：

使用價外履約價的Call組成的看空對角時間價差部位：

B12月7800Call@192

S11月7700Call@140

支出權利金52點。

使用價內履約價的Call組成的看空對角時間價差部位：

B12月7500Call@343

S11月740 Call@302

支出權利金41點。

　　從以上例子發現，以價內履約價組成的看空對角價差部位，所支出的權利金41點，小於以價外履約價組成的看空對角價差部位所支出的權利金52點，因此可以證明，以價外履約價組成的部位的損益比例會比較大的論述。

　　另外可以看出，買遠月賣近月的對角時間價差部位，增加了價平附近的獲利，卻損失了上檔及下檔的利潤，這種損益結構與「賣出勒式」非常相似，因此與買進水平時間價差交易一樣，希望行情維持穩定，不希望行情有太大的波動，如此才會獲利。

　　至於買近月賣遠月的時間價差部位，與買遠月賣近月的損益結構則剛好相反，它犧牲了價平附近的利潤去追求上檔及下檔的利潤，因此除非行情有大幅度的上漲或下跌(行情有大的變動)才會獲利，這種損益結構跟「買進勒式」與賣出水平時間價差交易相同。

5-52 時間價差組合的探討

接下來探討時間價差組合不同月分的選擇權部位所牽涉到的希臘字母「絕對值」與「正負值」變化。其關係整理如下：

希臘字母	近月(絕對值)	遠月(絕對值)	買遠月賣近月	買近月賣遠月
Gamma	大	小	負值	正值
Call-Theta	小(負值大)	大(負值小)	正值	負值
Put-Theta	小(負值大)	大(負值小)	正值	負值
Vega	小	大	正值	負值

以Gamma來說，若是買遠月賣近月，就等於是買進數值小的Gamma值，賣出數值大的Gamma值，部位組合之後的Gamma值會變成負值；相反的，如果是買近月賣遠月，部位組合之後的Gamma值會變成正值。在相同月分的部位組合中，若是部位整體的Gamma值為正值，表示部位的方向看多，且與Vega值的正負值一致(有關風險值的討論請參考1-12〈選擇權的風險值〉)。但時間價差的組合部位，卻與相同月分的組合部位相反，正的Gamma值表示部位的方向是看空，因此若是研判未來是空頭格局，就要建立買近月賣遠月的時間價差組合，而且Gamma的正負值會與Vega值相反(請參考附表)，這表示在時間價差組合中，若Vega為正值就是研判波動率將變大，但Gamma為負值卻表示不希望振幅擴大。

這似乎有點違反理論，但實務上波動率是價位分布偏離的

平均值，若價位分布的軌道較廣，計算出來的波動率會較大，若價位分布的軌道較窄，計算出來的波動率會較小，所以若價位的漲跌出現在較狹窄的軌道時，波動率變大，振幅卻不一定跟著變大。

為了鎖住遠月分的風險並獲取利潤，就必須針對主導遠月分的風險值來做調整，以下簡單討論調整的方式。

◢ 時間價差部位風險值的調整

○ Delta值的調整方式

若投資者改變對將來行情趨勢的看法，可以藉著：

01 加入近月分的小台指期貨部位來改變原來部位的方向。如原本是看漲的部位——B12月7500Call／S11月7500Call，若改變原來的看法，則可加入1個11月分的小台指空單，將部位方向變成看跌的部位；而且因為期貨的Delta值永遠等於1，因此不會受到時間或波動率變動的影響。

02 針對遠月分部位履約價的高低，使用「買履低，賣履高等於看漲，買履高，賣履低等於看跌」的原理，建立近月分的部位，使整體部位形成「對角時間價差」。

03 增加或減少近月分買權或賣權的口數，也可以改變整體部位的Delta值。

● Gamma值與Theta值的調整方式

　　因為Gamma值與Theta值的正負符號正好相反，所以調整其中一種就等於同時調整另一種，如果觀察行情的振幅小於一般週期的振幅，就要買進近月，使Gamma值變成正值；如果觀察行情的振幅等於或接近一般週期的振幅，就要賣出近月，使Gamma值變成負值；或者觀察到上半年的振幅較大，則研判下半年的振幅可能會變小，就要買進近月賣遠月合約。

● Vega值的調整方式

　　以台股選擇權的特性，遠月分合約由於較沒有流動性，所以歷史波動率會比較高，也會因為對未來行情多空的預期，產生比較高的隱含波動率；但隨著時間消失而逐漸接近遠月分的合約，使得對於未來行情的預期心理也逐漸消失，流動性也相對變高了，故遠月分的波動率逐漸下降而接近近月分。但真正市場的波動率仍然由近月分來主導，因此若是遠月分的波動率下降，近月分的波動率上升，調整方式就要買近月賣遠月；然而若是近月分波動率下降的速度，大於遠月分的波動率下降的速度，調整方式就要買遠月賣近月。因此Vega值的調整方式在於遠月分與近月分波動率升降速度的比較。

5－53 建立時間價差部位的觀念

瞭解建立時間價差部位的方法，以及選擇權各個風險值的變化對於部位損益的關係之後，最後來討論建立時間價差部位的觀念。

一般建立時間價差的部位有兩種方式：買遠月賣近月、買近月賣遠月，前者是最常被使用的方式。

基本上，「買遠月賣近月」時間價差部位的獲利，來自於近月合約的時間價值收入，以及遠月分合約波動率的升高。但我們知道，時間價值的收入必須是在波動率下跌的情況下才會產生，因此若近月合約有時間價值的收入，則遠月合約必有時間價值的損失，因此近月合約的時間價值收入，就必須要有一部分(或全部)去抵銷遠月分合約的時間價值損失。

若遠月合約因波動率的升高而獲利，則近月合約必會因波動率上升而產生損失，甚至近月的賣方會因合約進入價內、產生內含價值，而必須補足被履約的內含價值與收到權利金的差額；此時遠月合約的獲利就必須被用來彌補近月合約的損失，也就是說，不論是近月合約或遠月合約的獲利，一定要大於另一方的虧損，整體部位才會有盈餘，若獲利不足以彌補損失，則整體部位就會產生損失。

因此，買進時間價差部位的損益結構與賣出跨(勒)式部位類似，都必須在行情漲跌幅度皆有限的情況下才容易獲利，即在波動率下降的情況下才可獲利，若行情出現大漲或大跌的情況，造成波動率大幅上升，則會出現風險；但時間價差部位的風險是有限的，這點與賣出跨(勒)式部位理論上有無限的風險不同。

而「買近月賣遠月」的賣出時間價差部位損益結構正好與買進時間價差部位相反，希望行情發生重大的變化或隱含波動率上升才會有獲利的機會，這與買進跨(勒)式部位的損益相類似，但風險卻相對小許多

時間價差部位是以遠月合約的損益結構做為整體部位的主導力量，如果長期看漲未來行情，就要建立高履約價的時間價差部位，比如看好12月的台股行情，就要建立買進12月高履約價的Call部位，同時建立賣出11月同履約價的Call，以抵銷12月合約買進Call的時間價值耗損；若是看壞12月台股行情，就要去買進12月低履約價的Put，同時賣出11月同履約價的Put，以抵銷12月合約買進Put的時間價值耗損。

為了降低建立時間價差部位的成本，提高獲勝的機率，時間價差的部位也可以使用中性的方式來建立，方式如下：

● 研判行情盤整時：

先建立當月分的賣出勒式部位，等到行情來到兩個履約價的中間，或是盤整一段時間後，賣出勒式部位已有獲利的情況下，再去建立遠月分的買進勒式部位，如此可降低部位的成本。使用這種方式，因為要等到原始的賣出勒式部位經過旋轉的作用，或時間價值的銷耗才有獲利，所以建立遠月分的買進勒式部位的成本，會因時間價值的消失而比較便宜，又因為原始的賣出勒式部位已有獲利，而降低整體部位的成本。

● 研判行情先漲後跌時：

可在行情上漲時先建立低履約價的看跌時間價差部位，等行情下跌時再建立高履約價的看漲時間價差部位，也可降低整體部位的成本。

● 研判行情先跌後漲時：

在行情下跌時先建立看漲的時間價差部位(買遠月的買權，賣近月的賣權)，等行情上漲時再建立看跌的時間價差部位(買遠月的賣權，賣近月的買權)，也可降低整體部位的成本。

● 利用比率價差的原理建立時間價差的中性部位：

先賣出2組近月的選擇權，用取得的權利金去買進1組遠月的選擇權──請注意，選擇權的種類要一致，如賣出11月的Call×2組，則要買進12月的Call×1組。但建立這種部位時必須注意，近月合約到期的時候，若出現內含價值的風險，則因為遠月合約的部位只有近月合約的一半，所以有無法完全彌補近月合約風險的缺點。

5－54 選擇權時間價值耗損的變化

〔......〕是履約價進入價內的預期價值，因此時間

......進入價內的機率愈大，時間價值愈大；反

......履約價值卻要由行情的方向來決定，如果

......入價內，就有高的履約價值；反之，則

......時間價值決定於進入價內的機率，履約

......。

......的價值完全一樣，做對方向，履約

......貨的遭遇是越賠越多，最後價值可

......值最小等於零，不會變成負值，

......。因此履約價值是不會隨著時間

......隨著行情漲跌而增減，跟期貨完全一樣。

計算時間價值耗損的程度，一般都利用Black-Scholes的時間偏微分導數(Theta)來表示，不過Theta值在不同的履約價格，極端價內或極端價外以及價平有不同的表現。

價平履約價的Theata值隨著時間的消逝而增大，其速度呈現拋物線狀，所以價平選擇權的時間耗損越接近到期日，減少的速度會越快。因此價平履約價的時間價值耗損速度，在時間軸上也是呈現拋物線狀。至於價內和價外選擇權的時間價值耗損情形，又有所不同。

以下是對大盤指數在大約的中間值5000點左右所做的觀察：

價外價內100點左右履約價的Theta值會隨著時間的消逝而增大，但是在接近到期日之前的4～5天左右，Theta值又會減少，時間耗損的幅度開始降低，也就是大盤的指數愈低，時間耗損的減少天數愈多（即權利金的時間耗損幅度越小）；大盤的指數愈高，時間耗損的減少天數愈少（即權利金的時間耗損幅度越大）。

價內價外200點左右的Theat值隨著時間消逝而增大，但到了接近到期日之前的10～12天左右Theat值又會開始減少，這種價內或價外的Theta值增大又減少的轉折日數，在價內或價外300～400點以上就會無限擴大。換言之，超過價內或價外400點履約價的Theta值，反而會隨著時間的消逝而逐漸減少，也就是說，極端價內或極端價外履約價的Theta值，不但不會隨著時間消逝而增大，反而隨著時間消逝而減少。這是因為極端價內或價外履約價的權利金本身就已經沒有存在很多時間價值了。

極端價內或極端價外權利金的時間價值，減少的速度緩慢，且越接近到期日，時間價值耗損的幅度愈小。這種現象正好足以說明極端價內或價外的選擇權，幾乎完全沒有時間價值耗損的現象，而時間價值耗損最嚴重的，就是有最大時間價值的價平的履約價，因此根據極端價內或極端價外的選擇權以及價平選擇權不同的時間價值耗損程度的現象，在操作上要注意以下幾點：

01 極端價內的選擇權可以取代期貨，其損益程度幾乎跟期貨相同，沒有時間價值消失的疑慮。

02 在接近到期日的時候，放空價外選擇權沒有多少時間價值可賺，但風險卻很大。

03 接近到期日的時候，若是買進價平選擇權，要注意時間價值快速耗損的現象。

📖 5－55 **影響時間價值的因素**

　　第1-15小節〈選擇權契約到期價格的機率分配〉討論到「從價格波動率的高低，來研判選擇權契約到期價格進入價內的機率分配」，現在從另一個角度——「時間價值與波動率的關係」，來觀察履約價進入價內的機率。

　　分析各月分選擇權的權利金報價，會發現最高的時間價值都集中在價平附近的履約價，為什麼會這樣？根據「價格常態分布機率理論」，越接近價平的履約價會呈現較高的價格分布機率，即價平履約價雖然沒有內含價值，但卻有最高的時間價值，代表履約價進入價內的機率越高；距離價平越遠，時間價值分布機率會逐漸下降，進入價內的機率越低。

舉例說明：

　　假設目前價位是7576點，以7600為價平履約價，上一檔的價位是7700點，下一檔的價位是7500點，在這200點範圍內，價位出現的機率一定會比上二檔7800點，下二檔7400點，上下共400點的機率還要高。價位出現的機率越高，表示進入價內的機率越高，簡單的說，以目前價平7600點為基準，7500點或7700點的履約價進入價內的機率，會高於7400點或7800點的履約價，而履約價進入價內之後，會開始有內含價值，故接近價平的履約價會因為進

入價內的機率較高而有較高的時間價值，因此可以知道，時間價值與價格分布的機率有關，分布機率越高，時間價值也越高。

◢ 何謂波動率

　　波動率就是價位從價平開始跳動的幅度。價位分布的機率會影響時間價值的大小，但因行情不斷移動，使得價平履約價也跟著不斷改變，價位分布的機率也會隨著這個波動率而改變，因此波動率和價位分布機率，兩者互相作用，配合時間的流逝過程，就可以描述出價位漲跌的路徑。

○ 影響時間價值的因素

01 距離到期日的長短：距離到期日越遠，時間價值越高。

02 價位機率的分布：接近價平的履約價，進入價內的機率比較高，時間價值也就越高。

03 波動率：不管對買權或賣權而言，價位跳動的幅度越大，進入價內的機率會越大，所以波動率增加，會使得買權及賣權的時間價值增加。

04 利率的高低：台指選擇權一般會忽略利息的因素，但若是個股選擇權，則利率越高，買權的時間價值會增加，賣權的時間價值會減少。

📖 5－56 時間價值耗損的實例演算

　　由於台股2月合約的結算日，原訂在2月17日，但正逢農曆過年期間，因此結算日改成2月22日新春開盤的第一天。由於有賺取時間價值的機會，因此投資人若計劃在過年之前，提早建立賣方部位來賺取時間價值的話，可以先算出每天大約可賺取多少時間價值，以便用來當做建立部位的參考，或者是建立部位之後，評估波動率的變動使權利金增加的幅度，大於獲取時間價值的利益時，用以調整部位的參考。

　　使用台股2月合約8600履約價實際運算的例子來說明，首先複習一下Theta值的計算公式：

$$\text{Call\_Theta} = -\frac{S \cdot N'(d_1) \cdot \sigma}{2\sqrt{t}} - r \cdot K \cdot e^{-r \cdot t} \cdot N(d_2)$$

$$\text{Put\_Theta} = -\frac{S \cdot N'(d_1) \cdot \sigma}{2\sqrt{t}} + r \cdot K \cdot e^{-r \cdot t} \cdot N(-d_2)$$

　　假設台指加權現貨(S)為8210，履約價(K)8600，無風險利率r＝1.25%，60天，歷史波動率(σ)＝19%，距離2月22日結算還有48天(t)＝48／252＝0.19，則2月合約履約價8600的Call及Put的理論Theta值為多少？

首先算出

$$d_1 = \frac{\ln\left(\frac{8210}{8600}\right) + \left(0.0125 + \frac{0.19^2}{2}\right) \times 0.19}{0.19 \times \sqrt{0.19}}$$

$d_1 = -0.4905$

代入公式：

$$N'(d_1) = \frac{e^{-\frac{d_1^2}{2}}}{\sqrt{2\pi}}$$

$N'(d_1) = 0.4075$

$N'(-d_1) = 0.3985$

$d_2 = d_1 - \sigma \cdot \sqrt{t}$

$d_2 = 0.3247$

代入累積常態分配函數Normsdist(z)，算出N(d_2)=0.6273

N($-d_2$)=0.3727(以上可使用Excel的Normsdist(z)功能來計算)

$K \cdot e^{-r \cdot t} = 8600 \times e^{-0.0125 \times 0.132} = 8586$

則買權的Theta值$= -\frac{S \cdot N'(d_1) \cdot \sigma}{2\sqrt{t}} - r \cdot K \cdot e^{-r \cdot t} \cdot N(d_2)$

$$= -\frac{8210 \times 0.4075 \times 0.19}{2\sqrt{0.19}} - 0.0125 \times 8586 \times 0.6273 = -796$$

將其年化÷252＝-3.15，8600Call在假設波動率以及台股指數現

貨皆不變的情況下,理論上每天會消耗3.15點的時間價值。

賣權的Theta值$= -\dfrac{S \cdot N'(d_1) \cdot \sigma}{2\sqrt{t}} + r \cdot K \cdot e^{-r \cdot t} \cdot N(-d_2)$

$= -\dfrac{8210 \times 0.4075 \times 0.19}{2\sqrt{0.19}} + 0.0125 \times 8586 \times 0.3727 = -689$

將其年化$\div 252 = -2.73$,8600Put在假設波動率以及台股指數現貨皆不變的情況下,理論上每天會消耗2.73點的時間價值。

　　由於風險值的Theta值與Gamma值的正負符號剛好相反,因此如果波動率上升或接近到期日,則Gamma值會跟著變大;若部位的Gamma值大於零(買方部位),則台股指數的走勢會對部位有利,但相對的Theta值也會跟著變大,代表時間的經過對部位造成傷害。反之,若Gamma值小於零(賣方部位),而台股指數的走勢對部位有利,則負值的Gamma會變大,相對的正值Theta也會跟著變大,代表時間的經過對賣方部位有利。因此投資者只能在價格變動或價格不變的情況下選擇其中一種,以這個例子而言,8600Call的買方希望台股指數的價格向上變動,而8600Call的賣方希望台股指數的價格維持在目前的8200點附近不變動。

　　附圖為2月選擇權合約8600Call在假設波動率以及台指價格不
變的情況下，時間價值耗損的示意圖。

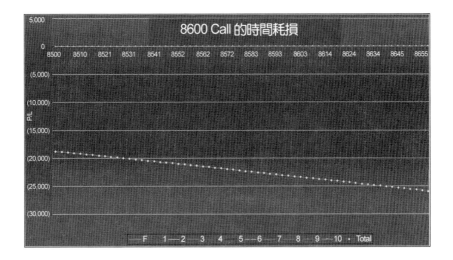

📖 5－57 箱型套利與果凍捲策略

選擇權風險最小的的套利交易策略是轉換套利與逆轉套利。

轉換套利的部位由下列部位組成：賣出買權＋買進賣權＋作多期貨合約(或買進根本契約，如股票)

逆轉套利的部位由下列部位組成：買進買權＋賣出賣權＋作空期貨合約(或做空根本契約，如股票)

但不論是轉換套利或逆轉套利，因為策略涉及到選擇權的合成部位，賣出買權＋買進賣權的轉換部位，以及買進買權＋賣出賣權的逆轉部位與期貨(或是根本契約，如股票)，這兩種具有不同性質的契約，因而容易產生執行上或是結算程序上的風險，雖然風險極小，但畢竟還是存在，那是否有其它方法可以消除這些風險呢？最直接的方法是採用深價內選擇權的Delta值有接近1的特性，來代替期貨部位或根本契約，比如轉換套利：賣出買權＋買進賣權、作多期貨合約。

若交易者持有這個部位，但希望消除期貨部位所引起的風險，就可以採用買進一個深價內的選擇權來代替期貨。如果這個選擇權的Delta值接近或等於1，那麼它的跳動就會等於期貨，整體部位的性質也就類似轉換套利。同樣的道理也可使用在逆轉套利的策略之上，如果買進深價內選擇權的Put，它的Delta值會接

近或等於1，整體部位的性質也就類似於逆轉套利。

當轉換套利或逆轉套利策略的期貨部位被深價內的選擇權所取代，這種部位就稱為「三向套利」。「三向套利」雖然可以消除某些風險，但若根本契約的行情接近或穿越所建立的深價內履約價的時候，該履約價會從深度價內變成價內、價平甚至成為價外，Delta值也將從原來的等於1或接近1向下遞減，假設向下遞減成為價平的0.5，則該履約價的行為將會越來越不像根本契約或期貨，因為期貨或根本契約漲跌1點，這個選擇權只跟著漲跌0.5點而已，所以這個三向部位的行為就會與原先建立的轉換套利或逆轉套利的原意相違背。

因此除了考慮以深價內的履約價代替期貨合約或根本契約外，還可以考慮以對等於期貨合約或根本契約的選擇權合成部位來代替。

假定起始部位是台指期貨10月合約7400的轉換套利部位：

B7400Put×1口
S7400Call×1口
B7405小台指1口

若同時建立台指期貨10月合約7300的逆轉套利部位：

B7300Call×1口
S7300Put×1口
S7405小台指1口

其中小台指的部位互相沖銷之後，整體部位變成：

B7400Put

S7400Call

加上

B7300Call

S7300Put

這是一個以履約價7300組成的合成多頭部位，與履約價7400組成的合成空頭部位，整體部位稱為「箱型套利」。作多較低履約價的合成部位，作空較高履約價的合成部位，稱為「多頭箱套利」。作多較高履約價的合成部位，作空較低履約價的合成部位，稱為「空頭箱型套利」。

上述的例子是「多頭箱型套利」，由於期貨部位的風險已經被消除，因此在選擇權的到期日，不論期貨的價格如何，箱型套利的價值永遠是兩個履約價的差距，以上面的例子，部位到期的價值為100點，扣除支出(收到)的權利金就是部位的最大獲利(虧損)。

◢ 果凍捲策略

除了可以使用不同履約價建立箱型套利策略之外，為了降低根本契約的風險，投資者也可以利用不同到期合約組成的合成部位來套利。

假使投資人建立一組逆轉套利部位：

> B10月合約6800Call×1口
>
> S10月合約6800Put×1口

加放空1口10月小台指

同時建立一組不同到期合約的轉換套利部位：

> B11月合約6800Put×1口
>
> S11月合約6800Call×1口

加買進1口10月小台指

結果10月小台指互相沖銷之後的部位情況變成：

B10月合約6800Call×1口

S11月合約6800Call×1口

B11月合約6800Put×1口

S10月合約6800Put×1口

成為履約價相同，但到期日不同的合成多頭與空頭的部位，這兩種部位結合之後就稱為「果凍捲」（Jelly Roll），通常這種策略最常使用在股票選擇權市場的套利交易之上。

第六章

技術型態在選擇權交易策略上的應用

6-1 前言

本章嘗試以目前市場上最多投資者所使用的技術分析，探討當投資者從技術面發現某種型態，將對未來行情發展產生某種影響的時候，如何將這種預期轉化為選擇權的交易策略。

由於選擇權的交易策略有許多種，所以本章對應各種技術型態的案例所提出的交易策略，並無法涵蓋所有可能的選擇權策略，也不一定就是最好的策略，而且執行策略的結果也不完全是有獲利的，其中也有某些是虧損的，但希望透過本章的討論，提供投資者除了從B-S評價模型，制定選擇權交易策略之外的另一種思考，也提醒投資者，任何的交易策略都有風險存在，投資者應在風險與報酬之間取得策略操作的平衡點。

最後再強調一次，本章的案例都是以台指選擇權的根本契約台股指數的K線型態為基礎的，但並不代表個別履約價的技術型態也適用。

6－2 應用預期轉折點買進價外選擇權

　　選擇權的買方在盤整的行情中很不容易獲利，且權利金容易在時間流逝的過程中被消耗掉，但是如果可以預先計算出行情的轉折點，仍然有機會在盤整的行情中獲得較大的勝率。

　　首先討論盤整的發展傾向。凡是盤整趨勢都具有「螺旋狀發展」的傾向，不是由大螺旋轉為小螺旋的收斂三角形整理型態，就是由小螺旋轉為大螺旋的擴張三角形整理型態。然而盤整的趨勢從開始發展到結束，並無法使用任何技術分析的指標去做事前預測，只能利用波動幅度逐步分析；換句話說，一個趨勢結束的過程，要經過分批踩煞車的動作，才能夠把趨勢的動能逐漸釋放掉，使趨勢真正結束，就好像摩天大樓的塌陷不是九十度角躺為水平，而是逐漸加速度垂直陷落的，盤整的過程也是一樣。

　　收斂三角形的整理型態是先從二分之一的能量開始釋放，再來是三分之一的能量，然後是四分之一的能量，類似由大螺旋轉為小螺旋的過程。

　　擴張三角形的整理型態是先從四分之一的能量開始釋放，再來是三分之一的能量，然後是二分之一的能量，類似由小螺旋轉為大螺旋的過程。

實例討論：

　　台股大盤從2009/2/16的高點4607點開始，直到2009/2/23的低點4371點為止，一共下跌了6個交易日，跌幅為（4607－4371）＝236點。我們把這個跌幅分為三批動量幅度：

01 四分之一動量幅度＝236÷4＝59。

02 三分之一動量幅度＝236÷3＝78。

03 二分之一動量幅度＝236÷2＝118。

　　然後觀察幾個轉折點，把這些動量幅度加減進去，就可以描繪出整個盤整的大致情形。

　　第一個觀察轉折點以2009/2/24的高點（4452點），減去四分之一的動量幅度，得到4452－59＝4393點，與當日的低點4394點相差1點。若是低點4394點先出現，就以4394點加上四分之一的動量幅度，得到4394＋59＝4453點，與當日的高點4452點也是相差1點。

　　接著，假設這個盤整是擴張三角形。假設2月24日是第二個觀察轉折點，先以三分之一動量幅度去加2月24日的低點（4394點），得到4394＋78＝4472點，以此做為觀察第一個反彈的高點。

　　如果2月24日不是這一波的轉折點，日後又有更低的轉折點，也不會改變這種求得第一個反彈高點計算方法，只是所得到的數值會變得更低而已。

反彈的高點一定是出現在轉折點之後，因此我們可以使用以逸代勞的方式，等待這個轉折點確立，然後再計算預期的反彈高點；換句話說，如果2月23日是這一波的轉折點，那麼預期反彈的高點就是4472點。

假設這個盤整是收斂三角形，我們就要以二分之一的動量幅度去加2月24日的高點（4452點），得到4452＋118＝4570點，則預期反彈的高點就是4570點。計算出反彈高點之後，再循環使用三種動量幅度去加減新的轉折點，就能得到盤整的大概輪廓。

擴張三角形的預期轉折點：4472－118＝4354點

收斂三角形的預期轉折點：4570－78＝4492點

當然，這種計算預期盤整的轉折點的方式只是基本原則而已，應該採用什麼比例去計算每一波的幅度還是由市場做決定的。

投資者可以應用預期的轉折點，買進價外選擇權，得到預期轉折點之後，可以在預期的轉折高點，買進低轉折點附近的Put，在預期的轉折低點，買進高轉折點附近的Call。比方說，假如行情漲到4500點附近，已接近收斂三角形預期轉折的高點4492點，所以能買進價外一檔的4400Put，且因為是價外，權利金比較便宜，故即使誤判轉折點，行情漲到4570點以上，買進選擇權的損失也是有限的。但若是以預期的反彈高點來作空期指，就很容易

受到恐懼心理影響而停損出場,可是買進Put就比較沒有這種顧慮,而一旦行情回跌到擴張三角形的預期轉折點4354點附近,買進4400Put就有46點的內涵價值了。

實戰的例子:

台股大盤從2009/7/29的高點7185點,下跌到2009/8/5的低點6827點,總共下跌6天,高低點有358點的幅度。2009/8/6的台股大盤在日K線型態上留下長的下引線,假設這是一個下跌將近400點之後,短線將進入區間整理型態的訊號,可以把2009/8/6當做第一個觀察點。首先把358點的跌幅分成三批動量幅度:

01 四分之一動量幅度＝358÷4＝90。

02 三分之一動量幅度＝358÷3＝119。

03 二分之一動量幅度＝358÷2＝179。

以第一個觀察點2009/8/9的高點(6886點),減去四分之一動量幅度90點,等於6796點,與當日低點6775點,相差21點(因為8/6當天開高盤,高點先來到,所以使用高點減去四分之一動量幅度,若低點先來到,則以低點加上四分之一動量幅度)。

接下來假設這個盤整區間將形成擴張三角形,以三分之一動量幅度119點,加上8/6的低點(6775點),等於6894點——預期反彈的高點。

假設的擴張三角形型態：

接下來再假設這個盤整區間將形成收斂三角形，以二分之一動量幅度179點，加上8/6的高點（6888點），等於7067點——預期反彈的高點。

假設的收斂三角形型態：

計算出兩個反彈的高點之後，再循環使用三種動量幅度去加減預期的轉折高點就，可以得到盤整區的大概輪廓了。

擴張三角形預期的轉折點：6894－179＝6715點

收斂三角形預期的轉折點：7067－119＝6948點

由於以第一個觀察點98/8/6的高點（6886點），減去四分之一動量幅度90點，等於6796點，與8月6日當天的低點6775點相差

21點的關係，因此擴張三角形的預期轉折點6715，還要加21點，等於6736點；收斂三角形的預期轉折點6948，還要減21點，等於6927點。得到預期轉折點之後，可以在預期轉折的高點附近買進價外1檔的賣權；在預期轉折的低點附近買進價外1檔的買權。

2009年8月10日的台股大盤，最高來到6909點，與收斂三角形的預期轉折點(6927點)相差18點，因此可以在履約價6800Put建立買進Put的部位：B6800Put@108。

若行情下跌到擴張三角形的預期轉折點(6736點)，就將部位獲利平倉出場；若行情沒有如預期下跌到擴張三角形的預期轉折點，反而上漲到收斂三角形預期反彈的高點(7067點)，或部位持有2～3天仍未來到預期的轉折點(6736點)，則將部位停損。

◢ 後記

2009年8月14日，台股指數最高來到7112點，收盤價7061點，正好上漲到收斂三角形預期反彈的高點(7067點)附近，所以停損部位；而預期獲利的轉折點(6736點)遲了2個交易日，出現在8月18日的低點(6723點)。

6－3 下降矩形型態與買方策略的運用

　　單純的選擇權買方部位，又稱為裸露部位，權利金的理論價格曲線會受時間消逝的影響而移動，因此獲利區間會隨著時間的消逝而逐漸擴大，但是同樣的，虧損區間也會隨著時間的消逝而逐漸擴大。這種現象顯示，買方部位成功的秘訣在於掌握正確的行情趨勢方向，若掌握了正確的趨勢方向可以得到時間的幫助，則時間的消逝會對部位的權利金產生傷害。

　　由於買方部位的權利金受到時間消逝的影響，因此操作上宜採用短進短出的策略。若行情趨勢研判正確，則會受到時間消逝的幫助而擴大獲利，若對行情趨勢做了錯誤的判斷，也應盡快離場以免增加虧損。因此在技術型態的選擇上，建議使用15分鐘或30分鐘的K線型態做為進出場的指標依據。

　　單純的買方策略有：買進買權、買進賣權。

　　現在使用下降矩形型態討論單純買方策略的運用：

　　2009年10月21日上午9點35分，投資人發現台灣加權指數30分鐘K線的技術型態，跌破了「下降矩形整理型態」的底部約7750點的支撐，研判短線趨勢將跌破這個矩形的整理區間(如附圖)。

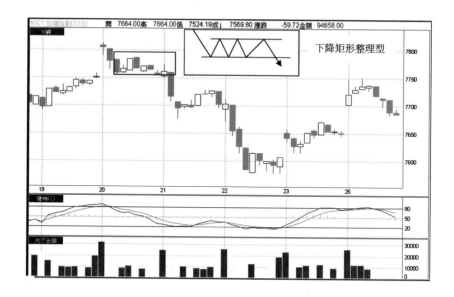

當時台股大盤的成交價7745點,因此建立買進賣權,執行價格建議選擇價平或價外一檔的履約價(口數不限制)。建立部位:11月台指選擇權合約B7700Put@223。

先討論行情如預期跌破「下降矩形整理」區間的操作方式:

首先預估跌破這個矩形整理區間之後的滿足點。以下降矩形整理型態的起始30分K棒,10月20日上午9點30分的開盤價位7808點,減去10月21日上午9點30分跌破整理區間的這根K線收盤價7750點,約等於有(7808-7750)=58點,則第一個滿足點,以一倍距離估計為7750-68=7682點,以二倍距離估計為7624點。行情在10月22日10點30分的30分K棒,最低來到7614點,收盤價位為

7626點，再經過1個小時的交易，11點30分的30分K線在底部收了一根長紅棒，收盤價為7615點，研判短線將進入整理或反彈，因此將部位平倉S7700Put@291，有(291－223)＝68點的獲利。

接著討論假使未如預期跌破「下降矩形整理」區間的操作方式：

01 行情反向突破整理區間的上方，則在突破的當時，將部位認賠平倉出場。

02 行情持續在區間整理，則建議在收盤前將部位平倉。

這二項的損失會因為趨勢方向的研判不正確，使得時間的消逝對部位的權利金產生不利的影響，其中第一項的損失會略大於第二項，但因為在當日即時處理，所以虧損仍是有限的。

6－4 等腰三角整理型態的選擇權交易策略

　　2009年8月12日，台股指數在上漲的回檔修正的過程中，出現了等腰三角形的整理型態(附圖1)。

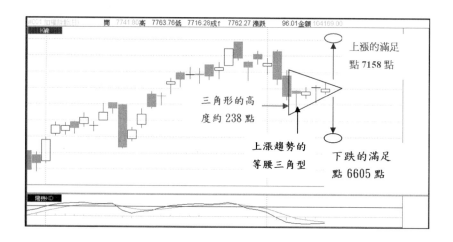

　　等腰三角形價格排列在技術分析理論中，扮演連續型態的可能性有75%，形成反轉型態的機率有25%，也就是說三角形整理型態，有75%的機會將朝著原來的趨勢方向(三角形型態形成之前的方向)進行突破，只有25%的機率形成反轉型態，因此根據技術分析理論，投資人若對於三角型態未來的突破方向會有特定的看法，擬定選擇權的交易策略，應該要在三角形價格排列完成之前預先建立部位。

　　在上漲的趨勢中出現等腰三角形價格排列，則預期未來趨勢

會向上突破，可以預先建立買進跨式部位。由於8月12日的等腰三角形型態是出現在上漲趨勢的回檔過程中，因此研判修正之後，未來將持續上漲，又為了預防可能發生持續下跌的趨勢，因此在8月13日台股指數開盤之後，建立了1組8月合約的買進跨式部位。

當時的情況：

8月12日台股指數收盤價6898點，以8月5日的高點7013點，與8月6日的低點6775點的距離(7013－6775)＝238點，做為等腰三角形型態的高度，然後以兩個高點連線形成下降趨勢線，兩個低點連線形成上升趨勢線，構成一個等腰三角形型態(附圖1)。

預期跌破上升趨勢線的價位，加上三角形的高度距離，為下方滿足點；預期突破下降趨勢線的價位，加上三角形的高度距離，為上方滿足點。

8月13日，建立價平的買進跨式部位：

B6900Call@88×1口
B6900Put@108×1口

後續情況：

8月13日開盤建立部位之後，台股指數行情即向上突破下降趨勢線，以突破點大約6920點，加上三角形的高度238點，預期的滿足點為7158點。台股指數在8月14日最高來到7132點，收盤價7069

點,在研判已經先來到上方滿足點的情況下,8月14日收盤之前先將B6900Call的部位平倉:

S6900Call@188

平倉損益:188-88=100點

留下1組B6900Put的部位,參加8月19日合約到期的結算,結算價6795點,6900Put部位獲利6795-(6900-108)=3點

整體部位共獲利:100+3=103點,約5150元(未計交易費用)。

註　結算之後,台股指數在8月21日來到6629點,也接近了跌破上升趨勢線之後的預期滿足點:6843-238=6605點。

在下跌的趨勢中，出現等腰三角形價格排列，則預期未來趨勢會向下跌破，可以預先建立賣權逆比率價差部位，接著來討論這個個案(如附圖2)。

2008年1月22日台股跳空下跌之後，經過10個交易日，形成等腰三角形的型態，由於是在下跌的趨勢中形成，因此投資人研判在三角形價格排列完成之後，行情將會向下跌破，所以預先建立賣權逆比率價差部位。

當時的情況：

2008年1月22日跳空下跌的當天高點7741點，反轉點為1月23日的低點7384點，由反轉點7384點與三角形型態的高點7741點，計算三角形的高度等於(7741－7384)＝357點，這是將來突破或跌破之後的預期滿足點。

案例：

　　2008年1月31日，台股收盤7521點，最低來到7400點，投資人預期三角形價格排列即將完成，且台股將延續下跌的走勢，向下跌破，因此以最接近價平的履約價做為執行價，在1月31日建立：

$$S7500Put@280×1口，Delta＝－0.47$$
$$B7400Put@238×2口，Delta＝－0.33$$

賣權逆比率價差部位：

　　部位成本＝(238×2)－280＝196點，Delta值等於(－0.33×2)－0.47＝－0.19，負值的Delta代表部位方向偏空，屬於比較積極看空的策略。

　　若採取部位方向中性的方法，建立部位的方式：

S7500Put@280×2口，Delta＝－0.47

B7400Put@238×3口，Delta＝－0.33

部位成本＝(280×2)－(238×3)＝154點，Delta值等於(－0.33×3)－(－0.47×－2)＝－0.05，Delta值接近零，部位方向中性。

後續的調整：

　　台股大盤在2月14日向上突破三角形價格的整理區間，形成反轉型態，當天指數收盤價7865點，大漲了314點，與投資者原先的預期不同，因此平倉一口7400Put@25，部位剩下：

S7500Put@280×1口

B7400Put@238×1口

平倉損失：238－25＝213點

　　2月19日台股大盤收盤價8022點，已經到達從2月13日的開盤價7644點，加上三角形的高度357點之後的預期滿足點8001點，因此決定將部位完全平倉。

2月19日台指選擇權的報價：

7500Put@3.6

7400Put@1.9

S7500Put部位獲利280－3.6＝276.4

B7400Put部位損失238－1.9＝236.1

整體部位虧損：276.4－（236.1＋213）＝172.7點，約8635元(不含交易費用)。

若以中性部位而言，則在向上突破三角形整理區間之後，平倉2口7400Put@25，部位剩下：

S7500Put@280×1口

B7400Put@238×1口

平倉損失：(238－25)×2＝426點

同樣在2月19日突破三角形區間，來到滿足點的時候將部位平倉。

2月19日選擇權的報價：

7500Put@3.6

7400Put@1.9

S7500Put部位獲利(280－3.6)×2＝552.8

B7400Put部位損失238－1.9＝236.1

整體部位虧損：552.8－(236.1＋426)＝109.3點，約5465元（不含交易費用）。

從以上案例可以看出建立部位的時候，若以中性的方向來考慮的話，則當部位發生虧損時，會小於比較積極性的部位。

6－5 上升旗形型態的選擇權策略

案例：

　　台股指數自6月18日低點6100點，上漲到7月29日的高點7185點，共有1085點的漲幅，然後回檔修正0.5倍的幅度約543點，大約與8月21日的低點6629點相接近。到8月25日為止，已經是修正0.5倍幅度之後的第2天，技術型態進入上升旗形的第4階段，以時間差估計上升旗形第4階段的台股指數滿足點約在6900點左右，經過再次的回檔修正之後，就會進入第5階段的突破走勢，以時間差估計，大約會落在6830點左右。突破之後預期滿足點的位置可以使用上升旗形的高度（7月29日的高點），減去上升旗形的第一個低點（8月6日的低點），加上預期突破點的價位來估算。

◢ 賣權比例價差策略

使用時機：行情經過下跌之後，研判後續行情可能緩跌或上漲。

部位建立：買1個高履約價的賣權，同時賣出2個以上低履約價的賣權。

台指9月選擇權合約的報價如下：

履約價	權利金	Delta值
6400Put	67	−0.2
6500Put	91	−0.27
6600Put	117	−0.34
6700Put	154	−0.43

◢ 如何建立賣權比例價差部位

方案一：

$$B6600Put@117 \times 1口$$
$$S6400Put@67 \times 2口$$

部位建立共收到$(67 \times 2)-117=17$點的權利金，整體部位的Delta值$=(0.2 \times 2)-0.34=0.04$，這是一個中性的部位。

方案二：

B6700Put@154×1口

S6500Put@91×2口

部位建立共收到(91×2)－154＝28點的權利金，整體部位的
Delta值＝(0.27×2)－0.43＝0.09，這是一個中性稍微偏多的部
位。

方案三：

B6500Put@91×1口

S6400Put@67×2口

部位建立共收到(67×2)－91＝43點的權利金，整體部位的
Delta值＝(0.2×2)－0.27＝0.13，這是一個中性更為偏多的部
位。

依照上升旗形將來有機會向上突破的型態而言，方案三似乎
是一種比較合理的選擇。

後續調整：

01 若大盤行情持續在6500點以上整理則不調整部位，持有到結算有最大獲利43點。

02 若上升旗形型態失敗，台股指數向下接近部位的上方履約價6500，則先平倉1口6400Put，使部位形成賣權看空；若再跌破預期支撐的6400點，則將部位的另外一個6400Put平倉，只留下1口B6500Put，尋求更大的獲利空間或減少整體部位的損失。

　對未來行情的趨勢持保守看法的投資人，可以採用方案一，先建立中性的部位，等行情的趨勢明朗後再做調整。因為賣權比例價差包括研判緩跌的因素在內，所以採用較保守的價外履約價建立部位，當然，投資人若對於上升旗形型態的發展有信心，也可以採取使用價平履約價以及價內1檔履約價建立部位的積極策略，以求取更大的利潤，但要留意部位也可能隱含了無限大的風險。

6－6 收斂趨勢線型態的選擇權策略

案例：

　　將台股指數從2009年3月3日的低點4328點與2009年6月18日的低點6100點連成一條長期的上升趨勢線，另外以6月2日的高點7084點與7月10日的高點6807點連成一條中期的下降趨勢線，2009年7月14日左右，台股指數的價位已接近這兩條收斂趨勢線交叉點的末端，這意味著台股指數應該不會維持在目前的價位，一定會向著某一個方向突破，以時間差估計，大約會落在7月24日左右。

◈ 選擇權的交易策略──蝶式價差交易

　　傳統的蝶式價差交易採用的類型，是完全以買權或賣權來組成，組合的型態是作多(作空)2個履約價相同的中間部位，同時各作空(作多)1個外側上下的履約價，若部位組成有淨權利金的淨收入，稱為空頭蝶式價差；若部位組成有權利金的淨支出，則稱為多頭蝶式價差。

　　不論是多頭或空頭的蝶式價差部位，都可以混合使用買權或賣權來組成。多頭蝶式價差部位適用於較長期趨勢的走勢，部位組成為：作空2個中間履約價，同時各買進1個外側上下的履約價。空頭蝶式價差部位適用於預期即將發生的走勢，部位組成為：作多2個中間履約價，同時各作空1個外側上下的履約價。

　　以附圖而言，預期最遲的突破時間點大約在2009年7月24日左右，以目前7月14日的時間點相比較，屬於即將發生的走勢，因此適合建立空頭的蝶式價差部位。

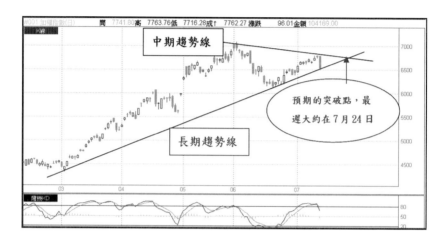

　　再來討論到底要使用買權或是賣權來建立部位。

　　不論是使用買權或賣權建立的空頭價差部位，到期的盈虧結構都大致相同，但因為1個蝶式部位總共牽涉到4口的履約價，因此若這4口履約價到期的時候，都沒有價值，投資人就不必再另外花費4口的交易費用，可略為提高交易績效。以目前的情況來看，台股指數在7月13日成功的測試長期上升趨勢線的底部，雖然現在還在測試階段，但以這條長期的趨勢而言，似乎有比較強的支撐，因此研判價位向上突破的機率比較高，所以為了降低交易成本，選擇以賣權建立部位。

　　假設7月14日台股大盤的收盤價6639點，8月選擇權合約的報

價如下：

6500Put@249

6600Put@291

6700Put@360

建立空頭蝶式價差，部位組成：

S6500Put@249×1口

B6600Put@291×2口

S6700Put@360×1口

　　共收到(360＋249)－(291×2)＝27點的權利金，為起始貸

差。當結算價大於6700或小於6500的時候，部位的最大獲利為

起始貸差的27點；當結算價正好等於中間價6600的時候，部位有

最大損失73點。附圖為空頭蝶式價差交易到期的風險與報酬的圖

形。

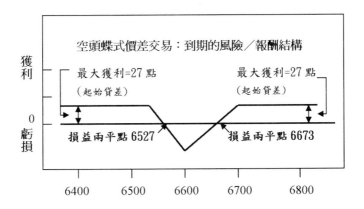

後續調整：

　　因為部位的獲利與風險皆已固定，保守的交易者可將部位持有到結算日，不做任何調整，但整體部位的獲利只有27點，與73點的風險相比較，有些不成比例，因此較積極的投資者可在距離結算日剩下5～7個交易日，部位的Theta值逐漸變大，時間價值的消耗加速，或是對行情未來的方向比較有把握的時機調整部位。

01 若行情突破收斂的趨勢線之後開始上漲，使得上方的履約價6700Put進入200點溢價（價外）狀態的情況，可以考慮先將中間6600Put的部位平倉1口，收回一些權利金以增加部位的獲利。

02 若行情突破收斂的趨勢線之後開始下跌，使得中間的履約價6600Put進入200點的折價狀態（價內）的情況，可以考慮先將上方6700Put的部位先平倉，收回一些權利金以增加部位的獲利。

03 若價位在距離結算日剩下5～7個交易日的時候，仍然在6600點附近整理，投資者可自行研判行情的方向，研判向上的機率比較大，則可以各平倉1口6500以及6600的部位，留下1組6600／6700的賣權看多部位；反之，就各平倉1口6600以及6700的部位，留下1組6600／6500的賣權看空部位，以減小整體部位的最大損失。

◈ **空頭蝶式價差部位的調整**(1)

　　7月16日，台股已經向上突破了中期趨勢線，雖然比預期的7月24日快了許多，但在突破之後，馬上面臨了5月27日～6月2日的高點大量套牢區，這三個交易日的單日成交量都在2000億以上，若以目前單日1000多億的成交量，短期內突破套牢區的壓力顯然是有困難的，因此突破中期趨勢線之後，立即回測這條中期趨勢線的支撐，這種現象在技術分析的理論上也是合理的。若中期趨勢線的設定正確，則預期未來幾天到7月24日為止，在這兩條收斂趨勢線交叉的時間落點之前，台股大盤走勢將先沿着這條中期趨勢線整理，於交叉點之後，再沿著長期趨勢線向上攻堅，挑戰今年的高點（請參考附圖）。

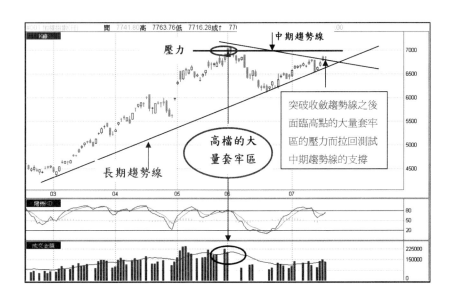

空頭蝶式價差部位的後續調整：

採用7月14日的後續調整策略的第一項：若行情突破收斂的趨勢線之後開始上漲，使得上方的履約價6700Put進入200點溢價（價外）狀態，就可考慮先將中間6600Put的部位平倉1口，收回一些權利金以增加部位的獲利。

7月16日台股大盤突破收斂趨勢線，上漲的最高點6878點，雖然距離6700Put進入200點的溢價尚有22點，但以收盤價未跌破中期趨勢線的情況而言，仍可依照策略，將中間6600Put的部位先平倉1口。以7月16日的收盤價為例：

6500Put@154
6600Put@193
6700Put@236

反向平倉，S6600Put@193×1口，虧損(291－193)＝98點。

浮動獲利：

$$6500Put = 249 - 154 = 95點$$
$$6700Put = 360 - 236 = 124點$$

總共有124＋95＝219點的浮動利潤，扣除已實現虧損98點以及未實現的損失98點，還有23點的隱含獲利。

後續再調整的策略：

01 若未來的行情趨勢依照原先預期的走勢（先走中期趨勢線再走長期趨勢線），則將部位持續留倉，直到行情跌破長期趨勢線的時候，再將所有部位平倉。

02 若未來的行情趨勢沒有依照原先預期的走勢，則在跌破長期趨勢線之後，把6700Put平倉，留下1組6500／6600賣權看空部位。

◭ 空頭蝶式價差部位的調整(2)

　　台股大盤雖然在7月16日突破了長期趨勢線與短期趨勢線，這兩條收斂趨勢線的上方短期趨勢線壓力，但因為面臨了5月27日～6月2日高點的大量套牢區，以及7000點整數關卡的壓力，因此在成交量遲遲無法擴大的情況下，形成區間震盪的型態，不但無法一股作氣的突破高點，甚至從7月21日～24日共4個交易日，連續4次挑戰7000點整數關卡皆失敗；但終於在7月27日，上週美股道瓊工業指數連續2個交易日都站穩在9000點之上，以及陸股、日股、韓股等主要亞洲股市都上漲的效應下，首度收盤站上7000點的大關，終場指數上漲55點，收在7028點。日K線收紅色十字線，成交量卻縮小為1123億元，價漲量縮，且已經面臨了前波的高點7084點，因此雖然看多台股的觀點仍然沒有改變，但為了提防發生假突破的情況（如附圖），再次調整空頭蝶式價差部位。

7月16日經調整後的部位：

> S6500Put@249×1口
>
> B6600Put@291×1口
>
> S6700Put@360×1口

平倉1口6600Put，調整的損失為98點。

7月27日台指8月選擇權合約的收盤價：

> 6500Put@72
>
> 6600Put@92
>
> 6700Put@119

將6500Put的部位平倉（B6500Put@72×1口），則平倉損益為249－72＝177點，扣除7月16日已實現的虧損98點，尚有177－

98＝79點的獲利，比當初建立部位時只有27點的最大獲利高出許多，而且留下的賣權看多的部位：

B6600Put@291×1口

S6700Put@360×1口

部位也有(360－119)－(291－92)＝42點的隱含獲利，若8月合約結算價在6700點以上，則有360－291＝69點的最大獲利，且結算價在6700點以上，所以無論6600Put或6700Put，都因處於價外而沒有價值，所以不需要參加結算，投資者因此可以省掉一筆交易費用，將略為提高操作的績效。整體部位的獲利為69＋79＝148點，約7400元(未計交易費用)。但若不幸台股指數的行情在高檔形成假突破之後，開始逆轉，使得8月合約的結算價在6600點以下，則6700／6600賣權看多部位的最大損失也只有100－69＝31點而已，扣除已實現的獲利79點，還有48點，約2400元的利潤(未計交易費用)。

6-7 頭肩底型態的選擇權策略

案例：

2010年3月4日，台股大盤的收盤價為7569點，日K線型態形成一個正在發展中的頭肩底，若順利突破頸線約7700點的壓力，即可成為一個小型的頭肩底型態(如圖)。

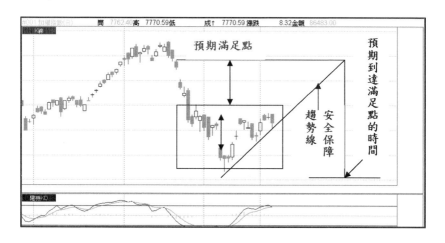

首先在頭部的位置與右肩的底端繪出一條連線，這是一條「安全保障趨勢線」，它有兩個作用：

01 研判正在形成的頭肩底型態是否成功。若某一天的收盤價跌破這條安全保障趨勢線，投資人可視為頭肩底型態可能失敗的訊號，此時對於因應頭肩底型態而建立的部位，需要做適當的調整或將部位結束。

02 延伸安全保障趨勢線的長度與完成頭肩底型態之後，預期滿
　　足點的高度連結，可以預估到達預期滿足點的時間，做為建
　　立部位時採用合約月分的參考。

以目前3月4日的台股指數的日Ｋ線來觀察，正在醞釀一個頭
肩底的型態，投資人若決定在尚未突破頸線完成「頭肩底」型態
之前，先進場建立買權看多價差部位，可先預估滿足點的價位，
然後根據這個價位，建立買權看多的垂直價差部位。假設未來滿
足點的價位約在8200點左右，且到達滿足點的時間預估在3月底左
右，台股4月合約結算之前，則4月台指選擇權的買權多頭價差部
位可以這樣建立：

B8000Call

S8100Call

為了方便未來部位的調整，建議部位口數最少2口以上。或先建立
3月台指指選擇權的買權多頭價差部位：

B7600Call

S7700Call

等3月合約結算，且頭肩底型態順利發展，但尚未到達預定的
滿足點的時候，再建立4月合約的買權多頭價差部位。

後續情況（以3月合約來討論）：

01 有效突破的情況：若行情帶量突破頸線，就可以確認頭肩底型態完成，投資人這個時候可以將S7700Call的部位平倉（或部分平倉），留下B7600Call的部位擴大獲利。

02 按照原先的預期，來到滿足點的情況。

03 謹慎的做法是先將部位（留下來的B7600Call）獲利減碼至少二分之一，因為所預估的滿足點是最低的目標，而價格通常會比原先預估的還要高。

04 來到滿足點之後，沒有再持續上漲，反而回測頸線的情況：若還有未平倉的S7700Call部位，這時可將部位完全平倉，只留下B7600Call的部位，等待再次上漲且再創價位新高的機會；但若回測頸線之後跌破頸線，也應該當做是可能即將回檔的訊號，可以考慮再平倉一部分的B7600Call部位；但若價位再跌破右肩的低點，則頭肩底的對稱性已遭到完全破壞，這時候應該將所有剩下的買進買權的部位平倉。

05 突破失敗的情況：若價位收盤跌破安全趨勢保障線，可能是型態失敗的訊號，可以先平倉一部分的B7600Call；但若跌破頭肩底的頭部價位，則可確定頭肩底型態完全失敗，這時候可以考量將部位全部平倉，或只平倉剩下的B7600Call，留下S7700Call。

6-8 外側日型態的選擇權策略

首先瞭解以下三種技術型態：

○ 內側日：

相對於前一天的K線，今天的最高價比較低，而最低價比較高，也就是今天的線型被前一天的K線吃掉，形成吞噬，屬於短線反轉的訊號。在漲勢時，隔天的低價有可能低於今天的低價；在跌勢時，隔天的高價有可能高於今天的高價。

○ 外側日：

相對於前一天的K線，今天的最高價比較高，而最低價比較低，也就是今天的線型將前一天的K線吃掉，形成吞噬，屬於短線反轉的訊號。在漲勢時，隔天的低價有可能低於今天的低價；在跌勢時，隔天的高價有可能高於今天的高價。

○ 中間收盤日：

當天的收盤價收在當天K線的最高價與最低價的二分之一處，代表當天多空力量勢均力敵，走勢有可能短暫的反轉。

案例：

2010年1月19日，台股指數出現了典型的外側日型態（如附圖）。

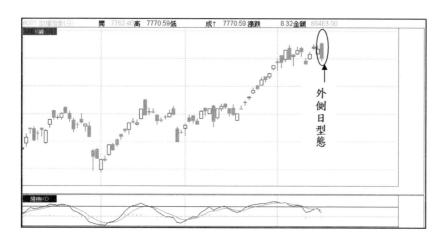

當時台股正處於上漲的格局中，出現外側日型態代表隔天指數還會有更低點，但由於外側日型態只是短線的反轉訊號，是否對10日均線以及20日均線皆呈現多頭排列的台股造成影響，尚未可知，因此為了因應短線偏空與中線仍偏多的情況，選擇權的策略應該採用買權比例價差策略來建立部位，並將原始部位的Delta值維持在中性。

◢ 買權比例價差

○ 使用時機：

行情經過大漲之後，研判後續行情可能緩漲或回跌。

○ 部位建立：

買1個低履約價的買權，同時賣出2個以上高履約價的買權。

○ 損益分析：

獲利有限，風險無限。

假設台股指數的報價8250點，短期歷史波動率12%，2月分選擇權價平附近買權Delta值的參數如下：

種類	Delta值
8100Call	0.71
8200Call	0.59
8300Cal	0.45
8400Call	0.33

○ 部位建立：

以價平及價外1檔來建立部位，會形成中性稍微偏多的部位：

B8300Call×6口，Delta＝0.45×＋6＝2.7

S8400Call×8口，Delta＝0.33×－8＝－2.64

整體部位的Delta值等於2.7－2.64＝0.06，成為中性稍為偏多的部位，以價平及價內1檔來建立部位，將會形成中性稍為偏空的部位：

B8200Call×6口，Delta＝0.59×＋6＝3.54

S8300Call×8口，Delta＝0.45×－8＝－3.6

整體部位的Delta值等於3.54－3.6＝－0.06，成為中性稍微偏空的部位。

不論是以價平及價外1檔，或是以價平及價內1檔來建立部位，若要將部位維持在中性的話，則在建立部位之初，都會有權利金的淨支出，後續的部位調整皆須以買高賣低的方式來做調整，使部位維持在中性。

所謂「買高」就是行情若在探低點之後仍然維持上漲的趨勢，就要在適當的時機將高檔的履約價買進平倉，並維持部位的中性；所謂「賣低」就是行情若在探低點之後未見反彈，仍然持續下跌修正，就要在適當的時機將低檔的履約價賣出平倉，並維持部位的中性。適當時機是依投資人對於Delta值偏離中性幅度的

觀點不同而定，有些人可以忍受偏離20%，但有些人只能忍受偏離10%或更少。

再來討論不是中性部位的買權比例價差策略。因為不論是以價平及價外1檔或是以價平及價內1檔來建立部位，效果都是一樣的，因此只舉一種範例：

B8300Call×1口，Delta＝0.45×＋1＝0.45

S 8400Call×2口，Delta＝0.33×－2＝－0.66

整體部位的Delta值等於0.45－0.66＝－0.21，成為偏空的部位，並有權利金的淨收入，是部位的最大獲利，若行情持續上漲且漲過部位的損平點，將有理論上的無限大損失。

◢ 損平點(X)的計算方法

（履低價＋權利金）－X＝［（履高價+權利金）－X］×口數

部位調整的方式仍是以買高賣低的方式進行。

6－9 選擇權價格型態的一些問題

　　討論過技術型態在選擇全交易策略上的運用之後，投資者可能會聯想到，是否也可利用期貨公司提供的選擇權個別履約價的技術圖形來制定交易策略？事實上，的確也有不少投資者是參考這類的圖形在進行交易的，但實際上，這種圖形的價格型態是有一些問題的。

　　不同於期貨或是股票的價格，選擇權的權利金價格因為有時間耗損的問題，因此目前一般期貨公司交易介面所附加的選擇權技術分析圖形，並不能提供可靠的價格型態，當履約價處在價外而合約逐漸接近到期日的時候，該價外履約價的權利金會迅速的消失，價格圖形便會出現「尾部」的現象而趨近於零，可是在期貨或股票的K線圖形中，絕對不可能出現價格為零的線圖，相反的，若是價內的履約價，則權利金的價格會隨著到期日的接近而越來越接進期貨或現貨的價格走勢。

　　附圖1是台指選擇權12月合約7800Call的日K線,技術線型，屬於「下降矩形」的價格型態。

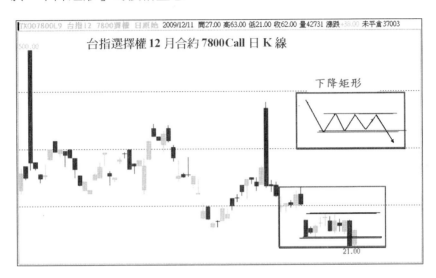

　　附圖2是台指期貨12月合約的日K線，技術線型屬於「上升楔形」的價格型態。

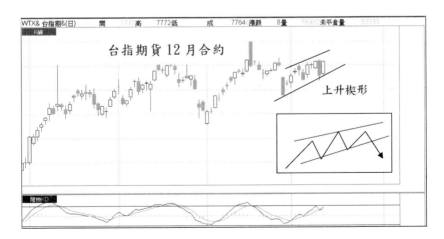

　　若台指期貨發生跳空下跌的情況，對應選擇權的走勢，也同時出現跳空現象，但因權利金時間價值的消耗，所以在之後的幾個交易日，雖然台股期貨出現反彈走勢，價格型態呈現「上升楔形」，但選擇權仍顯得較弱勢，呈現「下降矩形」的價格型態。而且，在下跌之後的期貨日K線價格並沒有跌破前波的低點，但選擇權的日K線價格卻已經跌破了前波低點，這也可能給投資人在對後勢的研判上會帶來一些錯誤的訊息。

　　雖然這兩種型態都屬於典型的下跌排列型態，但是價格型態並不相同，所以在此要提醒投資人，對於任何履約價的選擇權而言，其價格的變動，基本上仍要以台股指數的走勢為主，交易選擇權在使用技術分析的價格型態來研判行情未來的走勢時，不應該是使用該履約價的技術分析的圖形，而是要以根本契約的台股指數的價格型態為主。

　　目前大多數台股選擇權的投資人，仍然習慣以選擇權的技術圖形做為建立部位的依據，這會造成研判上的某些誤導——比如說期貨的價格沒有跌破前低，但選擇權卻已經跌破前低——而可能在不對的時機建立了正確的部位，因此當行情開始向著所研判的方向前進的時候，部位已經流失了太多的時間價值而影響了操作績效；或可能在對的時機建立了不正確的部位，而使得資金遭到侵蝕。

6－10 Vega值在技術分析上的用途

　　選擇權的評價模型有一個統計數據，投資人稱之為Vega值，代表選擇權理論價值對於價格隱含波動率變動的敏感度，也就是當價格隱含波動率上升(或下跌)1%的時候，Vega值衡量權利金上漲(或減少)的程度。假設某個台股選擇權履約價的Vega值等於8.18，若隱含價格波動率上漲1%，則選擇權權利金的理論價值上升8.18點，若下跌1%，則選擇權權利金的理論價值減少8.18點。

　　隱含波動率也存在一些特質，在實體商品的選擇權中，經常會呈現非常突兀的頭部或圓形底，但在非實體商品如指數選擇權中，卻時常因為指數的下跌而呈現上升的狀態，以最近的台股指數為例子，就可以發現這種特質：台股指數從1月21日開始下跌至1月27日，隱含波動率指數卻從1月21日的15.47%，上升到1月27日的20.44%。

　　這些特質都來自市場投資人的人性心理，而投資人在市場的心理表現就會反映在市場價格上。以市場價格輸入評價模型，就可以反推計算出隱含波動率，但是若投資人對於隱含波動率的數值，與目前市場所顯示的數據有不同的看法，就可以根據這種看法來建立部位，比如說投資人認為目前市場的隱含波動率，低於他所認定的合理數值，可以依據這種觀點，建立看多波動率的交易策略，亦即買進隱含波動率偏低的選擇權，並同時以中性的

Delta值來建立部位，而為了將部位維持中性，投資人還需要定期調整，以確保部位的隱含波動率在到達他所設定的目標之前，不會偏離市場的實際狀況太遠。

投資人在市場進行交易，不論是期貨或是現貨，經常會利用技術分析理論的K線型態，評估行情未來的走勢以及價格，而技術圖形中的每一根K線，代表投資人在每一個階段參與市場交易之後，對該商品的市場價格的認同，這個階段的價格有可能某一期間會在高價，某一個期間在低價，然而最後代表市場所有投資人在這個交易階段都認同的價格就是收盤價。每一根K線代表每一個階段的市場參與者對行情的認同，許多的K線組合在一起就會形成型態，以技術分析做為交易導向的投資人，就會以這些型態來預測未來的價格發展趨勢；同樣的，隱含波動率也是受到市場參與者的心理影響而形成的，因此我們也可以根據隱含波動率的型態，以技術分析的方式來預估未來的數值。

以下是台股選擇權在某一段期間的隱含波動率圖形。

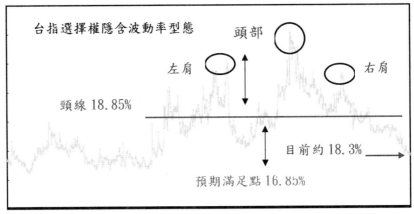

投資人發現有一個頭肩頂的技術型態已經形成，依照技術分析理論，頭肩頂型態完成之後的預期滿足點至少是頭部與頸線的一倍距離，若頭部的數值是20.85%，頸線位置的數值是18.85%，那麼隱含波動率最低的滿足點應該是18.85%－（20.85%－18.85%）＝16.85%；若目前的隱含波動率為18.3%，投資人研判太高，假設當時的Vega值是8.98，若以目前18.3%的波動率與最低滿足點16.85%的波動率來計算，還有18.3%－16.85%＝1.45%的空間，也就是約有8.98×1.45＝13點的套利安全空間，可根據這個研判去建立賣出隱含波動率的交易策略，也就是賣出波動率偏高的選擇權，並將整體部位維持在Delta中性，且定期調整以確保部位的隱含波動率在到達預期的目標數值16.85%之前，不會與實際的市場狀況有過大的偏離。

(註) 取得隱含波動率走勢圖的3種方法：

1. 單一履約價的隱含波動率走勢圖：每天收盤後，以權利金的收盤價反推隱含波動率，紀錄在Excel檔，然後制成走勢圖。

2. 即時市況的隱含波動率走勢圖：每天收盤後取價外1檔與價內1檔履約價，分別以他們權利金的收盤價反推隱含波動率，再將他們平均之後的數值紀錄在Excel檔，然後制成走勢圖。

3. 最快的方法是每天收盤後約下午3～4點，到期交所網站下載隱含波動率指數(VIX)，紀錄在Excel檔，然後制成走勢圖。

第七章

制定與調整
交易策略的一些問題

✍ 7－1 選擇權市場流動性的探討

　　在建立選擇權的交易部位之前，投資者應事先考慮建立部位履約價的流動性如何？流動性較高的履約價，其風險會遠低於流動性不足的履約價；同理，構成價差部位的履約價若有很高的流動性，其風險也會低於流動性不足的履約價所構成的價差部位。

　　不論是哪種市場，流動性最高的選擇權都是最近期的交易月份、且處於價平或價外1～2檔的履約價，因為這類履約價的內外盤差最小，且買盤與賣盤的委託數量最大，因此交易者無論是要建立新的倉位或是執行平倉，都可以很順利的進行。但隨著行情的移動，若履約價因此而變成深價內，則其內外盤差會逐漸擴大，成交量也會逐漸縮小，此時投資者若要將部位平倉就會感到困擾了，假使部位是處在獲利狀態，只要投資者不計較獲利的差額，他的困擾就不大，但若是部位已處在虧損狀態，且投資者不想造成更大的虧損，此時要如何執行平倉的動作就變成很大的難題。常常有許多投資人在部位履約價的內外盤差開始擴大時，因為有3、5點的盤差而捨不得將部位平倉出場，到最後往往被迫停損在20點或30點以上的盤差。所以當履約價的內外盤差開始逐漸擴大時，往往已經暗示這個履約價即將進入（或已經進入）價內，在這個時候，若行情的方向與投資者的部位方向相同，則投資者可以忽略這個訊息，持續擁有部位，擴大利潤；但若是與投資者

的部位方向相反，就要提高警覺，斷然將部位迅速停損出場，否則有可能養虎為患，最後被迫在盤差最高的情況下執行停損。

舉例來說，某投資者在台股指數6720點的時候，賣出履約價6900的買權，權利金100點，當台股指數開始上漲到6910點的時候，履約價6900Call成為價平，此時6900Call的報價可能是：

買進181

賣出185

買賣盤差已經開始擴大，雖然只有4點，但若投資者忽略這個訊息，而行情又持續上漲，幾天後台股指數來到7320點，履約價6900Call變成深價內400點，此時6900Call的報價可能是：

買進515

賣出545

盤差擴大到30點，將造成賣方執行停損的困擾。

反之，持有買進部位的投資人因為已經獲利，若研判台股7320點是上漲的滿足點，且不在乎35點的價差，就可以輕鬆的以515點的價位賣出6700Call，將部位平倉。

再來討論價差部位，建立價差交易的2個履約價，基於流動性與盤差的考量，最好也是使用價平＋價外一檔履約價或價平＋價內一檔履約價(兩者的意義不同，已經在前面的章節討論過了，不再贅述)，現在以實例來討論。

相同的情況，台股指數的報價在6720點，選擇權的報價如下：

6700Call@100

6700Put@85

6800Call@50

6800Put@135

假設投資人看多行情，那麼他有兩種選擇：

01 建立買權看多部位

B6700Call@100

S6800Call@50

支出權利金50點，最大獲利50點。

02 建立賣權看多部位

B6700Put@85

S6800Put@135

最大獲利是收到的50點權利金。

最大獲利都是50點，要選擇建立哪一種部位呢？若考量到交易費用以及將來要平倉的順暢度，應該選擇建立賣權看多，因為假設行情如預期上漲，買權權利金就會增加，若交易者在合約期間想要將部位平倉，他就會面臨到3個問題：

01 因為權利金增加，使得交易者需要支付比較大的選擇權交易稅(200點權利金的交易稅絕對要高於400點權利金)。

02 若買權的履約價已進入深價內，則會因為內外盤差過大而造成平倉執行上的困擾(因為6700／6800買權看多價差部位的最大獲利只有50點，內外盤的價差過大會影響部位的實際利潤)。

03 若投資人因不容易平倉而選擇將部位持有到結算，則因為行情上漲使得6700以及6800Call進入價內而必須履約，此時除了交易稅，還要再另外支出一筆交易手續費，將影響操作績效。

但若以賣權來建立部位就沒有上述困擾，因為行情上漲，賣權的權利金會減少，若交易者選擇提早平倉，則所需支付的權利金交易稅會較少；再者，若行情大漲，則6700以及6800賣權會變成深價外，權利金縮小，沒有內外盤差過大的問題，投資人可以輕易執行平倉的動作(台股指數選擇權深價外的履約價因權利金較少，所以流動性一直高於深價內履約價，因此可以提供執行平倉時充足的流動性)。若投資人將部位持有到結算，縱使行情上漲，也會使6700以及6800賣權成為價外，沒有履約價值，因此不需要再多一筆履約的交易費用，有助於提升交易績效。

📖7-2 交易策略的轉換

通常在下面2種情況下，需要執行選擇權交易策略的轉換：

01 當得知在市場收盤之後將會有重大政策要宣布(如美國的利率政策)，或有重大事件要發生(如總統大選的結果)，部位留倉可能會因此而有跳空的風險時，就要把部位的Delta值調整為中性。

02 對未來行情的發展方向有特定的看法，想要改變原有部位Delta值的正負符號。

調整的方式如下：

若對未來行情的發展方向持中性的看法

加入小台指期貨改變部位的Delta值，成為中性的跨式或勒式部位。

01 兩個種類與履約價相同的單純選擇權部位，加上1個反向的小台指期貨部位，就會變成跨式部位。如：B7000Call×2口，若加上1個7010的小台指空單，就變成B7000Call＋B7000Put(買進跨式)；或S7000Put×2口，若加上1個7010的小台指空單，就變成S7000Put＋S7000Call(賣出跨式)。

02 兩個種類相同但履約價不同的單純選擇權部位，加上1個反

向的小台指期貨部位，就會變成勒式部位。如：B7000Call
＋B6900Call，若加上1個反向的6950的小台指空單，就
變成B7000Call＋B6900Put（買進勒式）；或S7000Call＋
S6900Call，若加上1個反向的6950的小台指多單，就變成
S7000Call＋S6900Put（賣出勒式）。

若對未來行情的發展方向有特定的看法

加入小台指期貨，改變垂直價差部位成為轉換或逆轉部位。

垂直價差部位的獲利及風險皆有限，若加入1個小台指期
貨，則部位會形成多空趨勢明顯的轉換部位（看空）或逆轉部位（看
多），將原有部位的損益方向及獲利與風險皆有限的損益結構，
改變成不同的損益方向及獲利與風險皆無限的損益結構。如賣權
看多部位B6900Put／S7000Put，加入1個小台指期貨空單7010，
就變成看空的轉換部位B6900Put＋S7000Call；買權看空部位
B7000Call／S6900Call，加入1個小台指期貨多單6950，就變成看
多的逆轉部位B7000Call＋S6900Put。

同樣的道理，也可加入小台指期貨空單，改變原來是逆轉
部位的損益結構，成為看跌的垂直價差部位，或加入小台指期貨
多單，改變原來是轉換部位的損益結構，成為看多的垂直價差部
位。

對於垂直價差部位的調整，若投資者不願意將部位過度暴露

在風險之下，也可以捨棄加入小台指的策略，改用加入單純的買進策略，改變部位的損益結構方向。如：賣權看多部位B6900Put／S7000Put，再加入1個B6900Put，部位會變成B6900Put×2口／S7000Put×1口，損益結構成為看空的賣權逆比例價差，同樣是看空，風險卻比轉換部位小很多。

同樣的，買權看空部位B7000Call／S6900Call，若再加入1個B7000Call，部位會變成B7000Call×2口／S6900Call×1口，損益結構成為看多的買權逆比例價差，同樣是看多，風險卻比逆轉部位小很多。

選擇權交易策略的轉換主要在規避風險或求取更大的獲利，但投資人在進行部位轉換的同時，仍然要在風險與報酬之間取得適當的平衡。

7-3 執行履約價合約月份的研判

「時間」因子是選擇權投資人最關心的變數，一般來說，技術型態都可以提供投資人一個最低(或最高)價位的滿足點，因此時常可以聽到技術分析者說：「若跌破(或突破)某個區間的支撐(或壓力)，則預期的滿足點將是至少這個盤整區的幾倍距離……」等類似的研判，但卻很少技術分析可以預測要達到這個預期的滿足點到底需要多少時間？因為不論是交易期貨或是選擇權，都有合約到期的限制，所以常常會面臨合約已經到期了、但行情尚未來到所預測的滿足點的困擾。不同的是，期貨沒有時間價值消耗的問題，若合約到期了，但預期的滿足點尚未來到，投資人只要繼續在新合約建立同方向的部位即可，而選擇權的權利金則有時間價值消耗的問題，因此，如何研判行情要經過多少時間才能夠來到價位的滿足點，以便當作制定選擇權交易策略時選擇履約價合約月分的參考，是選擇權的投資者需要研究的課題。

在所有技術型態的價格分析中，「頭肩」的價格型態排列是最典型的，不但可以提供價格預期的滿足點(比如突破頭肩底頸線之後，預期的滿足點將等於頭部到頸線至少一倍的距離)，也可以提供滿足這個價位所需要最長的合理時間。

除了頭肩型態可以用來預測價位滿足的時間點之外，一般可以繪製趨勢線的技術圖形，如矩形、上升(下降)楔形、上升(下

降)旗形(如附圖1)，上升(下降)三角形，頭肩頂、頭肩底(如附圖2)、雙重頂(底)或三重頂(底)，都可以用來研判當型態的滿足價位到達時的預期時間點。

附圖1

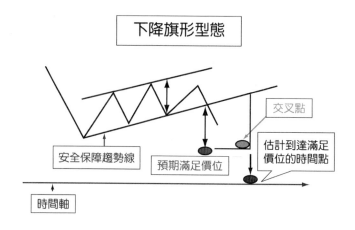

附圖2

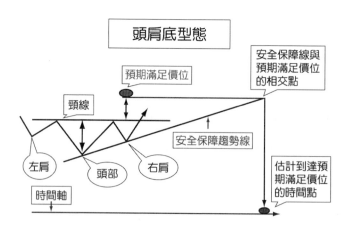

以附圖2的頭肩底型態說明：

首先將頭部與右肩低點的連線繪製一條上升趨勢線，稱為「安全保障趨勢線」，這條趨勢線除了可以用來研判頭肩底型態是否真正形成之外，在型態完成之後，還可以與預期來到最低滿足價位的那個高度點的延伸線形成交叉點，再以這個交叉點對照技術圖形下方的時間軸，找到滿足這個價位的時間點，進而決定建立選擇權部位所要採用的合約月份。

以台股大盤指數為例，假設頭肩底型態的頭部價位是7350點，頸線價位約是7650點，則頭部到頸線的距離是300點，若完成頭肩底型態，則預期最低的滿足價位應是突破頸線位置7650點再加上300點的7950點，也就是有至少300點的高度，以這個高度向右方繪製一條虛擬的延長線，直到與安全保障趨勢線相交，再從這個交叉點向下對照技術圖形下方的時間軸，找出滿足7950點的時間。假設目前交易的是12月合約，但是滿足價位的時間點推估將在12月合約結束之後，則建立選擇權的部位就要盡量以明年1月份的合約為主，若是滿足的時間點推估將在12月份合約結束，就選擇12月的合約來建立部位，但若是以1月合約來建立部位，因為關係到獲利的額度以及後續調整的方便性，也需要考慮到流動性的問題，應選擇流動性最好的履約價來建立部位。

　　若欲以其它的技術型態來推估到達價位滿足點的預期時間，仍然可以參考上述附圖的做法，原則是不變的，但是由於每個人對於技術圖形的解讀不同，所取樣的圖形不同，繪製出來的上升或下降趨勢線（安全保障趨勢線）可能也不同，得到的結果自然不會一樣，師父引進門，修行還是在個人！

7－4 部位的規模與安全空間

在決定選擇權部位口數規模時，除了要考慮如何將部位維持在中性，也需要考慮到部位安全空間的大小。

舉例來說，假設投資人計算出台股的歷史價格波動率是12％，隱含價格波動率為15％，由於隱含波動率大於歷史價格波動率，做空隱含價格波動率有比較高的理論性勝算，因而建立買權比例價差部位，但是要以多少的比例來建立部位才算安全呢？

透過理論評價模型計算理論價格時，由於輸入的歷史波動率可能不是最正確的，因此也會影響到理論價格數值的正確性，而此理論價格與市場實際價格所反推出來的隱含波動率兩者間的落差，就是選擇權投資人建立部位時的理論性勝算，也就是所謂的安全空間。

請參考以下附表：

歐式選擇權評價模式(Black-Schole)

		增減日期		屆期餘日
計算理論價格[輸入]	CALL	1	PUT	30
目標價格	7897	理論價格	153.7036	理論價格	148.5914
履約價格	7900	Delta	0.514953	Delta	-0.48505
波動率	16.74%	Gamma	0.001052	Gamma	0.001052
無風險利率	1.25%	Theta	-2.65217	Theta	-2.3819
現金股利率	0%	Vega	9.025706	Vega	9.025706
契約到期日	2010/2/22	Rho	3.216064	Rho	-3.27042

倒推隱含波動率[輸入]	CALL		PUT	
目前價格	7897	權利金		權利金	
履約價格	7900	141		146	
無風險利率	1.25%	Call-IV	←按此紐計	Put-IV	←按此紐計
現金股利率	0%	隱含波動率	算隱含波動	隱含波動率	算隱含波動
契約到期日	2010/2/22	15.33%	率	16.45%	率

　　從附表中可以發現，使用20天的歷史波動率16.74%所計算出來的2月份選擇權，7900Call權利金的理論價值是153.7點；7900Put權利金的理論價值是148.6點。但是以市場實際價格所反推出來的隱含波動率，7900Call市場實際價格為141點，隱含波動率等於15.33%；7900Put市場實際價格為146點，隱含波動率等於16.45%。顯示在賣權的隱含波動率16.45%與20天的歷史價格波動率幾乎是沒有誤差的，所以若是使用賣權來建立部位，並不存在理論性勝算，亦即沒有可以套利的安全空間存在。

但若是使用買權來建立部位，則因為買權的市場價格141點、波動率15.33%，低於理論價格153.7點、波動率16.74%，建立做多波動率的部位就存在有1.41%（16.74%－15.33%）的理論性勝算，也就是有12點（1.41%）可套利的安全空間，至於這個安全空間是否足夠讓投資人在建立部位後可以高枕無憂？就要讓投資人自行研判了（註）。

現在繼續討論以上的例子，15%的隱含波動率高於12%的歷史波動率3%，也就是說，如果建立Vega為負值的做空波動率的買權比例價差部位，在理論上就有3%的安全空間，但是3%是否真的就足夠了？如果投資人對於所取得的波動率數值的正確性有非常大的信心，那3%的安全餘裕或許就足夠了，但有時只有3%的安全空間仍然會使投資人提心吊膽。

由於目前還沒有任何一種方式可以準確計算未來的價格波動率，只能透過歷史會重演的假設，利用歷史波動率來推算未來的波動率，所以在數據的取得上容易產生誤差，連帶的也會使得部位安全空間的大小受到影響。因此，建立部位時的安全空間顯然就不是唯一要考量的問題了，投資人建立部位永遠是以風險與報酬最理想的方式來執行，但若是這個風險與報酬最理想部位的安全空間非常低，假設只有1%，就可能使部位暴露在可觀的風險中，此時如果要進場交易，部位的口數就不應該太大，反之，若是這個策略的安全空間非常大，那就可以擴大建立部位的口數。

　　因此如果投資人認為3％的安全空間不足以保障因為評價模型計算誤差所產生的風險，那麼在建立買權比例價差部位時，就不要擴大部位的口數，可以採取買進口數與賣出口數為2：4的比例（2倍）來建立比例價差部位；但若是隱含波動率不是15％而是25％，與12％的歷史價格波動率有13％的安全空間，而且投資人對於這個安全空間非常有信心，認為足以抵消評價模型計算誤差所產生的風險，那就可以擴大部位的規模，採取買進口數與賣出口數為4：16的比例（4倍）建立比例價差部位，或將買進與賣出口數的比例更擴大。

　　建立選擇權部位的規模口數應該先考量部位的風險，若風險極小，則可以盡量擴大規模口數，若風險極大或對安全空間有疑慮，就要縮小規模口數，以免萬一風險發生時，對資金造成重大的傷害。

註　通常在行情大跌的情況下，Put的權利金容易被高估，Call的權利金容易被低估，但以這個例子來觀察，發現Put的隱含波動率幾乎等於20天的歷史波動率，在距離合約到期日還有30天的情況下（圖表右上方有顯示屆期餘日），可以確定Put的權利金並未被高估，反倒是Call的權利金確實被低估了。

🖋7-5 部位的向量風險與動態調整

改變原先部位損益結構的方式稱為動態調整，而經過調整之後的部位會對原始部位的損益結構產生什麼樣的風險與利潤？

重點在分析新調整的部位有什麼樣的損益結構，使用以下的例子來討論。假設投資人在9月11日研判9月台股指數合約在結算之前有很高的上漲機會，當時台股期貨10月合約報價在7300點左右，投資人建立一個逆轉的看多部位：S7000Put@150×1口；B7500Call@185×1口，假設投資人研判在9月合約結算之後，台股的行情將回檔修正，所以在9月16日反手建立一個新部位：S7500Call@230×2口；B7100Put@125×3口，新部位的損益結構分析如下：損平點＝7543點。

計算公式：

（最大獲利－最大損失）÷最大獲利口數＋最大獲利履約價

$[(230×2)-(125×3)÷2]+7500＝7543$點

上檔向量風險＝－2

新部位在7100～7500之間有$(230×2)-(125×3)＝85$點的獲利

7100以下有下檔向量＝3

由新的部位可以看出，在損平點7543點以上開始出現虧損，也就是說，新部位放棄了7543點以上的利潤。

接下來把調整部位的損益加上原先部位的損益，可以算出調整後的損平點為7550點。

計算公式：

（兩個部位的最大獲利總和）－（兩個部位的最大損失總和）＋買權履約價

$$[150＋(230×2)]－[185＋(125×3)]＋7500＝7550點$$

這個損平點距離與新部位的損平點7543點相接近。9月16日收盤之後，10月選擇權7500Call的Delta為0.48，該價位不會來到的機率為1－0.48＝0.52，有52%的機率不會來；7600Call的Delta為0.42，該價位不會來到的機率為1－0.42＝0.58，有58%的機率不會來。

新的調整部位在7100～7500之間有85點的獲利，這個獲利會加在原先部位之上，換言之，經過調整後，原先部位在7100～7500點之間的獲利將會增加最多85點。

新的調整部位在7100點以下有下檔向量3，但是原先部位的獲利在7500點以下會逐漸下降，在7100以下則獲利狀況又會向上攀升，攀升的部位向量是2。

以向量的觀點言之，原先部位的向量是：

下檔　　上檔
−1　　　1

新部位的向量是：

下檔　　上檔
3　　　−2

經過調整之後的向量是：

下檔　　上檔
2　　　−1

雖然調整後的部位上檔有−1的風險向量，下檔有2的利潤向量，但是上檔的風險損平點在7550點，達到7500的機率為48％，達到7600的機率為42％，幾乎有將近1／2的風險達成率，因此雖然上檔只有−1的風險向量，但還是需要去關注風險的。

7-6 建立以及調整部位的動量觀念

統計學上的價格分配機率有四個動量：

第一個動量是平均值（mean），第二個動量是變異數（variance），第三個動量是乖離率（skew），第四個動量是尾部肥大（leptokurtosis）。

以下分別來討論這四種動量如何影響選擇權部位的建立以及動態調整。

第一個動量：平均值(Mean)

當選擇權部位建立之後，經常需要隨著行情趨勢的變化做部位的調整，而最常使用的方法就是「順勢加碼，逆勢減碼」。

觀察技術分析的移動平均線，會發現短期移動平均線一定跑在長期移動平均線的前面，因此，不管對於趨勢的研判有多高明，在短期間內，整體部位一定是處於虧損狀態，除非利用「順勢加碼，逆勢減碼」的原則，整體部位長期的平均值才會比市場趨勢的價值更高，所以調整部位的功力必須經過一段期間才看得出來。

換句話說，整體部位的價值在短期內一定落在市場趨勢後面，只有透過長期的正確經營，才有可能趕在趨勢前面。「順勢

加碼，逆勢減碼」或是「順勢減碼，逆勢加碼」，這些都是對應於市場趨勢和波動率的操作策略。

　　而我們所建立部位的整體價值要如何反應市場的平均價值？比如市場平均價值上漲100點，而我們部位的整體價值到底是上升或下降了多少點？

　　整體部位價值相對應於市場平均價值的升降速度，就是Delta值的觀念。如果部位的Delta值是正的，表示市場平均價值上漲，部位的整體價值也會上升；如果部位的Delta值是負的，表示市場平均價值上漲，部位的整體價值也會下降；如果部位的Delta值是正的，表示市場平均價值下跌，部位的整體價值也會下降；如果部位的Delta值是負的，表示市場平均價值下跌，部位的整體價值也會上升。

　　簡單地說，如果部位的Delta值是正的，表示部位看漲，因此如果市場價值上漲，部位就有機會獲利，市場價值下跌，部位就會虧損；如果部位的Delta值是負的，表示部位看跌，如果市場價值下跌，部位就有機會獲利，市場價值上漲，部位就會虧損。

　　因此，部位的Delta值就是對於所建立部位的一個總檢討，Delta值的意義就是處理價格分布統計學上的第一個動量：平均值。

◢ 第二個動量：變異數(Variance)

當市場的趨勢出現停頓狀態，行情變成區間整理時，操作的方式就要改成「逆勢加碼，順勢減碼」。如果市場的乖離率增大，就要增加逆勢部位的數量；乖離率降低，就降低逆勢部位的數量。

因為盤整區間的移動平均線都是在價格分布區間的中間，如果所建立部位的整體價值長期都是逆勢加碼、順勢減碼，則部位的整體價值應該會優於市場的平均價值。

因此，**趨勢停頓會造成中性市場**，所以必須建立中性部位來因應，建立中性部位有兩種方式：

01 把獲利區間放在中間位置，將虧損區間放在上下兩檔，此時所做的動態調整就是順勢減碼(使乖離率減少)、逆勢加碼(使乖離率增大)，也就是買低賣高的操作方式。

02 將虧損區間放在中間位置，獲利區間放在上下兩檔，此時所做的動態調整就是逆勢減碼(使乖離率增大)、順勢加碼(使乖離率減少)，亦即追高殺低的操作方式。

以上是線性損益商品的操作方式，這種操作方式只能參考乖離率，因為乖離率是變動率的一種。至於呈現非線性損益的選擇權操作方式，建立或將部位調整為中性的原則必須參考Gamma值，Gamma值是Delta的二次動量，操作方式如下：

01 將虧損區安置在中間，獲利區安置在上下兩檔，會產生正的 Gamma值的中性部位，操作方式跟線性部位的做法完全不一樣，動態調整的做法是要買低賣高，這種部位就是一般所謂的買進跨式(long straddle)。

02 將獲利區安置在中間，虧損區間安置在上下兩檔，會產生負的Gamma值的中性部位，動態調整的做法就是要追高殺低，亦即一般所謂的賣出跨式(short straddle)。

◢ 第三個動量：乖離率(Skew)

當市場出現正乖離時，上漲的動量和波動率彼此相關性提高，價格分布偏向於上檔；當市場出現負乖離時，則上漲的動量和波動率彼此相關性降低，價格分布偏向於下檔。

當價格分布偏向上檔的時候，行情上漲，價外Call的選擇權隱含波動率會異常升高，價內Call的隱含波動率維持不變；行情下跌，價外Put的選擇權隱含波動率上升有限，價內Put的隱含波動率下降也有限。此時的Gamma值在上檔區間是正值，在下檔區間是負值。當市場出現正乖離時，價格分布會偏向上檔，較適合建立買權逆比例價差部位或是少量的賣權比例價差部位。

當價格分布偏向下檔的時候，行情下跌，價外Put的選擇權隱含波動率會異常升高，價內Put的隱含波動率維持不變；行情上

漲，價外Call的選擇權隱含波動率上升有限，價內Call的隱含波動率下降也有限。此時的Gamma值在上檔區間是負值，在下檔區間是正值。當市場出現負乖離時，價格分布會偏向下檔，此時較適合建立賣權逆比例價差部位或是少量買權比例價差部位。

第四個動量：尾部肥大（Leptokurtosis）

當第四動量是正值，價格分布於上下兩檔時，Gamma都是正值；價格分布於中間時，Gamma都是負值，Gamma呈現凸性結構，因此適合同時建立買權逆比例價差和賣權逆比例價差部位。此時，上下兩檔風險向量呈現正值。

當第四動量是負值，價格分布於上下兩檔時，Gamma都是負值；價格分布於中間時，Gamma都是正值，Gamma呈現凹性結構，因此適合同時建立買權比例價差和賣權比例價差部位。此時，上下兩檔風險向量呈現正值。

7-7 選擇權動態調整需要考量的因素

投資者建立了選擇權的部位之後，經常會因為行情的變動而需要調整部位，以因應行情變動對於部位所產生的有利或不利的影響，除了將部位直接平倉出場之外，任何對於已建立的選擇權部位所做的調整，都稱之為「動態調整」。

投資者在對選擇權的部位進行動態調整之前，必須先瞭解下列三種基本部位調整的功能與成本：

01 比率價差

02 比率分裂價格轉換／逆轉換

03 比率勒式部位

◢ 功能的考量

這三種基本調整部位的功能各有不同：

01 價差部位是更換履約價格，移動損平點，就是俗稱的滾動調整(rolling)。

02 比率(逆比率)價差部位適用於對未來價位分布偏離的方向(Asset bias)已做出研判時使用。

03 價格轉換／逆轉換部位，可以迅速有效的改變整體部位的趨

勢方向。

04 比率分裂價格轉換／逆轉換部位，可以改造整體部位的緩衝區間，對虧損區產生修補的作用。

05 勒式部位可以調整部位波動率的承受度，而不同口數的勒式部位又可以表達對市場未來趨勢方向的研判。

◬ 成本的考量

買方和賣方對於成本的考量正好相反，以下是買方的觀點：

趨勢方向與波動率的考量

每一種基本調整部位所需的成本，都會受到趨勢方向與波動率的影響。

01 看多的垂直價差部位

在低履約價的時候會有比較低的成本，但是高波動率會提高成本；反之，在高履約價的時候會有比較高的成本，但是高波動率卻會降低成本。看空價差部位正好相反。

02 轉換／逆轉換部位

除了高低價位會影響成本之外，波動率也會影響調整的成本，而勒式部位的成本直接受到波動率的影響。

口數的考量

如果決定建立比率價差部位，即部位兩隻腳的口數不相同，在建立高口數的一隻腳時，可以採分批進場的方式，以便攤平並壓低成本。

履約價格間距的考量

履約價格的間距，也會影響成本。一般來說：

價差部位，履約價的間距越大，則成本越高；

價和部位，履約價的間距越大，則成本越小。

轉換／逆轉換部位的成本與同履約價的內涵價值有關，亦即履約價和標的物目前價格的間距有關，而這種間距又跟履約價對於價平的對稱性有關，即：與價平的間距越小，成本越高；間距越大，成本越低。

因此投資人在執行部位動態調整的時候，除了要考慮如何降低部位的風險之外，還要考慮到這些策略的功能性以及所需要的成本，才足以降低部位的風險，並提高獲勝的機率。

若找不到合適的調整策略或調整的成本過高，唯一的選擇就是將部位退出市場，重新制定一個新的交易策略。

以上是理論性的討論，但讀者仍然可以從書中的實例得到一些印證。

7-8 選擇權部位調整的變數

選擇權的投資者都希望所持有部位的隱含波動率能夠在最短的時間內到達預期的價格波動率,這樣就可以讓部位快速獲利,減少持有部位的時間,因為持有部位的期間越長,使用評價模型輸入的參數發生錯誤的機會越高,相對的,部位的風險也越高。

假設某投資人透過B-S評價模型計算他所持有的台指選擇權組合部位的隱含波動率為20.5%,並且根據根本契約台股指數過去20天的價格變動,計算出對數的年度化歷史波動率(標準差)為15.2%,假若部位的隱含波動率可以迅速從20.5%下降到15.2%,則部位就可以獲利,但這種機率有多高呢?雖然隱含波動率在極短時間內發生這麼劇烈變動的機會不是不可能,但這應該是屬於特例的,一般正常的情況下,隱含波動率會在一段期間之內呈現緩慢的變化,而且這些變化也是根據根本契約價格波動率的變化結果而來,當根本契約的價格波動率發生變動,選擇權的權利金也會跟著變化,權利金的變動反映在隱含波動率之上,就會造成隱含波動率上升或下降。

假設台股指數8390點,當時的價格波動率為15.2%,距離合約到期日還有15天,價平選擇權8400的參數如下:8400Call@135,隱含波動率19.5%;8400Put@150,隱含波動率20.75%,經過一段時間的交易,台股指數下跌到8250點,

而且價格波動率小於15.2%，因此研判履約價8400的隱含波動率也將會開始跟著下降：8400Call@45，隱含波動率18.5%；8400Put@205，隱含波動率19.5%。

　　若投資人發現部位的隱含波動率到了原先設定的水準15.2%，就可以將部位平倉，不必等到結算日了。可是，選擇權價格仍然會受到市場其它因素的影響，除了要考慮輸入理論評價模型參數的正確性外，部位的隱含波動率也不一定可以如預期的下降到15.2%的水準，所以在部位持有期間，仍需透過調整而實現利潤。

　　因為即使根本契約台股指數的價格波動率呈現下降的趨勢，有利於選擇權的部位，但隱含波動率有時候在短期內不僅不會跟著台股指數的價格波動率下降，反而呈現上升的情況，假設建立部位之後的台股指數價格波動率從15.2%下降到14%，但選擇權部位的隱含波動率卻上升到21.5%，這是不是意味著投資人應該認賠出場呢？這個決定未必是正確的，如果投資人確信原先計算出來台股指數的價格波動率15.2%是可靠的，那就應該繼續持有部位，並透過調整的程序，改善隱含波動率短期走勢對部位不利的影響。

　　這是每個選擇權的投資人必須努力學習的地方，因為市場上很少有人能夠每次都精準掌握行情的底部或頭部，並在底部建立

多頭部位或在頭部建立空頭部位，同樣的道理，選擇權的投資人
也很難每次都準確預測到隱含波動率的頭部或底部，以下就以這
次台股選擇權的隱含波動率來舉例。

　　選擇權的隱含波動率指數在2009年12月25日下跌到自2008年
3月以來的最低18.44％，一般而言，波動率已經是2年來的新低，
投資人都會研判應該是底部，預期要開始反彈了，但實際的情況
卻是只小小反彈幾天，接著又開始下跌，而且在2010年1月中旬又
創下了更低的波動率(如附表)。

交易日期	平均隱波
2009/12/25	18.44
2009/12/28	18.66
2009/12/29	18.77
2009/12/30	18.15
2009/12/31	18.12
2010/1/4	18.57
2010/1/5	19.24
2010/1/6	20
2010/1/7	20.62
2010/1/8	19.6
2010/1/11	19.01
2010/1/12	18.1
2010/1/13	18.4
2010/1/14	17.72
2010/1/15	17.53

　　因此，投資人要在市況有利的情況下盡可能的建立部位，以這個例子而言，將近20％的隱含波動率，高於年度化歷史波動率(標準差)15.2％甚多，所以建立看空波動率的選擇權策略顯然已在理論性勝算上占有優勢，只是投資人在情況變得對部位更有利之前，可能需要忍受短暫的虧損。這種情況在實際交易時常常發生，這是投資人必須面臨的窘境，當然也考驗投資人對自己所計算出來的年度化歷史波動率(標準差)的信賴程度。

🖋 7－9 建立選擇權避險策略的原則

不論從事何種金融商品的交易，首先要考慮的是風險，其次才是利潤。一般而言，現貨商品可以使用期貨或是選擇權來避險，期貨商品則使用選擇權來避險，至於選擇權商品本身的避險策略就比較需要深入考量了，某些避險策略可以利用期貨來執行，但某些避險策略使用選擇權來執行反而更具效力。

投資者可以根據價格波動率與行情趨勢的方向，藉以制定選擇權的避險策略，因此，他必須對價格波動率如何影響選擇權的價值有深入的瞭解，並且知道如何透過Delta值來衡量方向的風險，才可以挑選完美的避險策略來執行。

挑選選擇權避險策略之前，投資者需要：

01 避險策略要消除多少方向性風險？

02 是否願意接受額外的風險？

03 考量是否要以最壞的情況來制定避險策略？

如果是以發生最壞情況為考量的話，就只有買進選擇權的方式了，但仍然需要考慮所採用的履約價與口數。舉例來說，某投資者有一口7500點的小台指多單，為了預防下跌的損失，他決定買進Put進行避險，將下跌的風險鎖在某一個特定的價位，那他應該買進什麼履約價的Put？買進多少口數？

　　假使投資者認為目前選擇權的隱含波動率普遍高估，權利金處於偏高的狀態，則不論買進哪一種履約價的Put都是不利的，如果避險的目的只是在控制下檔風險，而不考慮上檔的獲利，應該盡量避免採用單純的買進選擇權，改用轉換組合來建立避險部位，可是如果投資者除了避險之外，仍然想要保有部分的潛在獲利，就必須決定要保留多少期貨部位了。

　　舉例來說，如果投資者想要保留50％的期貨部位，也就是只要規避50％的風險，那他就要買進一口價平履約價的Put（價平履約價Put的Delta等於－50％），或數口價外履約價的Put，使整體部位的Delta值等於或接近－50％。但由於目前的權利金偏高，所以最理想的方式反而不是單純買進Put，應該建立Delta值為－50的比例垂直價差部位，即賣出的口數大於買進的口數，若無法以比例垂直價差部位建立Delta值為－50的部位，則應該選擇買進一口單純的價平Put，而不是數口價外履約價的Put。

　　而若是要建立部位Delta值為－50的比例垂直價差避險部位，也應該以Call為主，而不是以Put為主。舉例來說，選擇權的報價及Delta值如下：

履約價	權利金	Delta值
7600Call	104	0.37
7700Call	73	0.26

建立買權比例價差部位：

B7700Call@73×1口，Delta＝0.26

S7600Call@104×2口，Delta＝－0.37×2＝－0.74

整體的Delta值＝－0.74＋0.26＝－0.48（接近－50％），有（104×2）－73＝135點的權利金收入。

　　但部位賣出2口的Call，因此也存在無限的上檔風險，這是屬於額外風險的一部分，雖然這部分的風險仍然可以透過原始買進1口小台指7500點的部位，以及建立部位時收到的135點權利金來消除，但卻影響了上檔的獲利空間。因此投資者選擇建立這種比例垂直價差部位時，仍然需要仔細評估本身對於額外風險的接受程度，以及交易利潤的看法。

　　若投資者希望消除更多的方向性風險，則他可以提高Delta的負值，比如買進一口價內履約價Delta值等於或接近－70％的Put選擇權，就可以消除70％的方向性風險。

　　結論：在其它條件不變的情況下，投資者制定選擇權的避險策略，若隱含波動率偏高，投資者應該減少買進選擇權的口數；若隱含波動率偏低，則應該增加買進選擇權的口數。

7－10 選擇權中性部位動態調整的方式

　　前面討論到選擇權動態調整的目的是為了規避部位風險，鎖住利潤或擴大利潤，但以一個成熟的投資者而言，規避風險才是交易成功的先決條件，先將部位的風險降至最低，才有創造利潤的機會。就風險的情況而言，一般選擇權操作者最在意的還是方向性的風險，為了降低這種風險，動態調整通常會將部位的Delta值調整為中性。

　　將部位Delta值調整為中性的方式有很多種，除了考量進行調整的時機之外，還需要考慮最佳的調整方式，如果投資者使用建立其它選擇權部位來做動態調整，有可能在降低部位的方向性風險(Delta值)的同時，提高了部位其它的風險值(Gamma值、Vega值或Theta值)，換言之，部位有可能以其它的風險來取代方向性的風險。

　　但如果投資者透過建立根本契約部位的方法來執行Delta值中性的動態調整，就不會產生上述問題了，因為根本契約的Delta值永遠等於1，而且沒有Gamma、Vega或Theta等風險值，所以若交易者只希望調整部位的方向性風險，而不希望影響到部位的其它風險，買賣根本契約就是最佳的方式了。

　　以台指選擇權為例，假設在台股指數7400點左右的時候，台

指選擇權的報價如下：

履約價7300Put@144，Delta值＝－0.38

履約價7500Call@149，Delta值＝0.42

　　但以Ｂ－Ｓ評價模型在歷史波動率23.2％、無風險利率1.25％的情況下，所推估出來的理論價值是：

7300Put＝118

7500Call＝128

　　與理論價值相比較，投資人發現不論7300Put或7500Call的市價皆高於理論價值，因此建立了一個賣出勒式的中性部位：

S7300Put×10口

S7500Call×9口

Delta值＝（－0.38×－10）＋（0.42×－9）＝0.02，接近中性。

　　經過幾天以後，若台股指數下跌到7300點，部位的Delta值變成：

7300Put的Delta值＝－0.51

7500Call的Delta值＝0.32

　　此時未經過調整的部位Delta值是（－0.51×－10）＋（0.32×－9）＝2.22，已明顯偏多，對於賣出勒式部位有不利影響，如果投資者要將部位的Delta值調整為中性，他可以：

01 買進平倉4口7300Put，使部位的7300Put減少成6口，則整體
部位的Delta是$(-0.51×6)+(0.32×9)=-0.18$

02 放空2口小台指，使部位的Delta為$2.22-2=0.22$

03 再賣出7口7500Call，使部位的7500Call增加為16口，則整
體部位的Delta變成$(-0.51×10)+(0.32×16)=0.02$

第3項的調整方式似乎較接近中性，而且理論性勝算也較高，
但因為多了7口的部位，有可能造成部位其它風險值增加，且部位
的口數越大，也增加了未來的平倉風險，因此建議不十分熟悉選
擇權市場的投資者或保守的投資者，應該盡量避免在動態調整的
過程中增加部位的口數。

第1項的調整方式呈現中性化的程度不如第3項，且理論性勝
算也小於第3項，但基於風險考量，有經驗的交易者知道最佳的
方式是降低部位的口數，雖然他必須以高價回補先前所賣出的部
位，或以低價賣出先前高價買進的部位，因而損失部分的理論性
勝算，但若交易者只一昧的追求理論性勝算而忽視風險，或不願
意承認錯誤，那他在市場的交易生涯恐怕會很快就結束了。

第2項呈現中性化的程度也不如第3項，但在選擇權部位口數
沒有增加的情況下，可以降低上檔(或下檔)的向量風險，若投資
者不想改變部位的其它風險值，且不願意降低理論性勝算，那最
佳的動態調整就是第2種方式了。

7－11 接近到期日控制整體部位風險的方法

選擇權在接近到期日的時候，會產生下面幾種情況：

01 時間價值的消耗快速增加。

02 價平附近的Delta值快速變大，增加整體部位動態調整的困難度。

投資者可以藉著降低整體部位的Gamma值來因應以上的情況，因為在選擇權的風險因子中，Gamma值和Theta值的正負符號一定是相反的，所以降低整體部位Gamma值的同時，也會減少部位時間價值耗損的速度。買進選擇權會得到正的Gamma值，但同時也會有時間價值消耗的問題（因為代表時間價值的Theta值是負的）；賣出選擇權就會有負的Gamma值，但卻可以享受時間價值消耗所帶來的利益（因為代表時間價值的Theta值是正的），所以降低部位的Gamma值會使Theta值變小，減少部位的時間耗損。

另一方面，降低整體部位的Gamma值也會使得部位Delta值的變動率降低，因為接近到期日的時候，價平選擇權的Delta值會急速增加，但價內或價外選擇權的Delta會快速下降，所以如果整體部位的Gamma值降低，則整體部位Delta的變動率也會相對地降低。

因此，在接近到期日的時候，降低部位的Gamma值是控制整體

部位風險的最佳策略，但在接近到期日之前，價平履約價的Gamma值也會隨時間的消失而增加，為了適度的降低Gamma值，可以使用下列方法：

01 使用滾動式攤平成本的交易策略，將價平履約價移動到比較價內或價外的履約價，可以降低Gamma值。

02 建立多頭時間價差部位（賣出近月份、買進遠月份的履約價），也可以降低整體部位的Gamma值。

03 單純的賣出較多口數的遠月份履約價，也可以降低Gamma值。

其中2、3項要考慮遠月合約成交量不足的問題，因此在操作上，建議盡量使用價平附近的履約價來降低這方面的風險。

7－12 盤勢乖離過大的選擇權策略

　　我們常聽到「乖離率過大，短線應該會拉回（或反彈）……」，用物理學的原理來解釋，就好比一條橡皮筋拉太緊就會出現回彈的力量，而人性的心理面也普遍存在著：「漲太多了，總會拉回一下吧？跌太兇了，現在去買應該很安全！」這樣的想法，這也是短線做逆勢單最原始的驅動力，當然有一些情況是市場過度反映突發事件，導致超漲或超跌，等市場冷卻下來，自然會理性地去修正乖離。

　　但乖離過大是不是就一定會立刻修正呢？在操作上要如何因應？首先概略介紹乖離率，並統計台指期從2001年至2009年10月乖離狀況的數據，接著再追蹤產生超大乖離日當天以及隔天的指數表現，藉以驗證是否乖離過大就會立刻做修正，並提供一些相對應的操作技巧給投資人參考。

　　何謂乖離率？簡單的說，乖離率可以定義為指數(或是指標)與平均值的離差，平均值代表一個已經經過平滑的近期相對正常值，而乖離率就是偏離這個平均正常值的水準。從成本的角度來看，移動平均線是代表之前買進者的平均成本，因此當價位高過平均成本甚多時，自然會有獲利賣壓出現，也會吸引空手的空方進場，使得價位向平均成本移動收斂；另一方面，當價位低於平均成本甚多時，攤平或逢低的買盤便會進入，同時也吸引空手的

多方進場，使得價位向平均成本移動收斂，這就是乖離收斂的原理。

如何量化乖離率？最簡單的方式就是指數與平均值相減，例如指數為6000，10日移動平均值為6100，該日的負乖離即為100點。另外也可以使用乖離率指標(Bias)公式：Bias＝(價位－N日移動平均值)÷N日移動平均值×100，則這個例子的乖離率便是(6000－6100)÷6000×100＝－1.64%。

本章節定義乖離為每日高、低點與10日均線的離差：高點與10日均線離差稱為正乖離；低點與10日均線離差稱為負乖離。下表為2001年1月至2009年10月，台指期每日的高、低點與10日均線的乖離狀況的統計摘要：

	正乖離	負乖離
平均值	129	132
標準差	100	116
最小值	0.2	0.1
最大值	687	764

由統計資料得知，負乖離的平均值約略大於正乖離，負乖離的最大值764點也大於正乖離的687，亦即一旦發生負乖離，幅度都要大於正乖離，這也符合一般投資人對於恐慌性殺盤要比向上噴出的盤勢更有威力的印象。

　　若以乖離的平均值加上1個及2個標準差來定義「大乖離」，然後再計算這些大乖離日當天以及隔天的指數表現，正乖離與負乖離分別統計觀察，摘要如下表一、表二：

表一：大幅正乖離當日與隔日表現

正乖離							
正乖離229點以上(1個標準差)				正乖離329點以上(2個標準差)			
	隔日上漲	隔日下跌	當日收盤價與最高價差		隔日上漲	隔日下跌	當日收盤價與最高價差
次數	58	57	──	次數	19	23	──
平均幅度	91.96	−71.5	57.33	平均幅度	120	−81.0	70.2
機率	50.4%	49.6%	──	機率	45.2%	54.8%	──
期望值	46	−35	──	期望值	54	−44	──

　　在大幅正乖離當日部分，正乖離228點以上(平均值加1個標準差)，平均當日的最高價與收盤價差值會有57點，可視為正乖離在當日的修正幅度，而隔日的指數表現則是漲跌各半，不過隔日上漲的幅度會較下跌的幅度為大，因此隔日上漲的期望值(發生比率乘上平均幅度)也會較下跌為大；在正乖離2個標準差以上，也是隔日上漲的期望值大過隔日下跌的期望值。也就是說，當指數正乖離達229點以上(甚至是329點以上)，握住多單或是追多會比回補或是逆勢做空有利。

表二：大幅負乖離當日與隔日表現

負乖離							
負乖離248點以上				負乖離364點以上			
	隔日上漲	隔日下跌	當日收盤價與最低價差	漲跌	隔日上漲	隔日下跌	當日收盤價與最低價差
次數	64	49	－－	次數	23	17	－－
平均幅度	96.3	－91.5	72.6	平均幅度	100.3	－140.7	82.2
機率	56.6%	43.4%	－－	機率	57.5%	42.5%	－－
期望值	54.5	－39.7	－－	期望值	57.7	－59.8	－－

　　在負乖離的部分，當負乖離248點以上，平均當日最低價與收盤價差值達到72.6點，當天收斂乖離的幅度不小，另外在隔日的部分，上漲收斂負乖離的機率明顯較大，就期望值而言，負乖離248點以上，隔日反彈的期望值也較下跌為大，但若負乖離達364點以上，則隔日上漲與下跌期望值相去不遠。因此，當指數負乖離達248點以上，空單先獲利了結或是做短多搶反彈會比追空要有利，這樣的結果與正乖離剛好相反，主要原因是反應急殺比噴出要來得不理性，因此在短線上負乖離的收斂修正會較明顯。

◢ 結論與操作策略

在台指期乖離的研究中發現：大幅正乖離隔日上漲的期望值較下跌為大，因此在選擇權的操作上，應握住多單或是加碼買進買權逆比例價差會比較有利；在大幅負乖離的時候，一般在當日之內就會有較大幅度的收斂乖離，而隔日上漲收斂負乖離的機率及期望值皆相對較大，因此在操作上，若有在倉的空頭部位就可以先獲利了結，空手則可做短多搶反彈，建立單純的買進買權，會比追加買進賣權要有利。

而出現正、負乖離時在短線收斂會有不同的反應，主要原因是急殺比噴出要來得不理性。

7－13 如何利用Delta值進行短線價差交易

影響選擇權權利金漲跌幅度的希臘字母有Delta、Gamma、Theta與Vega，其中Delta值的變動對選擇權權利金漲跌幅度的影響是最直接的，且每個履約價會因為與根本契約價格距離的遠近而有不同的Delta值，比如說，接近價平的履約價會有較大的Delta值，越遠離價平的履約價其Delta值越小，深價外的履約價則Delta值會接近於零，深價內的履約價其Delta值會接近於1，因此交易者可以利用選擇權買進勒式部位的兩個執行履約價有不同Delta值的特性，進行短線的價差交易。

實際上，根本契約價位變動對於選擇權權利金的影響是利用泰勒展開式來計算的，泰勒展開式是B－S模式的前導公式：

$$dW = Delta \times ds + \frac{1}{2} \times Gamma \times (dS)^2 + Theta \\ \times dt + Vega \times d\sigma + Rho \times dr + \cdots$$

但是因為泰勒展開式的計算過於繁雜，因此市場投資人普遍採用B－S評價模型的偏微分導數，取其低階的導數來計算，公式如下：

$$部位損益 = Delta \times 漲跌幅 + 0.5 \times Gamma \times 漲跌幅^2 + Theta \\ \times 經過的天數 + Vega \times 波動率漲跌幅$$

　　2009年9月4日，台指期貨9月合約的收盤價7152點，履約價7100Call的報價及風險參數如下：權利金154；風險值Delta0.58，Gamma0.0012，Theta－9.4，Vega：5.15。9月7日，台指期貨9月合約最高來到7227點，與9月4日收盤價相比較，上漲75點，假設波動率不變，則9月合約7100Call的權利金變化就是：部位損益＝$0.58 \times 75 + 0.5 \times 0.0012 \times 75^2 - 9.4 \times 1 + 0 \times 5.15 =$ 37.475；權利金的理論價值就是：154＋37.475＝191.475＝191。9月7日7200Call的權利金最高來到189，與理論價191點有大約2點的價差。

　　從以上的實例運算，可以看出根本契約的價格變動如何影響選擇權的權利金，但實務的交易上，我們可以只使用Delta值來快速計算權利金的變動，以便制定短線的價差交易策略。

　　9月4日台指期貨收盤價7152點，已經突破了7月29日以及8月14日這兩個交易日的高點，假設投資人因此而預期台指將持續上漲，想要利用台指選擇權賺取台股上漲的利潤，但又擔心行情不如預期，就可利用買進勒式部位來執行短線的價差交易。

　　9月7日，投資人在台股大盤開盤之後建立B7100Call@145、B7000Put@68。以9月4日期指收盤7152點來觀察，履約價7100Call@154，Delta值為0.58；履約價7000Put@69，Delta值為－0.38。當9月7日台指期貨行情來到7220點附近，上漲約68

點的時候，7100Call權利金的理論價格(68×0.58)＋154＝193點，當天實際的高價為189點；7000Put權利金的理論價格69－(68×0.38)＝43點，當天實際的低價為40點。執行短線價差交易，假設以186將7100Call的部位平倉，則有(186－145)＝41點的利潤；以43將7000Put的部位平倉，則有(69－43)＝26點的損失，整體部位還有15點的利潤。

△ 結論

01 買進勒式的短線價差交易，主方向的履約價需選擇價平或價內一檔的履約價，利用其接近價平或價內的高Delta值，來套取另一邊價外一檔或二檔較低Delta值的價差。如7100Call的Delta值為0.58，表示期指上漲10點，7100Call的權利金會增加5.8點，另一邊7000Put的Delta值為－0.38，表示期指上漲10點，7000Put的權利金會減少3.8點，因此期指每漲跌10點，整體部位就會有2.0點的價差。

02 由於是短線交易，因此當整體部位的損益接近兩個履約價Delta值的價差乘上100的時候，就應該要將部位平倉。如7100Call與7000Put的Delta值的價差為0.20，則0.20×100＝20，亦即當整體部位的獲利或損失接近20點時就要出場，若當天沒有達到獲利或停損的目標，就在收盤之前將部位平倉。

7-14 中性部位的實例演算

　　投資者不論是建立選擇權的中性部位，或為了避險的目的而將部位調整為中性，在執行的過程中一定會使用到根本契約或其它的履約價，而若是以其它的履約價作為調整的工具，因為牽涉到其它個別履約價本身的風險值，所以有可能將某個風險值調整為中性，卻增加了部位其它的風險值，例如將部位的Delta值調整為中性，相對的也增加了Gamma值的風險。因此在調整的過程中，投資者仍需要考量調整部位所要達成的效果，以風險最低的方式執行中性部位的建立或調整。

　　以下舉幾個風險調整的實例供讀者參考：

　　假設某投資人目前有台股選擇權履約價7800買權多單100口，請利用下列的參數將部位的風險值調整為中性。

買權	7800	7600	7400
Delta Δ(δ)	0.2	0.4	0.6
Gamma Γ(γ)	0.01	0.02	0.03
Vega N(ν)	10	5	10

狀況1：

　　投資者如何將買進7800Call的部位調整為Delta值中性(Delta－neutral)的部位？

01 假設要買入N口小台指(Mtx)才可達成Delta-neutral，投資組合的價值可表示為V＝100×C＋N×Mtx，則組合部位的 Delta (Δ) ＝$\frac{\partial V}{\partial S}$＝100×$\frac{\partial C}{\partial S}$＋N(Mtx)＝100×Delta＋N(Mtx) ＝100×0.2＋N(Mtx)。如Delta-neutral，則Delta＝0， N(Mtx)＝－20，要賣出20口小台指(Mtx)，才能達成 Delta-neutral。

另一種算法：Δ＝$\frac{\partial C}{\partial S}$，0.2＝－S÷100，其中S為小台指數量，S＝－20口，賣出20口小台指。

02 若是以7400買權作為調整的工具，則要賣出幾口7400買權才可達成Delta-neutral？

0.2×100＝0.6×（－N），N＝－33.3，賣出約33口7400買權。

狀況2：

若要建構Delta-Gamma neutral的避險策略，則要買進或賣出多少口7600買權？

假設要賣出N口7600買權

Delta-neutral＝100×0.2＋（N×0.4）＝0

Gamma-neutral＝100×0.01＋（N×0.02）＝0

100×0.2＋（N×0.4）＝0

0.1×100＋（N×0.02）＝0

N＝－50，賣出50口7600買權。

狀況3：

若要建構Delta－Gamma－Vega neutral的避險策略，應分別買入或賣出多少口7600買權、7400買權與小台指？

假設要買入X口7600買權、Y口7400買權與Z口小台指，則：

Delta－neutral＝100×0.01＋0.4×X＋0.6×Y＝0

Gamma－neutral＝100×0.01＋0.02×X＋0.03×Y＝0

Vega－neutral＝100×10＋5×X＋10×Y＝0

先將Gamma－Vega neutral組成二元一次聯立方程式：

$$\begin{cases} 100 \times 0.01 + 0.02 \times X + 0.03 \times Y = 0 \\ 100 \times 10 + 5 \times X + 10 \times Y = 0 \end{cases}$$

$$\begin{cases} 1 + 0.02X + 0.03Y = 0 \\ 1000 + 5X + 10Y = 0 \end{cases}$$

$$\begin{cases} 100 + 2X + 3Y = 0 \quad (A) \\ 200 + X + 2Y = 0 \quad (B) \end{cases}$$

由(B)式X＝200－2Y，代入(A)中，則100＋2×(200－2Y)＋3Y＝0

得Y＝－300，X＝400，買進400口7600買權，同時賣出300口7400買權。

Delta－neutral＝100×0.2＋400×0.4－300×0.6＝0，Delta＝0為中性，所以不需再買進小台指避險。

　　建立中性的原始部位或避險部位需要經過繁雜的數學運算，若讀者沒有時間做這些運算，本書的附錄有提供一個風險控管的Excel檔，讀者可自行利用書籍附贈的點數至聚財網下載，就可以在檔案中模擬以及試算將部位調整為中性所需要的工具和口數了。

與**選擇權**有約

第八章

附錄

✍ 8-1 選擇權整體部位風險控管的Excel檔

　　請利用隨書附贈點數至聚財網下載檔案。

　　本Excel檔可與精誠報價系統以及統一全球贏家交易系統動態連結，於盤中隨著台股指數的變化即時更新在倉部位的風險值，並提供損益分析的圖形。若讀者並非使用以上的報價系統，也可以在收盤後輸入當天的台股結算價位，觀察在倉部位的風險，並擬定隔天交易的調整策略。使用統一全球贏家交易系統動態連結之前，請先到統一期貨首頁下載檔案，網址：http;//www.pfcf.com.tw。

使用方法：

　○ B3欄輸入台指大盤報價。

　○ C3欄輸入台指期貨報價。

　　（以上紅色區域若有與精誠報價系統或統一全球贏家交易系統動態連結則不需輸入，系統會自動去抓取目前的報價。）

　　以下在檔案的藍色區域：

　○ B5欄輸入零，指數期貨不考慮股利股息。

　○ C5欄輸入無風險利率，一般是央行的重貼現率。

○ D5欄輸入歷史波動率。

○ E5欄輸入評價的日期。

○ B8欄輸入期指的口數。(若部位有包含指數的話,以小台指為主。)

○ C7〜L7欄輸入選擇權的種類,C代表Call,P代表Put。

○ C8〜L8欄輸入口數。

○ C9〜L9欄輸入選擇權的履約價。

○ B10欄輸入期指的價格。

○ C10〜L10欄輸入權利金的價格。

○ B13〜L13欄輸入合約的到期日。

○ B21與D21欄輸入想要評價的區間。

○ B22〜L22欄輸入1或0,輸入1代表可以顯示部位目前的損益狀態,輸入0代表不顯示。

　　完成以上的輸入程序之後,就可以到「損益分析圖」去看目前部位的損益圖,若想知道到期的損益情況,至E5欄將評價日期更改為合約到期日即可。

8-2 標準累積常態機率表

標準累積常態機率表

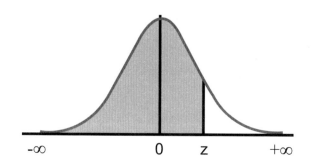

連續隨機變數的機率值就是其機率分配曲線與橫軸所圍的部分面積，亦即其機率密度函數在部分範圍的積分值。通常都利用查表的方式配合簡單的計算來求常態分配的機率值，但在使用上，不可能替每一個常態分配一個機率表，因而取一個常態分配為標準，以其機率表求得所有常態分配的機率值。目前所有的常態分配表一律是取 $\mu = 0$、$\sigma = 1$ 的常態分配，此常態分配稱為標準累積常態分配。

$P(Z < z)$ 為陰影部分的面積。

z	.00	.01	.02	.03	.04	.05	.06	.07	.08	.09
0.0	.5000	.5040	.5080	.5120	.5160	.5199	.5239	.5279	.5319	.5359
0.1	.5398	.5438	.5478	.5517	.5557	.5596	.5636	.5675	.5714	.5753
0.2	.5793	.5832	.5871	.5910	.5948	.5987	.6026	.6064	.6103	.6141
0.3	.6179	.6217	.6255	.6293	.6331	.6368	.6406	.6443	.6480	.6517
0.4	.6554	.6591	.6628	.6664	.6700	.6736	.6772	.6808	.6844	.6879
0.5	.6915	.6950	.6985	.7019	.7054	.7088	.7123	.7157	.7190	.7224
0.6	.7257	.7291	.7324	.7357	.7389	.7422	.7454	.7486	.7517	.7549
0.7	.7580	.7611	.7642	.7673	.7704	.7734	.7764	.7794	.7823	.7852
0.8	.7881	.7910	.7939	.7967	.7995	.8023	.8051	.8078	.8106	.8133
0.9	.8159	.8186	.8212	.8238	.8264	.8289	.8315	.8340	.8365	.8389
1.0	.8413	.8438	.8461	.8485	.8508	.8531	.8554	.8577	.8599	.8621
1.1	.8643	.8665	.8686	.8708	.8729	.8749	.8770	.8790	.8810	.8830
1.2	.8849	.8869	.8888	.8907	.8925	.8944	.8962	.8980	.8997	.9015
1.3	.9032	.9049	.9066	.9082	.9099	.9115	.9131	.9147	.9162	.9177
1.4	.9192	.9207	.9222	.9236	.9251	.9265	.9279	.9292	.9306	.9319
1.5	.9332	.9345	.9357	.9370	.9382	.9394	.9406	.9418	.9429	.9441
1.6	.9452	.9463	.9474	.9484	.9495	.9505	.9515	.9525	.9535	.9545
1.7	.9554	.9564	.9573	.9582	.9591	.9599	.9608	.9616	.9625	.9633
1.8	.9641	.9649	.9656	.9664	.9671	.9678	.9686	.9693	.9699	.9706
1.9	.9713	.9719	.9726	.9732	.9738	.9744	.9750	.9756	.9761	.9767
2.0	.9772	.9778	.9783	.9788	.9793	.9798	.9803	.9808	.9812	.9817
2.1	.9821	.9826	.9830	.9834	.9838	.9842	.9846	.9850	.9854	.9857
2.2	.9861	.9864	.9868	.9871	.9875	.9878	.9881	.9884	.9887	.9890
2.3	.9893	.9896	.9898	.9901	.9904	.9906	.9909	.9911	.9913	.9916
2.4	.9918	.9920	.9922	.9925	.9927	.9929	.9931	.9932	.9934	.9936
2.5	.9938	.9940	.9941	.9943	.9945	.9946	.9948	.9949	.9951	.9952
2.6	.9953	.9955	.9956	.9957	.9959	.9960	.9961	.9962	.9963	.9964
2.7	.9965	.9966	.9967	.9968	.9969	.9970	.9971	.9972	.9973	.9974
2.8	.9974	.9975	.9976	.9977	.9977	.9978	.9979	.9979	.9980	.9981
2.9	.9981	.9982	.9982	.9983	.9984	.9984	.9985	.9985	.9986	.9986
3.0	.9987	.9987	.9987	.9988	.9988	.9989	.9989	.9989	.9990	.9990
3.1	.9990	.9991	.9991	.9991	.9992	.9992	.9992	.9992	.9993	.9993
3.2	.9993	.9993	.9994	.9994	.9994	.9994	.9994	.9995	.9995	.9995
3.3	.9995	.9995	.9995	.9996	.9996	.9996	.9996	.9996	.9996	.9997
3.4	.9997	.9997	.9997	.9997	.9997	.9997	.9997	.9997	.9997	.9998

參考書目：

1. Sheldon Natenberg《Option Volatility & Pricing》，
   McGraw-Hill

2. Kenneth H.Shaleen《Technical Analysis & Option
   Strategies》，Probus Professional Pub

3. 李榮祥《選擇權玩家(升級版)》，培生教育出版社。

國家圖書館出版品預行編目資料

與選擇權有約 ： 交易理論與策略的美麗邂逅 / 林
　冠志著. -- 初版. -- 臺北縣中和市 ： 聚財資
　訊，2010.07
　　面 ； 公分. --（聚財網叢書 ； A051）

　ISBN　978-986-6366-15-4（平裝）
　1.選擇權　2.投資理論　3.投資技術

563.5　　　　　　　　　　　　　　　99011230

聚財網叢書 A051

與選擇權有約：交易理論與策略的美麗邂逅

作　　者　林冠志
總 編 輯　莊鳳玉
編　　校　高怡卿·周虹安
設　　計　陳媚鈴

發 行 人　陳志維
出 版 者　聚財資訊股份有限公司
地　　址　23557 台北縣中和市板南路671號9樓
電　　話　(02) 8228-7755
傳　　真　(02) 8228-7711

法律顧問　萬業法律事務所　湯明亮 律師

軟體提供　精誠資訊　金融理財工作站DynaQuote

總 經 銷　聯合發行股份有限公司
地　　址　231 台北縣新店市寶橋路235巷6弄6號2樓
電　　話　(02) 2917-8022
傳　　真　(02) 2915-6275
訂書專線　(02) 2917-8022

ISBN-13　978-986-6366-15-4
版　　次　2010年7月 初版一刷
定　　價　500 元